QUESTIONS
DE
PHILOSOPHIE
RÉSOLUES
A L'AIDE DES PRINCIPES DE LA FOI

La plupart des sujets traités dans ce livre
ont été proposés aux examens
des Facultés des Lettres de la région
dans ces dernières années

J. CLOT

MONTPELLIER
IMPRIMERIE LOUIS GROLLIER, BOULEVARD DU PEYROU, 9

1902

QUESTIONS
DE
PHILOSOPHIE

QUESTIONS

DE

PHILOSOPHIE

RESOLUES

A L'AIDE DES PRINCIPES DE LA FOI

La plupart des sujets traités dans ce livre
ont été proposés aux examens
des Facultés des Lettres de la région
dans ces dernières années

J. CLOT

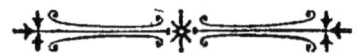

MONTPELLIER
IMPRIMERIE LOUIS GROLLIER, BOULEVARD DU PEYROU, 9

1902

A MONSIEUR SYLVÈRE SOULIÉ,

Je vous adresse ces pages, cher Sylvère, ancien disciple aujourd'hui passé maître dans la science d'Euclide. Elles contiennent les réponses à plusieurs questions, proposées par les hommes doctes de notre pays à la jeunesse des écoles, que nous avons eu discutées ensemble, et touchant de près à la morale, cette science au regard de laquelle il faut tenir les autres pour accessoires. Vous les verrez traitées non pas avec les seules ressources de mon esprit, mais en empruntant la lumière de cette foi catholique qui a dissipé les ténèbres de l'ancien monde. J'espère qu'elles vous intéresseront, quand je songe que vous êtes du nombre des admirateurs sincères de ce christianisme, à côté duquel pâlissent les philosophies les plus vantées. C'est là ce dont personne ne peut être étonné, quand on sait qu'il est l'œuvre de l'Esprit de Dieu et non de cet esprit humain qui ne se repaît que de nouveautés, rejetant aujourd'hui ce qu'il estimait hier, quitte à le reprendre ensuite. Quant à l'Évangile, semblable à l'édifice posé sur le roc inébranlable, il a subi victorieusement l'épreuve du temps. Après avoir résisté aux persécutions des tyrans et à celles des hérétiques, nous le voyons soutenir aujourd'hui sans défaillir celles des avocats de la vaine science. Mais toutes ces tempêtes lui ont été prédites par son divin fondateur qui a triomphé du monde. C'est pourquoi la guerre que lui font ses ennemis ne nous doit pas décourager, ni affaiblir l'espérance que nous avons mise dans cette Religion, parce qu'elle a les promesses de l'immortalité, faites par un Dieu dont la parole n'a jamais trompé.

Durant les siècles qui ont précédé notre ère, et chez les nations qui n'ont pas adoré le vrai Dieu, il s'est trouvé des philosophes entre les autres, qui ont donné de sages préceptes de morale, capables de servir d'antidote à ces fausses religions par lesquelles les peuples étaient séduits. Mais ces savants docteurs ont été rares, ils n'ont guère su se faire écouter; leur influence a été faible sur le peuple, et loin de s'étendre, elle a presque disparu avec eux. La foule des sophistes, au contraire, a toujours eu du crédit et du succès parmi la multitude. Aujourd'hui encore, et après la lumière et les bienfaits manifestes que le christianisme a semés partout en se propageant dans le monde, on trouve des soi-disant philosophes ou savants, pour qui le Christ semble un inconnu et par qui sa sagesse est regardée comme une étrangère. Ils vont jusqu'à faire des livres de morale, qui n'en donnent pas même le nom, semblables en cela à des gens qui, en fermant les yeux, croiraient empêcher le soleil de répandre sa clarté et sa chaleur. C'est que sa doctrine ne les flatte pas. Son royaume, en effet, n'est pas de ce monde, comme il l'a dit lui-même, et toutefois il est bien dans ce monde, car il est venu pour y ruiner le règne du mensonge et de l'erreur; mais après avoir accompli son œuvre, il ne l'a pas abandonné. Aussi, aujourd'hui, les faux docteurs sont inexcusables, et ils ne peuvent plus, comme ceux des temps païens, se donner pour des gens qui cherchent la vérité, quand elle s'est manifestée avec tant d'évidence aux yeux de tous.

Cependant, de notre temps plus que jamais, il y en a qui sèment l'erreur dans leurs livres sur ces questions que les nouveaux venus dans la vie se voient proposer au cours de leurs études. Et c'est pourquoi nous avons voulu les combattre, en traitant ici ces mêmes sujets. Peut-être, parmi ceux à qui ce livre tombera sous les yeux, quelques-uns seront-ils tentés de se récrier, trouvant mauvais que nous mêlions, diront-ils, la foi ou la religion à ce qu'ils estiment être l'affaire de la science humaine. Mais ils ne seraient pas raisonnables de nous blâmer en cela. Car, d'une part, la vérité est le bien de tous, elle demande à se répandre, et d'un autre côté, ces mêmes hommes ne font que trop ce qu'ils nous reprocheraient, en mêlant l'irréligion au zèle qui leur fait propager leur savoir. Plusieurs, en effet, se servent des connaissances naturelles très avancées qu'ils possèdent, comme moyen de discréditer cette sagesse qui appartient à l'auteur même de la nature, et c'est ainsi qu'ils ont une foi pleine en leur esprit, tandis qu'ils blâment celle que nous mettons en Dieu. Qu'ils n'oublient pas cependant que celui dont nous défendons les droits est le Dieu des sciences, et sa Religion, la raison d'être de la morale. C'est ce qui nous donne confiance, en examinant, à la lumière des principes chrétiens, des sujets dont l'importance pratique ne saurait échapper à personne.

Les considérations que j'apporte pour les résoudre n'ont donc aucun caractère de nouveauté. Ce sont des emprunts faits à la doctrine catholique, des choses anciennes et connues, mais trop facilement oubliées. Je n'ai pas craint d'ailleurs d'y mêler souvent ce que les hommes sages, étrangers au christianisme, ont trouvé de bon à dire sur ces matières. En tout cela, vous ne devez pas me croire sur parole dans ce que j'en pense, car je ne suis qu'un homme sujet à l'erreur comme les autres. Mais vous en croirez cette vérité que vous consulterez, et qui vous parle au fond de la conscience. Dieu, en effet, n'a laissé en aucun temps les hommes sans secours ; à toute époque ils ont pu connaître les préceptes de l'art de bien vivre. Mais certainement ils n'en ont pas eu en tous temps des moyens aussi faciles qu'à l'âge du monde où nous sommes, et où l'on peut dire que sa vérité et sa miséricorde se sont manifestées comme des sources ouvertes à tous.

I

L'Art n'a-t-il pour but que la reproduction exacte de la nature ?

Il existe une école d'artistes et d'écrivains qui l'affirment, ou dont les œuvres montrent du moins qu'ils l'entendent ainsi. Mais en cela, ils ne font que cacher sous une forme séduisante une erreur grossière et pernicieuse. Aussi nous sera-t-il facile et très utile à la fois de démasquer la fausse philosophie de ceux que l'on a nommés les réalistes, et qui ne sont au fond que les apôtres du sensualisme dans l'art.

Qu'est-ce que l'art ? Qu'est-ce que la nature ? Répondre à ces deux demandes d'une façon précise et à l'abri de la réplique, ce serait, semble-t-il, avoir à peu près résolu la question proposée. Le sens attaché à ces mots, étant bien compris, nous fournirait les éléments d'un syllogisme dont la conclusion s'imposerait naturellement. Si l'art est la manifestation du beau, et si la nature est en réalité un mélange de beau et de laid, évidemment l'art n'est pas la reproduction exacte de la nature. Mais on trouvera que ce langage tranche la question un peu vite, et exécute trop sommairement une opinion qui s'est fait passablement de vogue. Ses partisans, d'un talent d'ailleurs incontestable, veulent être ménagés. L'argument classique, comme tout ce qui sent l'école, convient peu à des hommes émancipés. Il leur faut des démonstrations moins serrées, enveloppées dans une rhétorique abondante. Sans renoncer cependant à ce que nous avons avancé, nous nous contenterons de reprendre avec quelques développements les diverses parties de notre preuve. Après avoir montré que l'art n'est pas ce que le voudraient les adorateurs de la forme ou amants de la nature, nous essayerons de dire en quelques mots ce qu'il est aux yeux de la raison.

Dans le sens le plus étendu, l'art peut se concevoir comme l'ensemble des divers moyens dont l'homme se sert pour produire des œuvres capables, en fixant l'attention, d'élever ses semblables au sentiment du beau. Or, en écartant le cas des métiers ordinaires appelés parfois arts mécaniques, dont il ne peut être question ici, et qui sont le propre de l'artisan et non de l'artiste, on chercherait vainement dans les divers usages que les hommes font du mot *art*, une signification qui n'éveillât pas l'idée de quelque perfection recherchée. Nul ne l'a jamais entendu employer comme synonyme de copie ou de reproduction. Jamais l'homme de l'art n'a été confondu avec le copiste, ni assimilé à un appareil reproducteur. Si le mot a reçu d'ailleurs avec le temps un sens très étendu, s'il y a les arts de la photographie, de la typographie et tant d'autres encore, c'est là simplement une sorte d'euphémisme que nous devons à notre langage raffiné, ou mieux encore, c'est parce qu'au fond on peut mettre « de l'art » en beaucoup de choses. Mais le plus vulgaire des artisans, l'ouvrier le moins instruit se chargerait de répondre ici à cette question : Qu'est-ce qu'une œuvre d'art ? Qu'est-ce que faire une chose quelconque avec art ? De l'avis de tous, c'est faire un travail qui se distingue de l'ordinaire, du commun, du grossier ; c'est exécuter un ouvrage qui se fasse remarquer par le bon goût de son auteur, par le fini et la recherche dans la forme. Qui dit art, en un mot, dit choix, tendance enfin à quelque perfection. Après cela, il ne resterait à nos adversaires qu'une chose à dire : c'est que pour connaître l'esthétique, il faut attribuer à ce terme une signification qui diffère absolument de celle que lui donne le sens commun.

Nous regarderons désormais notre première définition comme admise. L'artiste sera pour tous l'homme qui vise plus haut que l'ouvrier. Celui-ci fait un travail banal et ne suit d'autre méthode que la routine ; celui-là imagine, il peut imiter sans doute, mais tandis que l'artisan cherche avant tout l'utile ou l'avantage matériel, l'homme de l'art, poursuivant un intérêt d'ordre élevé, cherche avant tout à satisfaire ce sentiment du beau que chacun porte gravé plus ou moins bien en soi. Mais c'est ici que se pose une question sur laquelle peut-être tous ne s'accorderont pas avec nous. Qu'est-ce que le beau ? De quelle nature est ce que les hommes appellent de ce nom ? A quels signes le reconnaître ? On a voulu déterminer les caractères du beau, et certains les ont résumés dans la grandeur, la variété, la simplicité ou unité de l'aspect. Mais combien ces marques ne sont-elles pas insuffisantes, et plus d'une fois même en apparence contredites. La mer est belle sans doute, et cependant dans l'uniformité du spectacle qu'elle offre à l'œil, où peut-on trouver la variété ? Belle encore est la terre avec les variétés de sa parure et les accidents de sa surface, et ici où trouver l'unité ? Enfin le diamant est beau, et dans ce cas qu'est devenue la grandeur ? Mais c'est peut-être qu'en tout cela il ne s'agit que d'apparence et de beauté sensible, et que pour celle-ci, comme pour la sagesse humaine, il faut se résoudre à la trouver imparfaite et, suivant le mot de Bossuet, « toujours en défaut par quelque endroit ». C'est assurément parce que toutes ces choses ne sont que des manifestations partielles et des expressions matérielles de la beauté [1] ; tandis que le Beau est au-dessus

---

[1] Les trois caractères indiqués sont, en effet, plus faciles à trouver dans la création entière, ou l'œuvre totale ; mais ces caractères ne sont que des marques laissées par l'Ouvrier.

d'elles, être d'ordre moral et de nature non à rassasier les sens, qui ne peuvent l'être, mais à ravir, à satisfaire l'esprit. Le beau ou splendeur du vrai est la source de ce sentiment généreux, en définitive, qui nous élève, nous détache de nous-même, et qui, s'il ne nous porte pas jusqu'à l'acte de désintéressement ou de vertu, parce que nous sommes libres, nous le fait du moins admirer, désirer et aimer.

Pour entendre la chose ainsi, nous n'allons pas à méconnaître la réalité de cette beauté physique que les êtres créés possèdent, et qu'ils tiennent de leur auteur, ainsi que tous les autres avantages. Seulement, la perfection des formes, comme la richesse des couleurs et l'harmonie des sons, ne valent, à notre sens, que comme images ou expressions des perfections morales. Nous pouvons, à cet effet, remarquer ce qui se produit en nous, quand nous sommes arrêtés par la vue d'un beau tableau par exemple, ou mieux encore par la lecture d'une belle page. Nous en voulons connaître l'auteur, nous l'estimons et quelquefois même l'aimons sans rien avoir vu de sa personne. C'est que l'œuvre, outre le sujet dont elle est l'expression sensible, contient quelque chose des qualités de l'âme qui s'est comme identifiée avec lui pour la produire. Mais l'essence du beau échappe aux sens extérieurs ; il est dans les choses appelées belles, comme l'idée dans le mot, c'est-à-dire comme dans son vêtement de circonstance. Voici d'ailleurs une chose digne de remarque, propre à faire réfléchir ceux dont les tendances matérialistes ne verraient rien au-delà des corps. Le langage ordinaire, maître qu'il faut souvent consulter, a coutume de n'appeler belles que des choses touchant seulement les plus parfaits de nos sens corporels, savoir : l'ouïe et la vue surtout. De ce qui s'entend, encore mieux de ce qui se voit, on peut dire : ceci est beau ou ne l'est pas ; on va jusqu'à dire dans le même sens : ceci est bien, ce qui est identifier les deux sentiments. Mais on n'a garde de s'exprimer ainsi pour ce qui touche les trois autres sens plus grossiers : ni l'odorat, ni le goût, ni le toucher, ne font connaître le beau. Cette remarque nous fournit un indice de grande valeur qui nous en apprend beaucoup, et peut servir à justifier cette définition donnée par la philosophie spiritualiste : « Le beau est ce qui plaît à la vue seule ». Ce n'est pas une chose qui plaise à l'un et puisse ne pas plaire à l'autre ; mais une chose qui s'impose au respect et à l'admiration de tous. Quelques-uns, aveuglés par un faux esprit d'indépendance, pourraient encore ne pas l'entendre ainsi, mais ce serait fâcheux. S'ils sont assez malheureux pour ne rien voir au-delà du phénomène, s'ils se contentent de s'enivrer de couleurs, de formes, de sons, de contacts ; s'ils s'arrêtent à l'extérieur du beau ou à la beauté sensuelle, si la pensée, l'âme, toutes ces choses qui nous séparent de la bête leur échappent et ne sont pour eux que mots vides, il faut les en plaindre. L'effet, la sensatation, les tressaillements de la chair, seront toujours pour nous volupté ou sensualisme, et jamais rien de cela ne passera pour être le beau, ni la fin de ce qu'on nomme l'art. A produire de ces sortes d'émotions, il peut y avoir une sorte de talent, un moyen de vogue et une matière à exploitation de la part de ceux qui connaissent notre faible, mais on ne peut y voir rien de plus.

Notre première proposition suffisamment établie, et l'art étant pour nous la traduction sensible de la beauté immatérielle, arrivons à la seconde pour l'expliquer à son tour : la nature, avons-nous dit, est en réalité un mélange de beau et de laid. Un tel jugement, porté sur cette divinité du rationalisme savant, pourrait nous attirer des contradicteurs, et volontiers nous consentirions à passer pour ingrat et pour aveugle, si nous devions nous en tenir là. Mais il faut que les lecteurs attendent d'être fixés sur cette nature qui désigne tant de choses, et d'où l'on tire tout ce qu'on veut. C'est, en effet, dans le sein de cette nourrice commune que l'homme de l'art trouvera les éléments dont il doit former ses œuvres, et comment faire autrement ? Y a-t-il quelque chose au monde qui n'appartienne à la nature ? Qu'on nous dise ce qui n'est pas renfermé dans l'extension de ce mot ? A la vérité, dans un sens plus restreint, la nature se prend souvent pour la création ou les œuvres de Dieu auxquelles l'homme n'a pas touché, et où il n'a rien mis du sien. Dans ce sens, elle est ordinairement opposée à l'art, qui se dit de tout ce qui porte l'empreinte de l'homme et a été modifié par lui. Et ici encore, prenant sur le fait le langage ordinaire qui est celui du bon sens, y pourrions-nous trouver une preuve de plus en faveur de notre thèse : l'art n'est pas la nature copiée ; mais n'abusons pas de la logique et passons.

S'il n'y avait en ce monde d'autre nature que l'œuvre divine, certes l'abus dans l'imitation ne serait pas tant à craindre, et la copie ou la reproduction qu'on en ferait n'offrirait le plus souvent que des avantages. A vrai dire, la création est pour l'homme de l'art un trésor de sensations et d'images, une source des plus nobles émotions. Pour notre part, nous l'apprécions autant qu'aucun poëte :

« C'est la nature en tout qu'on admire et qu'on aime. »

Tel est est l'éloge qu'en fait Boileau, qui l'entend sans doute dans le sens dont nous venons de parler. Mais cet auteur classique est parfois trouvé un peu froid aujourd'hui. Entendez plutôt Gilbert dans ses adieux à la vie :

Ciel ! pavillon de l'homme, admirable nature !
Salut pour la dernière fois.

Oui, surtout pour qui regarde le ciel, la création est un réservoir sans bornes d'inspirations artistiques et un fonds inépuisable. C'est une nature qu'on ne se lasse pas de contempler.

Des ornements de l'art, l'œil bientôt se fatigue ;
Mais les bois, mais les eaux, mais les ombrages frais,
Tout ce luxe innocent ne fatigue jamais.

Et en effet, sans se croire poëte et pour peu qu'on ait une âme, quel homme peut-il voir, sans être religieusement ému, la voûte étoilée, les élancements admirables de la mer, la majesté des hautes montagnes, les campagnes fleuries ou dorées de moissons. Ajoutez que ce charme, ce ravissement qui gagne le spectateur des grandes scènes de la création, ne perdent rien quand il descend dans le menu détail. La même puissance, la même richesse, une perfection aussi étonnante se manifestent dans les plus petites choses et jusque dans l'insecte et le brin d'herbe. Car l'œuvre de Dieu n'est pas de ces tableaux qui ne font d'effet qu'à condition d'être vus de loin. Elle ne craint pas les investigations de la science, et là même ou l'œil nu ne voit plus rien qu'un point imperceptible, la nature peut encore montrer des mondes microscopiques à l'observateur émerveillé. Et pourtant, malgré tout ce que notre admiration a de légitime, il fallait qu'il y eût des ombres à ce tableau. Dans cette vie universelle il y a des choses qui déplaisent et qui choquent, il y a des notes discordantes dans cet immense concert. Le crapaud et autres monstres sont hideux à voir, le braiment de l'âne sonne étrangement faux à nos oreilles; ailleurs, le marais infect nous repousse, la solitude aride et les noires ténèbres nous effrayent. Oui, à côté de ce que l'observateur admire et de ce qui le charme, il y a dans la nature ce qui le repousse, ce qui dégoûte et qui fait détourner la tête : il y a le difforme et le laid.

Au demeurant, et pour aller au fond de la question, ne nous exagérons pas ce qu'on appelle laideur et beauté physiques, et croyons que ces mots désignent des choses quelque peu relatives, différant du plus au moins, et n'ayant de valeur pour nous que par les sentiments qu'elles éveillent. Aux yeux de la science et de la raison pure, un animal disgracié de forme a son prix. En d'autres termes, toute créature a le degré d'être qui lui convient, et dans ce sens elle possède aussi quelque degré de perfection ou de beauté si le beau, comme on nous l'accordera, est une face de l'être. L'illusion du hibou de la fable à l'égard de sa progéniture n'est pas blâmable au fond et pourrait être celle de tout le monde. Aussi, à tout prendre, si l'art n'a rien à gagner à nous peindre la laideur des choses de la nature que nous venons de dire, il n'a pas beaucoup à perdre. Nous voyons même la difformité de l'être inspirer des vers au poëte. Victor Hugo nous dit de pleurer

> Sur l'effrayant crapaud, pauvre monstre aux doux yeux,
> Qui regarde toujours le ciel mystérieux.

Sans doute, il y a mieux à prendre que ces exemples pour l'homme de l'art dans la nature. Mais en définitive, la véritable laideur, l'ignoble laideur, le danger, le mal, pour tout dire, n'est pas encore là. Où est-il donc ? On le verra bientôt.

Toute cette création extérieure, quelque étendue et importante qu'elle paraisse, n'est pas toute la nature, et ce n'est pas dans ces limites que l'art entend se confiner. Espaces, eaux, continents avec leurs hôtes, tout cela n'est que le fond du tableau où mieux la scène sur laquelle s'agite l'acteur principal. Ce monde est le domaine ou le domicile de l'homme, qui résume en lui tous les autres êtres créés, lesquels n'ont de valeur que pour lui et par lui. L'espèce humaine avec les manifestations diverses de son activité, voilà ce qu'on range aussi sous le nom de nature, et qu'on devrait distinguer ici sous le nom de réalité. Chef-d'œuvre de la création, l'homme, avec ses actes, est donc appelé à devenir le sujet des œuvres artistiques ou littéraires. Rien d'ailleurs de plus légitime. Qui plus que lui, en effet, pourrait-il prétendre à la ressemblance du beau ? Si le degré de beauté correspond au degré de l'être, et si celui de l'être s'élève avec le degré de la vie, quelle créature visible aurait-elle plus de droit à servir la cause de l'art et à inspirer ses œuvres que l'homme lui-même, qui réunit en lui les trois règnes naturels, en y ajoutant le don súréminent de la raison, c'est-à-dire comme une émanation de la puissance, de la sagesse, et en un mot une image de la vie de son auteur, Dieu, la souveraine Beauté.

Désormais, nous rencontrons dans cette nature un facteur important, comme on va le voir, et dans ce spectacle, un personnage de l'influence duquel devront tenir compte ceux qui, au nom de l'art, observent et exploitent la réalité. Avec l'homme libre, c'est-à-dire maître de ses actes, voici paraître les faits et gestes d'une créature qui ordonne son activité à une fin ou à une autre ; voici un agent surajoutant à l'acte divin sa propre action, fruit de sa liberté. Or, en quoi consiste cette faculté prise dans son sens le plus large ? Simplement dans la possibilité de faire l'ordre ou le désordre, c'est-à-dire le beau moral ou le laid moral. Avec le libre arbitre humain apparaît dans le monde la réalité du mal se mêlant au bien. A côté de la vertu qu'on respecte et qu'on admire, se montre le vice dégradant qu'il faut éviter et haïr.

Et maintenant, soyons fiers, tant que cela nous convient, de la noblesse de nos facultés naturelles, et encore plus de nos avantages surnaturels ; mais du moins, ne nous trompons pas nous-même au point de nous dissimuler ce foyer de corruption qui est en nous. Ne nous aveuglons pas d'optimisme jusqu'à méconnaître cette plaie de l'humanité, et cette triste réalité du scandale qui court le monde : fait d'ailleurs aussi banal que celui de la nuit après le jour, et qu'il serait puéril même de faire remarquer ici, si ce n'était l'intérêt du sujet. Chose pénible et honteuse à dire, en effet, il y a tout un courant de littérature qui ne va pas à nier ouvertement le mal, mais qui en rit volontiers, et qui étale complaisamment tout ce qui attise la passion mauvaise dont l'influence est si communicative ; il y a un art d'écrire qui méconnaît la responsabilité, qui excuse, innocente le vice, lui fait même une auréole et l'embellit des apparences de la vertu, art qui, comme l'or dont parle le critique,

« Même à la laideur donne un teint de beauté » (1);

Un théâtre enfin qui dépasse la vile réalité, en donnant en spectacle des scènes que les hommes n'oseraient pas étaler à la lumière du jour.

Puisqu'il en est ainsi, la conséquence qui formera la conclusion de notre preuve, a sans aucun doute été tirée par les lecteurs. Ceux-là pourraient seuls s'y refuser qui auraient adopté la morale indépendante ou même celle qu'on appelle quelquefois naturelle. Il est clair que l'art n'a nullement pour objet la reproduction exacte de la nature des réalistes, à moins qu'il n'ait été inventé pour nous faire décheoir de notre condition d'hommes civilisés, et nous ramener à l'état de nature, ou, pour être plus clair, à moins qu'il lui soit permis de nous corrompre. Mais on sait bien que si l'art cherche d'abord à plaire, après tout il doit chercher à améliorer par ce contact qu'il établit entre l'âme humaine et le Beau ; sa mission, sa fin dernière est l'élévation morale des sociétés humaines, comme telle est la fin des belles-lettres en général qui n'en sauraient avoir d'autre, et pour lesquelles l'agrément n'est que fin secondaire, c'est-à-dire moyen.

Sans entrer dans des détails que ne comporte pas une simple réponse à la question générale qui a été posée au début, ajoutons cependant quelques mots sur cette imitation de la nature dont se réclament les partisans du naturalisme moderne, et dont ils font un si funeste abus. Cette nature est, sans doute, la mine précieuse où l'artiste et l'écrivain trouvent les matériaux de leurs œuvres ; mais, depuis la déchéance de l'homme, cette même nature peut devenir la pourvoyeuse de tous les mauvais instincts. Que ceux qui feignent de croire que tout est beau et bien absolument dans le monde n'en veuillent pas convenir, nous le

---

(1) Boileau.

savons : c'est là le dogme sur lequel repose le panthéisme contemporain. Mais ceux qui repoussent cette monstrueuse hérésie distingueront toujours l'œuvre de l'ouvrier, et ce qui appartient à l'homme de ce qui appartient à Dieu.

Si la nature, tout compte fait, doit être appelée belle, il y a quelque chose de bien plus beau et plus noble, c'est une âme humaine qui demeure dans l'ordre, parce que si celle-là est l'œuvre de Dieu, celle-ci est l'image de Dieu, ce qui est beaucoup plus, et ce qui nous oblige à la respecter en nous et dans le prochain, en nous gardant de rien lui présenter qui puisse la dégrader. Faite pour le besoin de l'homme, la nature lui offre des ressources, des modèles même, et c'est sans doute pour nous en servir. Mais loin qu'il faille nous y asservir, parce qu'elle nous est inférieure, nous sommes destinés à la perfectionner et la civilisation ne prétend pas autre chose. L'homme, qui la dépasse de toute la supériorité de sa raison, n'est pas né pour s'y soumettre, mais pour la transformer, la perfectionner et se l'assujettir par le travail, aussi bien celui de l'esprit que celui des bras. Quand on dit que la nature est un maître, c'est là une façon de parler qu'il faut prendre pour ce qu'elle vaut. Aujourd'hui, moins que jamais, l'homme ne consent à être l'esclave de personne ; mais c'est lui qui est appelé à être le maître et même le roi de la création. Or, le maître fait les modèles ou tout au moins il les choisit. En mettant sur les réalités imparfaites de cette nature l'empreinte de son âme telle qu'elle doit être et que Dieu la veut, il leur imprime sa propre noblesse, et les offrant ainsi embellies, idéalisées même aux hommes ses semblables, c'est alors qu'il fait véritablement œuvre d'art.

II

De la Conscience morale

La Conscience est cette faculté qui donne à l'homme, ainsi que le mot le dit, la connaissance de lui-même (¹). Connaissance sublime et profonde, objet de la maxime fameuse attribuée à Solon, et que la sagesse antique avait gravée en letres d'or au frontispice du temple de Delphes : γνῶθι σεαυτόν (²). C'est d'elle encore que l'auteur de l'*Imitation* nous dit le prix et nous fait l'éloge en ces termes : « l'humble connaissance de soi est une voie plus sûre pour arriver à Dieu que les recherches profondes de la science ». Enfin, si la vue est, à n'en pouvoir douter, le plus parfait et le plus noble de nos cinq sens corporels, la conscience, que la philosophie définit une vue intérieure de l'âme et de ses opérations, doit être pour l'homme le plus précieux et le plus noble de ses sens intérieurs. Et si l'œil qui n'est pas malade, est réjoui par les beaux spectacles de la nature, de même ce regard intérieur, quand il n'est troublé ni souillé par rien d'impur, devient pour l'homme la source des plus doux plaisirs (³).

Cette connaissance que l'âme a de ses actes ne peut se produire que par une sorte de retour mystérieux du sujet connaissant sur lui-même, puisqu'il est en même temps l'objet connu. Retour comparable à celui du rayon lumineux que le contact du plan réfléchit normalement vers

---

(1) *Cum se scire.*
(2) Connais-toi toi-même.
(3) L'Écriture sainte estime la bonne conscience « Un festin perpétuel ».

son principe, d'où vient le nom de conscience réfléchie qu'on lui donne quelquefois. Ainsi la réflexion n'est que la conscience en exercice ou en acte. Il ne faut donc pas attacher de valeur à cette conscience irréfléchie que certains métaphysiciens complaisants prêtent aux animaux. On excuse encore le fabuliste de leur faire cet honneur, lui qui donne la parole aux bêtes, et l'on sourit d'entendre le lion disant à ses pareils :

> Ne nous flattons donc point, voyons sans indulgence
> L'état de notre conscience (1)

Mais, à parler sérieusement, la conscience de l'animal ne peut être qu'un fantôme, tout comme son instinct n'est qu'une ombre de notre raison.

Si pour mériter son nom la conscience doit être réfléchie, sans doute encore, pour être complète et vraie, elle a besoin d'être une conscience morale. Nous l'aurons alors définie en disant qu'elle est un mode ou une faculté de l'âme qui, à la vue d'un acte présent à l'esprit, le juge bon ou mauvais, l'approuvant ou le condamnant suivant les cas, lorsqu'il a été commis et qu'il est passé ; le conseillant ou le défendant, s'il n'est encore qu'à l'état de possible. Plus brièvement, la conscience morale est la règle intérieure de nos actes.

Refuser à la conscience ce double caractère d'être réfléchie et morale, ne serait-ce pas vouloir en faire une faculté aveugle? Sans doute, elle a besoin d'être éclairée ; mais si elle n'est accompagnée de jugement, elle est dépourvue de raison et ne distingue pas le vrai du faux. Or, l'œil qui ne démêle pas les diverses couleurs entre elles, qui ne distingue pas le blanc du noir et voit tout, en un mot, de la même couleur, est le propre de l'aveugle ou le cas d'un malade atteint d'une infirmité telle que la jaunisse. A quoi

---

(1) La Fontaine, Fables, Liv. VII, F. 1.

peut servir une conscience qui ne discernerait pas le bien du mal? qui ne prononcerait pas sur la légitimité de nos actes? Assurément ce ne serait plus une lumière intérieure, comme le sens commun des hommes l'entend, toutes les fois que ce nom résonne à leurs oreilles dans les relations sociales. Le propre de la lumière n'est pas seulement d'éclairer, mais encore de faire distinguer les objets par leur couleur. S'il y a chez nous une conscience aveugle, sourde, ou neutre, comme on voudra, et comme l'enseignent certains penseurs, pourquoi n'y aurait-il pas une raison qui ne raisonne pas? Nous insistons là dessus pour montrer le danger de cette méthode d'analyse qui décompose et divise à l'infini les opérations de l'esprit. Dans un temps où toute science se vulgarise, (et ce devrait être surtout le cas de la bonne philosophie), dans un siècle où tout livre veut se faire lire du grand nombre, il y aurait du danger à donner à un mot un sens différent de celui dans lequel le langage ordinaire l'entend.

C'est donc avec beaucoup de raison que la saine philosophie nous représente la conscience comme la faculté nous révélant la loi du devoir. A la vérité, cette loi n'est pas de celles qui déterminent nécessairement nos actes, comme dans la physique la loi de la pesanteur détermine fatalement la chute des corps. Du moins nous en savons le motif: l'homme est libre, il lui est possible d'agir contre la loi, sa liberté peut y faire obstacle. Le devoir n'en est pas moins une vraie loi, que la philosophie distingue d'un ordre conditionnel, en l'appelant une loi absolue, catégorique. Toutefois cette loi du devoir ou du bien à faire, révélée intérieurement à l'homme, est-elle une loi simple? Dans ce qu'il trouve au fond de son être, n'y a-t-il pas plutôt, pour ainsi dire, comme deux lois? Hélas! qui ne l'a senti en lui-même et quel homme pourrait l'ignorer? En même temps que cette vue intérieure lui découvre la loi du devoir ou du bien à faire, que St Paul appelle la loi de l'esprit, elle lui en découvre une autre que l'apôtre nomme la loi du péché ou de la chair, parce qu'elle a son siège, dit-il, dans ses membres. Oui, nous avons en nous le bien et le mal, comme tous les deux sont dans l'humanité, aussi réellement qu'il y a dans le monde le jour et la nuit, le ciel et la terre. Notre nature est le siège d'un antagonisme incontestable entre des tendances nobles et élevées d'une part, et des penchants grossiers et bas de l'autre, lutte incessante qui étonnait déjà le poëte latin et lui arrachait cet aveu : « Je vois le bien à faire, je l'approuve ; et je prends le parti du mal » (1).

Écoutez aussi comme elle fait gémir éloquemment l'apôtre : « Malheureux homme que je suis !... J'obéis moi-même par l'esprit à la loi de Dieu, et par la chair à la loi du péché ». Telle est la vérité qu'une certaine philosophie affecte de laisser dans l'ombre, parce qu'elle a quelque chose de triste et qu'elle est humiliante à notre fierté. Vérité banale, cependant, mais, parce qu'elle heurte de front notre orgueil, devenue l'objet des attaques et souvent l'occasion des blasphèmes de toutes les fausses doctrines ! Pour les unes, l'homme est essentiellement bon et la société le déprave (et pourtant la société ! c'est bien l'homme). Pour d'autres, il est le produit d'un principe ou d'un dieu mauvais. Pour certains enfin, il n'est ni l'un ni l'autre, ni bon ni mauvais, il n'est rien ; et cette opinion est celle de ceux qui ont à la fois dans la bouche le oui et le non. Comment l'homme peut-il cependant être assez vain dans sa misère pour ne pas s'incliner devant une si évidente réalité ?

Mais revenons à la loi morale. La conscience nous présente donc, comme un champ de bataille où luttent le bien et le mal, les deux puissances qui s'y disputent notre liberté. La notion du devoir, chacun le sait, n'est que cette

---

(1) *Video meliora, proboque...* (Ovide).

loi qui nous commande de prendre le parti du premier et de fuir le second. Est-ce là tout ce que révèle la conscience? Non, car la loi morale ne peut être lettre morte ; rien au contraire n'est plus vivant. Le bien accompli, c'est le mérite acquis ; le mal commis, c'est la peine encourue. En d'autres termes, il faut une sanction au devoir qui le rende l'objet de notre respect. Que vaudraient les lois humaines sans les peines du code? Elles n'existeraient même pas. Ainsi, en va-t-il de la loi morale : elle ne s'explique pas sans une sanction. Mais, différence essentielle, pensée consolante et bien digne de la sagesse du Créateur, tandis que les hommes n'ont guère que des châtiments pour réprimer les crimes manifestes, le divin Législateur a pour sanction de la loi morale des biens et des maux. De quelle nature sont-ils?

Traiter ici la question de la sanction dernière ou de la durée des récompenses et peines à venir, ce serait sortir des limites naturelles de ce sujet, et surtout dépasser les bornes de notre compétence. La conscience nous dit pourtant, à moins de faire injure à son auteur, que la rétribution sera d'une certaine façon proportionnée au mérite. Là dessus certains esprits se récrient et demeurent sceptiques ; l'éternité les effraie. Remarquons cependant qu'une raison éclairée peut entrevoir déjà suffisamment ce que la foi nous enseigne sur ce point, et acquérir assez de certitude pour accepter le dogme. Il y a vertu et vertu. Il en est une qui s'inspire de motifs humains, et une autre dictée par des raisons d'un ordre supérieur. On nous l'accordera sans peine. Cette distinction étant admise, il semble qu'on ne saurait contester ceci. A des vertus naturelles répond une sanction tout humaine ; à des vertus surhumaines doit répondre une sanction surnaturelle. Le bien fait dans des vues temporelles reçoit des récompenses de même nature, et de ce genre sont les louanges, la renommée, les faveurs, en un mot les biens sensibles que peuvent accorder les hommes. La vertu qui renonce à tous ces avantages et s'inspire des motifs de la foi, ne saurait être récompensée que par des biens de même ordre, c'est-à-dire par des biens supérieurs en nature et en durée à ceux de la terre et du temps. Comme on le voit, la foi est raisonnable.

Créature intelligente et libre, l'homme qui a tout reçu de l'auteur de son être, lui doit en effet le compte de l'usage qu'il fait de ses dons. Tel est le sentiment de la responsabilité qui accompagne la loi du devoir gravée en nous. L'idée de mérite est, autant que l'idée de cause, une notion première de l'esprit humain; elle est même une forme de l'idée de cause, et notre âme ne se comprend pas plus sans la conscience morale que sans la raison. Elle est en puissance dans cette âme venant au monde et demeure comme endormie dans notre bas âge, pour s'éveiller quand nous commençons à parler. Que l'on remarque, en effet, les premières questions faites par l'enfant : ce sont des pourquoi? il veut savoir surtout la fin des choses. Sans doute c'est le but immédiat qu'il veut savoir, mais à mesure que sa raison se forme et que son esprit s'élève, c'est la paix de l'âme qu'il cherche derrière la satisfaction des sens. Gardons-nous donc d'en croire les utilitaires, qui nous voudraient donner le sens moral comme une faculté simplement acquise par l'expérience. Leur doctrine a des attraits naturels comme le transformisme, mais elle se ramène trop facilement à celle d'Epicure pour être une morale vraie. Notre âme naît avec toutes ses puissances ainsi que le corps avec tous ses sens. Cependant et tout en nous gardant de l'erreur, reconnaissons que la conscience morale, qui se manifeste inégalement chez les divers hommes, est une faculté que l'éducation doit développer sans cesse. C'est le sanctuaire impénétrable, dira-t-on, où nul ne peut pénétrer que soi-même. Nous en tombons d'accord. Aussi ne prétendons-nous pas en forcer l'entrée, pour examiner celle de personne. Mais s'il est vrai qu'à Dieu seul appartient le droit de scruter les consciences des hommes et de les juger, on aurait mauvaise grâce à fermer ici l'oreille à des vérités que nous proposons à la raison de chacun, sans prétendre les imposer à personne. On ne saurait donc trouver mauvais que nous nous posions ici cette question, appelée naturellement par le sujet lui-même : comment notre sens moral arrive-t-il à se développer?

Par l'étude et par l'exercice, moyens généralement employés pour former en nous le jugement, la mémoire, en un mot toutes nos diverses facultés. De quelle étude peut-il être question ici? de lectures édifiantes sans doute et aussi en général, mais non indifféremment et sans discernement, de tout ce qui compose le bagage du savoir humain ; car on doit toujours préférer ce qui touche le cœur à ce qui exerce seulement l'esprit, et dans ce dernier cas, on peut bien admettre qu'il est des connaissances dont la portée morale est à peu près nulle. Mais pourquoi l'art n'y coopérerait-il pas? Il se ravale chez plusieurs et cela leur importe. Mais n'est-il pas vrai qu'un beau tableau qui rappelle un dévouement héroïque, la peinture d'une scène noblement touchante, impressionnent quelquefois plus heureusement qu'une lecture distraite ou une froide leçon? On sait bien quelle influence favorable ont, par exemple, la beauté architecturale ou la décoration intérieure de nos temples, pour inspirer le respect de ce Maître qui nous commande le devoir sous toutes ses formes. Il y a dans l'art chrétien une éloquence muette d'un grand effet moral. C'est que la conscience morale est un être complexe, dans lequel le sentiment a une grande part. Et qu'on ne se méprenne pas ici sur ce mot, car nous appelons de ce nom cette sensibilité d'ordre supérieur qui n'appartient qu'à l'âme et dans laquelle la sensation physique, qu'on ne peut proscrire absolument, a le moins de part possible. On le rencontre d'ailleurs très développé chez des personnes du peuple qui n'ont pas eu l'avantage de faire des études élevées, ni même de faire toutes leurs classes. Il ne faudrait donc pas confondre le sentiment dont nous parlons avec l'impressionnabilité des gens dits nerveux, ni avec le sentimentalisme de certains poètes, qui n'est rien moins que moral. On sait bien du reste qu'ici, comme en tout, la raison doit tenir les rênes et avoir la direction suprême de notre conduite. Mais si notre conscience morale doit être raisonnable, n'oublions pas aussi que le raisonnement n'est pas toute la raison, et même que celle-ci a ses excès. L'ancienne philosophie en a fait abus, et nos rationalistes modernes en ont recueilli l'héritage, que certains d'entre eux s'occupent de grossir.

Abusant de ce nom de Science sous le vocable duquel se confondent toutes les connaissances humaines, certains hommes ont voulu nous donner les sciences, naturelles sans doute, pour un agent d'une grande influence sur le développement de la morale. Mais comme la précision du langage est un devoir dans les questions doctrinales, nous croyons que les sciences de cette dernière catégorie n'ont qu'une action indirecte et lointaine sur la conscience morale des hommes, quand par leur condition, ou par suite d'autres circonstances il leur est donné d'en faire un objet particulier d'études. Connaître la structure de notre organisme, les propriétés des êtres ou agents qui peuvent influer sur notre être physique, voilà des choses qui peuvent intéresser l'hygiène ou les soins que nous prenons de notre santé. La science de quelques-uns s'applique d'ailleurs et s'honore à juste titre de travailler pour notre bien-être. Or, le bien-être ou la santé, voilà des conditions qui nous disposent à bien vivre, selon le mot du moraliste latin : « une âme saine doit résider dans un corps sain ». Soyons donc savants de ce genre de connaissances quand cela convient à notre état, et notre moralité n'y pourra que gagner, si nous n'oublions pas que les connaissances naturelles et les biens du corps ne sont des biens qu'autant qu'ils favorisent la vraie liberté de l'âme. Ce genre de science profitera surtout à notre moralité, si elle sert à épurer notre esprit, en l'élevant un peu au dessus des choses matérielles et le détachant des préoccupations intéressées. En définitive, les avantages dont nous venons de parler n'agissent que d'une façon très accessoire sur notre conscience morale, et nous ne devons pas de ce côté attribuer un rôle important à la chimie ou à la physique. Il faut même trouver plaisant et prendre en pitié quelques contemporains d'avoir voulu fonder « la morale scientifique ».

Au demeurant, nos lecteurs ne sont pas des étrangers, mais des Français, qui doivent être heureux et fiers de leur baptême. Aussi bien et mieux que nous, tous savent où les principes capables de former la conscience morale s'apprennent aujourd'hui. Depuis le renouvellement du monde par le christianisme et la publication de l'Évangile, la question ne se pose plus. Nous savons bien qu'après dix-neuf siècles de progrès et de succès, on en voit encore pas mal qui délaissent la source pure pour aller s'instruire auprès des auteurs païens, dédaignant en cela les eaux vives pour courir aux fontaines sèches. En nous exprimant ainsi, nous ne disons pas qu'on ne puisse trouver du profit à faire dans la lecture des bons écrivains du paganisme. Seulement, les philosophes qui donneraient aujourd'hui la préférence aux moralistes de la Rome et de la Grèce anciennes, ressembleraient à des gens qui, pour apprendre la géométrie ou la physique, iraient en plein XXe siècle, étudier ces sciences dans les traités d'Euclide ou d'Archimède. Cela ne nous empêche pas de partager l'estime et même l'admiration qu'ils ont pour les Platon et les Sénèque. Mais tous savent qu'il y a infiniment mieux aujourd'hui.

Quant aux jeunes gens en particulier, il faut aussi les mettre en garde contre certaines façons de former leur sens moral et leur philosophie. Quelques maîtres estiment qu'il leur importe beaucoup de tout feuilleter et de lire de tout pour se former, leur dit-on, des convictions raisonnées. Malheureusement, après avoir épuisé les écrits des penseurs modernes en renom, et s'être pénétrés de tant d'opinions qui se combattent et qui sont toutes appuyées sur des raisons sinon bonnes, du moins exposées avec art, on en arrive à ne plus savoir ce qu'on doit croire. Le plus clair résultat acquis est pour des âmes jeunes d'avoir ébranlé, sinon perdu leurs convictions, au lieu de s'en être formé de raisonnées. Avant de chercher à se former des convictions, beaucoup de jeunes gens de notre époque doivent ne pas oublier qu'ils en ont une qui a fait ses preuves : la foi de leurs aïeux. Il leur importe seulement de l'éclairer et de la fortifier à la lumière de cette philosophie qu'on appelle le spiritualisme chrétien.

Cela dit, est-ce tout que d'étudier beaucoup, et même de méditer, ce qui vaut plus, pour se former à l'aide de convictions raisonnables une conscience morale ? Ce serait une illusion que de le croire, et si on nous y autorise, nous ajouterons quelques mots. L'estime que nous avons pour nos lecteurs ne nous permet pas de croire qu'ils s'en tiendront pour froissés, ni diminués. La conscience morale est ordinairement à l'unisson de la moralité réelle qui en est l'expression extérieure. Celle-ci est comme le diapason qui donne le ton de celle-là, ou plutôt le thermomètre qui fait connaître le degré de notre amour du devoir et de notre zèle pour le bien. Or, s'il suffit pour être savant d'avoir beaucoup appris, la science des mœurs en particulier demande quelque chose de plus, parce qu'elle a un caractère éminemment pratique. Remarquons aussi que nos habitudes réagissent sur notre sens moral, et que la vertu est une inclination fortifiée par la pratique qui s'entretient par la répétition des mêmes actes, tandis qu'elle se perd par une longue interruption. Si quelques uns en doutaient, ils n'ont qu'à songer au cas de ces criminels pour lesquels les médecins aliénistes plaident quelquefois aujourd'hui la cause de l'irresponsabilité, comme si la longue suite de leurs forfaits avait presque détruit chez eux la conscience morale. A leur yeux, la perte de celle-ci équivaudrait à la perte de la raison. Quoi qu'on pense de leur manière de voir, nous croyons, après cela, être d'accord avec tous nos lecteurs pour conclure que la délicatesse du sens moral concorde assez bien chez l'homme avec l'honnêteté de sa vie.

III

La Charité est une justice réparative

On ne peut, dans la morale, donner des mots employés dans le langage des définitions aussi rigoureuses que celles des sciences exactes, et la raison veut qu'il en soit ainsi. Le devoir, par exemple, est pour un serviteur autre chose que pour un maître. La même chose doit se dire de la vertu, qui n'est pas la même pour tous dans la pratique, et qui varie avec les conditions et les états. Aussi, plutôt que de chercher à définir les deux termes compris dans la question proposée, il nous semble préférable, pour l'éclaircir un peu avant d'en donner l'explication, de poser la proportion suivante : la justice est à la charité comme le devoir est à la vertu.

Suivant la définition vulgaire où nous devons d'abord la prendre ici, la justice est le plus élémentaire de nos devoirs, et celui qui s'impose à tous. Elle consiste en effet à ne point faire à autrui ce que nul ne voudrait qu'on lui fît à lui-même. En d'autres termes, elle est le respect dû aux droits du prochain. Si nos devoirs d'état sont, en réalité, différents, si nos obligations varient avec nos fonctions sociales, respecter les biens, l'honneur, la vie de nos semblables, voilà, du moins, des obligations dictées par la raison naturelle dans tous les temps et à tous les hommes, dans quelque situation et en quelque pays qu'ils se trouvent. Jusqu'ici nous n'avons attribué à la justice que des devoirs en quelque sorte négatifs. Sans doute, elle en renferme d'autres, et nous commande encore de rendre au prochain ce qui lui est dû. C'est ainsi que le débiteur qui a contracté un engagement, le dépositaire qui a reçu un bien confié à sa bonne foi, doivent la restitution du dépôt et le paiement de la dette. Au même titre, quoique dans un ordre plus élevé, l'enfant doit obéissance à ses parents parce qu'il en reçoit le pain qui le fait vivre ; le citoyen, le tribut au prince et la soumission aux lois de sa patrie qui garantissent sa sécurité. Refuser d'accomplir de tels devoirs serait une injustice et une révolte contre des hommes ayant sur nous des droits et des pouvoirs légitimes.

En réalité, celui qui se contente d'obéir à des lois si naturelles, s'abstient du mal plutôt qu'il ne pratique le bien. Aussi, pour trouver dans la justice une vertu véritable, comme elle l'est de l'aveu de tous, serions-nous tenus d'étendre plus loin ses limites en multipliant les devoirs compris sous ce nom, et la chose nous serait facile. La reconnaissance est assurément une belle vertu. N'est-elle pas cependant une forme de la justice qui nous oblige à rendre aux autres les services, les bienfaits, les marques d'amitié que nous en avons reçus ? La religion peut être réputée la première des vertus morales. Au fond, elle est une véritable justice, qui nous fait rendre le culte et l'hommage dus à Dieu, père et maître de qui nous tenons la vie ainsi que la conservation des biens de l'âme et du corps. En raisonnant de la sorte, nous rattacherions bien d'autres vertus à notre justice ; mais ce serait dépasser les bornes de ce qu'on nous permettra d'appeler une justice naturelle. Il faut, au point où nous en sommes venus, et pour éviter l'embarras où nous mettrait une conception trop élevée que nous nous formerions de cette vertu, restreindre le sens des termes employés, et tâcher d'abord de faire ici nettement une distinction entre le simple devoir et la vertu.

Au demeurant, et pour les âmes bien nées, les deux choses se ressemblent beaucoup. Il convient, il est beau de se faire un devoir de la vertu. L'homme qui manque de vertu aurait-il la force de faire son devoir? et celui qui manque au devoir pourrait-il prétendre à la vertu? Personne n'oserait le dire ni le croire. Comment distinguer dès lors deux choses si unies entre elles? En remarquant simplement que la vertu s'étend bien au delà des limites du devoir. Et puisque ce dernier est uniquement une satisfaction accordée à des droits que le prochain a vis-à-vis de nous, et comme le mot le dit, une dette, il suffira, pour résoudre la question posée, et puisque nous mettons la justice au rang des vertus, d'admettre deux sortes de ces dernières : l'une, que nous pourrons identifier avec le devoir, sera simplement une vertu naturelle ou commune, et l'autre qui, s'élevant au-dessus de la première et sacrifiant son propre droit en faveur du prochain, sera la vertu surnaturelle. La justice dont il s'agit ici sera cette vertu ordinaire et humaine, comprenant les obligations que la raison naturelle ou la Loi imposent à l'homme, en qualité de membre de la société civile. Or, il est aisé de voir combien une telle justice est au fond insuffisante et défectueuse même, et comme elle a besoin d'être complétée ou réparée par une vertu d'ordre plus élevé qui lui donnera sa perfection.

Un malheureux souffre, par exemple, de la faim ou de quelque autre besoin, tandis que j'ai de mon côté un superflu de ressources dont je pourrais lui faire une part, et à l'aide desquelles je soulagerais sa misère. Si je lui refuse une assistance qui ne me causerait pas de dommage important et ne compromettrait pas sérieusement mes intérêts; la justice humaine ne reconnait pas à l'infortuné le droit de prendre sur mon bien ce qu'il lui faudrait pour conserver sa vie, elle ne m'oblige pas à l'assistance. Mais cette rigueur que j'exerce envers le malheureux, cette limite extrême de mon droit appelée par un ancien « *summum jus* », et qui m'autorise à garder ce qui m'appartient, peut être cause que mon prochain meurt de faim. En pareil cas, que sera devenue ma justice ? Elle aura fait naufrage, elle ne sera plus aux yeux de la conscience qu'un manquement au devoir de la charité, elle sera devenue véritablement une grande injustice, une cruauté, *summa injuria*.

Voilà certes une justice aveugle, au mauvais sens du mot. Ainsi, l'homme qui ne pense qu'à lui, refuserait à l'indigent le morceau de pain qui soutiendrait sa vie et l'empêcherait de mourir, et en dépit de son égoïsme et de son avarice, il ne se trouvera pas d'accusateur qui devant la justice humaine lui en puisse faire un crime. Que si certains pensent que, dans un cas semblable, la vertu privée, sans se préoccuper de la justice sociale, ne manquera pas au devoir de la bienfaisance, nous sommes d'accord avec eux. Seulement, si nous faisons attention ici à la précision du langage, le don du bienfaiteur sera, d'un avis unanime, réputé un acte de charité.

Essayons de voir mieux encore comment ce dernier nom désigne autre chose qu'une vertu naturelle, toute naturelle que nous paraisse l'aumône faite au malheureux dont nous venons de parler. Et pour cela, que l'homme sincère descende un instant au fond de lui-même, et constate, sans déguisement, de quel œil il voit son semblable, c'est-à-dire avec quelle partialité il prononce trop souvent, quand il s'érige seul en juge de son prochain. Est-ce médire de notre espèce que de remarquer combien il est rare que nous usions de la même mesure pour les autres et pour nous? Ah ! comme la moralité de la fable de la Besace est vraie, et que nous méritons trop souvent les noms que le fabuliste nous donne:

> Lynx envers nos pareils et taupes envers nous ! (1)

Nous voulons que les autres soient sans défauts, et qui songe à corriger véritablement les siens ? Nous trouvons juste qu'on les reprenne, et qui de nous souffre-t-il patiemment d'être justement repris ? Avons-nous des besoins ? Quiconque se refuse à les satisfaire devient à nos yeux injuste et malveillant. Apprenons-nous au contraire qu'un homme est dans la détresse, volontiers nous estimons vite qu'il s'est attiré ce malheur par sa faute. Qu'on veuille bien nous pardonner charitablement ce rapide examen de conscience. Après cela, du moins, l'homme n'osera plus vanter ce qu'on appelle la justice propre, et on sera d'avis qu'il faut autre chose qu'une justice égoïste pour guérir et réparer les maux dont gémit la pauvre humanité.

Que le lecteur se rassure pourtant. Nous ne tomberons pas dans l'excès de ceux qui croient l'homme essentiellement pervers. En dépit des ses défauts, nous croyons à la noblesse de ses sentiments et à l'excellence de son âme. Seulement il faut bien se le dire: pour remédier à ses faiblesses, nous avons besoin de passer par dessus cette raison trop tenace qui nous fait mettre plus haut que tout ce que nous appelons nos droits. Dans le domaine des biens temporels, les droits des hommes se touchent parfois et se gênent mutuellement. Leurs intérêts privés se bornent les uns les autres, et les limites qui les séparent sont difficiles à voir, quand c'est l'intéressé qui s'en est lui-même chargé. Trop souvent ce que l'un d'entre nous prend pour lui est un superflu qui ferait la juste satisfaction d'un autre. Aussi faut-il croire qu'on ne peut servir autrui où l'intérêt-

---

(1) La Fontaine : liv. 1, fabl. 7.

général qu'en y subordonnant l'intérêt propre. D'ailleurs, à ne savoir rien se refuser, quelle force y a-t-il? Or, la vertu n'est-elle pas force? Quel mérite trouve-t-on à ne rendre aux hommes que ce qu'ils peuvent exiger de nous, ou ce que nous en avons reçu? A la réduire à cette mesure, la vertu n'existerait pas. Mais c'est précisément dans ce caractère d'abnégation que réside l'excellence de cette charité et son côté surnaturel.

Faire pour les autres ce que nous voudrions qu'on nous fît à nous-même, telle est la loi de cette héroïque vertu, qui ne se commande pas ainsi qu'un devoir de vulgaire justice ou un service d'esclave, mais qui est l'œuvre et le triomphe de notre liberté. S'abstenir de l'injustice est trop peu pour elle. Il lui faut encore donner du sien à ceux qui sont dans le besoin, et c'est ainsi que l'aumône matérielle en est le premier degré. Pourquoi d'ailleurs craindre ici de citer des faits d'ordre pratique, qui donneront plus de précision et de force à notre démonstration? Que d'enfants ingrats qui, sous le couvert de cette justice à se rendre d'abord à eux-mêmes, et pour songer à satisfaire en premier lieu des besoins particuliers démesurés, ou des droits propres trop larges, laissent des parents infirmes dans la privation et le dénûment! D'autre part, que de parents aveuglés qui, sous le très juste motif de se donner à eux-mêmes et à leurs enfants le pain matériel, oublient cependant que l'homme a une âme appelée à vivre d'une vie supérieure, et sont injustes envers elle en se condamnant à la pire des ignorances. C'est alors que la charité intervient pour donner, dans le premier cas, l'assistance matérielle, et dans le second, la parole qui instruit ou console, c'est-à-dire le pain de l'âme. Et c'est par là qu'elle répare cette justice aveugle et imparfaite d'enfants n'obéissant qu'à des droits égoïstes, ou de parents qui méconnaissent l'étendue de leurs devoirs.

Mais la charité peut s'élever encore plus haut. Parce qu'elle met les biens du corps au dessous de ceux de l'âme, elle se garde aussi de rendre le mal pour le mal, ce qui, aux yeux d'une certaine raison, pourrait bien passer pour justice. Ennemie du vice, elle estime en effet qu'il vaut encore mieux pour elle souffrir le mal que le commettre. Aussi, tandis que la justice sociale n'intervient que pour arrêter le crime manifeste et maintenir un certain ordre apparent, mais en demeurant trop souvent impuissante à rendre l'homme meilleur, la charité, en rendant le bien pour le mal, ce qui en est le plus haut degré, fait aimer le bien de la vertu, et arrive plus sûrement à soulager des misères, que l'imparfaite justice humaine aigrit quelquefois et n'arrive que rarement à guérir.

Vertu surnaturelle, cette charité est regardée par la morale chrétienne comme la plus parfaite des trois vertus théologales, et la seule qui vivra toujours quand les autres n'auront plus lieu de s'exercer. Elle se définit : l'amour de Dieu et du prochain comme soi-même pour l'amour de Dieu. C'est en ce sens qu'elle est l'accomplissement de toute justice et la perfection de la loi, en réduisant toutes les maximes de la sagesse à ces deux points : estimer et aimer au-dessus de tous les autres avantages les biens de l'âme dont Dieu est la source, et faire de cet amour bien réglé que nous devons avoir pour nous-même, la mesure de celui que nous avons pour le prochain. On voit les hommes obéir aux devoirs de justice, très souvent pour éviter les châtiments, pour échapper au blâme, et pour d'autres motifs intéressés et vulgaires. Tous ces mobiles de leurs actes qu'il ne faut pas condamner et qui ont leur valeur, sont néanmoins imparfaits et les effets d'une crainte servile. Mais parce qu'il est plus conforme au penchant de l'homme d'aimer que de craindre, la charité met l'amour à la place de la crainte dans l'accomplissement du devoir et la pratique du bien. Et c'est ainsi qu'en prenant sa base dans notre nature, elle ne fait que l'élever à un ordre supérieur, et demeure néanmoins à la portée de tous. Elle n'est au fond qu'une parfaite justice qui se renonce au profit des autres, en se condamnant et se livrant pour eux. C'est la justice animée, inspirée par la foi, et la vertu apportée sur la terre par l'Homme-Dieu.

IV

La Science est-elle, comme on l'a dit, contraire a la Poésie ?

On donne le nom de science à des systèmes de connaissances très diverses. Il y a les sciences exactes, les sciences physiques et naturelles, les sciences morales qui toutes se subdivisent encore en des branches distinctes. Au milieu de cette variété de connaissances qui aspirent à la gloire scientifique, admettons, pour être fixés dès le début, que la science en général a pour objet la découverte de la vérité à l'aide de la raison : elle sera pour nous la connaissance raisonnée du vrai. Quant à la poésie, elle se présente aussi à nous sous des noms très différents : il y a les poésies légères, la tragédie, la comédie, le genre épique, etc. Pour nous orienter dans cette variété de genres, nous regarderons la poésie comme ayant pour fin le beau. L'art n'a pas d'autre objet et la poésie en est une des branches principales. On peut même regarder la littérature rimée ou non rimée comme le premier des arts. Pour ne parler que de la poésie qui seule est ici en cause, il faut reconnaître dans le genre lyrique l'œuvre poétique par excellence. Il est, en effet, l'expression des sentiments les plus nobles de l'âme, de ceux qui constituent cette véritable inspiration capable de provoquer l'enthousiasme. Sans s'y arrêter plus longtemps, on verrait d'ailleurs que c'est à cette élévation de sentiment seule que les grands poëtes dans les divers genres doivent le meilleur de leur célébrité.

Ces définitions admises, savoir : la poésie est l'art d'écrire appliqué à la recherche du beau, et la science la recherche du vrai, la question posée devient aisée à résoudre. Car si le beau et le vrai sont avec le bien les différentes faces d'un même être, comme la philosophie l'enseigne, si « rien n'est beau que le vrai » (1), ainsi que l'a dit justement le critique, confirmant en cela l'opinion du philosophe, il faut conclure de suite que la science ne saurait être contraire à la poésie. Le savant et le poëte sont deux hommes tendant vers un même but, qu'ils envisagent seulement par des côtés différents. A la vérité, les routes qu'ils suivent peuvent être plus ou moins éloignées l'une de l'autre. C'est ce que nous verrons mieux, en examinant en particulier les trois grandes classes de sciences généralement admises, et par là nous mettrons en même temps plus de clarté dans la question dont il s'agit.

Si nous considérons en premier lieu les sciences exactes, il faut bien convenir qu'elles n'ont guère, au moins dans leur méthode, de traits de ressemblance avec la poésie. Le calcul, les équations, les théorèmes passent avec raison pour des choses arides, sèches, froides et n'ayant rien qui puisse émouvoir ni élever l'âme, comme le cherche la poésie. L'algèbre, la géométrie procèdent par voie de raisonnement et font peu d'usage de l'imagination, tandis que le poëte raisonne peu, imagine beaucoup, obéit surtout au sentiment. Que faut-il en conclure ? C'est que le mathématicien et le poëte avancent ici vers leur terme par des chemins éloignés l'un de l'autre, ayant du moins peu de points communs. Ils ressemblent à deux hommes tout au

---

(1) Boileau. *Art poétique.*

plus inconnus, étrangers l'un à l'autre. Rien pourtant dans la marche de celui-ci qui contrarie le progrès de celui-là. Voyageurs gravissant les pentes opposées d'une montagne, le savant et le poëte sont appelés à se rejoindre en arrivant au sommet.

Remarquons d'ailleurs que les mathématiques ne forment qu'une des branches de la science, elles ne nous enseignent que des vérités abstraites, peu accessibles au grand nombre des hommes. Quiconque les posséderait sans en connaître aucune autre, n'aurait certainement qu'un savoir assez incomplet. Pour arriver à bien connaître le vrai, l'esprit humain a besoin de l'emploi de toutes ses facultés. Une science plus complète est celle qui tient compte du sensible et qui, ne se bornant pas au raisonnement déductif et à l'étude des nombres et des figures, s'aide de tous les autres moyens d'apprendre qui sont en notre pouvoir. La science physique en général, tout en se servant du calcul, y ajoute l'observation des phéomènes naturels et l'expérimentation. Elle met en jeu toutes les ressources de l'esprit et se fait mieux entendre de la plupart des hommes. Aussi, voyons-nous la science de la nature plus propre à s'allier avec la poésie ; le génie scientifique nous offre ici avec le génie poëtique des rapports et des traits de ressemblance évidents.

Aux yeux des rimeurs vulgaires, peut-être n'y aura-t-il rien de poétique dans ces lois remarquables formulées par la physique, ni dans ces merveilleuses transformations des forces naturelles que réalise l'esprit du savant, comme celles de l'électricité en mouvement ou en chaleur et réciproquement. Mais le vrai poëte y reconnaît les caractères du beau dans la grandeur et l'élévation de l'esprit qui découvre ces lois et transforme ces forces. Il faudrait plutôt douter du génie poétique de ceux qui se montreraient indifférents à ce qu'on appelle non sans raison les merveilles de la science. Si les émotions de ceux qui les admirent et les apprécient, diffèrent en un sens de celles que font naître la lecture ou la composition d'une belle ode ou d'un beau poème, elles se ressemblent cependant dans leurs fins et leurs effets. Quand le physicien, l'astronome, le chimiste même, laissent de côté leurs appareils pour méditer sur les résultats de leurs observations ou de leurs expériences, et s'appliquer à la recherche de la loi ou de la cause du phénomène, quand ils s'élèvent ensuite des causes secondes à une cause d'ordre plus élevé, quand ils remontent des lois particulières à la loi générale qui les résume; ne font-ils pas le travail d'esprit que fait le poëte, qui des réalités imparfaites de la nature s'élève à la conception de l'idéal ?

L'histoire rapporte que Pythagore, ayant découvert le théorème du carré de l'hypothénuse, en fut tellement enthousiasmé qu'il fit célébrer une hécatombe. Preuve que les vérités mathématiques elles-mêmes ont pour les grandes intelligences leur beauté, c'est-à-dire leur poésie. Archimède trouve la solution du problème de la couronne et la loi de la poussée des milieux. Il en est tellement hors de lui qu'il sort de son bain, pour courir dans les rues de Syracuse crier aux passants « qu'il a trouvé » ce qu'il cherchait. Peu importe ici de savoir s'il n'y a pas quelque exagération dans les transports d'admiration éprouvés par des savants épris de leur découverte. N'y-a-t-il pas du moins quelque chose de sublime encore dans la belle loi de la gravitation universelle trouvée par Newton ? Et quel est le poëte qui pourrait ne pas en apprécier la beauté ? N'en doutons pas, la vraie science a sa poésie. Au lieu de les croire contraires l'une à l'autre, disons plutôt qu'elles sont sœurs.

Car il ne servirait à rien de dire que les Pythagore, les Archimède, les Newton et ceux qui s'élèvent à leur hauteur sont des hommes rares. Sans doute, et c'est pour cela qu'ils ont vu ce que d'autres ne savent pas voir. Ils sont dans tous les temps et chez tous les peuples l'honneur de la science, et c'est pour avoir oublié quelle est la fin de celle-ci que des demi savants à l'esprit étroit et à l'ambition vulgaire ont pu la croire contraire à l'art. Qui ne voit en effet que les sciences naturelles sont encore pour le poëte une ressource dont son talent peut habilement tirer parti ? S'il connaît bien les phénomènes qu'elles nous décrivent et les lois qui les régissent, il y trouvera comme une mine, d'où il pourra tirer des figures pour en enrichir son style. Pourquoi n'y trouvera-t-il pas aussi des sujets d'inspiration, puisque c'est la même nature que l'homme de la science et l'homme de l'art observent ? Après cela, si nous constatons que les poëtes ne sont pas tous savants, et que ceux-ci ne sont pas ordinairement poëtes, c'est tant pis. Il n'en faut conclure autre chose, sinon que l'esprit humain est généralement trop faible chez la plupart pour embrasser à la fois beaucoup de connaissances diverses. Mais nous en avons dit assez pour montrer que, tout en constituant des talents ordinairement séparés, la science naturelle et la poésie peuvent s'allier et se compléter dans un même esprit.

Que faut-il penser des sciences morales au point de vue de leur rapport avec l'art ? Ici, la raison dans ses recherches se fortifie du secours du sentiment pour arriver à des vérités pratiques, utiles au dessus de toutes. Il serait étrange et même absurde de croire qu'il y eût quelque opposition entre la science morale et la poésie, autant vaudrait dire entre le bien et le beau. Si toutefois c'était l'opinion de ceux qu'on a nommés réalistes, il ne faudrait pas s'en étonner, et cette croyance s'explique, quand on sait que ces modernes amants de la nature remplacent le beau par le réel et même le grossier. Sans vouloir confondre le poëte avec le philosophe ou le moraliste, nous estimons que la science des devoirs n'a rien qui puisse entraver le talent d'un poëte qui se respecte. Au lieu de contrarier son essor et sa liberté, elle est en réalité la source des plus beaux et des plus nobles sentiments dont il puisse s'inspirer. Nos grands tragiques en particulier, Racine, Corneille et leurs imitateurs contemporains, doivent une grande part de leur réputation au talent avec lequel il ont dépeint le dévouement à la cause du devoir et de la vertu. Chose digne de remarque encore, les morceaux le plus généralement vantés de notre répertoire poétique, même chez des écrivains par ailleurs licencieux, sont marqués du sceau d'une haute moralité.

Les réflexions précédentes auront suffi sans doute pour montrer qu'il ne saurait y avoir d'opposition, mais qu'il existe même une sorte de parenté entre ces deux genres de talents : la poésie et la science. S'il en est ainsi, comment certains ont-ils pu dire que l'une était contraire à l'autre? Nous en avons déjà fait pressentir la cause. C'est qu'ils ont méconnu la véritable fin de la science et la mission qu'elle est appelée à remplir. On en conviendra sans peine : l'abus de la science et de l'art utilitaires, et pour dire le mot, le matérialisme scientifique ne s'allie guère avec le désintéressement, qui est en général le propre des hommes épris de l'amour sincère du beau. C'est bien d'une telle science qu'on a pu dire qu'elle a tué la poésie. Pour s'exprimer plus correctement et plus clairement à la fois, il faudrait dire qu'elle a éteint l'amour du beau chez les apôtres de cette doctrine qui réduit tout à la matière. Ceci nous amène à dire quelques mots de la science appliquée.

Bien que ceux qui s'adonnent, comme les savants, aux choses de l'esprit vivent en un sens dans une région plus élevée que le vulgaire, ils ne se désintéressent pas pour cela de nos besoins matériels. Il est même bon de croire que les hommes supérieurs aux autres par l'intelligence n'ont reçu cet avantage, que pour rendre service à leurs semblables moins heureusement doués. Aussi doit-on regarder comme des bienfaits et des services rendus à la société les applications de la science, qui ont pour objet l'amélioration des conditions de la vie humaine et le perfectionnement apporté aux produits du travail. Une science à la fois spéculative et pratique vaut mieux sans doute que la seule théorie. C'est encore parce que beaucoup d'hommes savants se sont faits ingénieurs, industriels, économistes, philanthropes même, que le XIX⁰ siècle a vu tant de progrès divers s'accomplir. Or, suivant cet ordre d'idées, quelques-uns ont vu, et avec apparence de raison, un danger pour l'art et la poésie dans un progrès matériel très avancé.

N'a-t-on pas entendu dire, par exemple, que les chemins de fer ont fait disparaître la poésie des voyages? Cette affirmation renferme quelque chose de vrai. Mais faut-il souscrire sans réserve à une telle opinion? Nous ne le pensons pas. C'est autre chose qu'il faudrait dire. Il serait plus franc d'avouer que la rapidité des communications obtenue par l'emploi des forces naturelles, que le savant apprend aux hommes à mettre à leur service, est venue seconder merveilleusement l'amour du gain et la fièvre des affaires chez beaucoup d'entr'eux, qui ne s'occupent qu'accidentellement des choses de l'esprit. Ceux pour qui « le temps est de l'argent », et rien de plus, n'ont pas trouvé ce loisir et ce temps nécessaires, ne disons pas seulement pour observer la nature ou s'occuper d'art, mais encore pour faire un quart d'heure de réflexion sur leur âme et pour rentrer seulement en eux-mêmes; ils ne se sont plus sentis vivre. Si la science ou même cette civilisation dont nous sommes par ailleurs si fiers et à juste titre, paraissent ici coupables à quelques-uns, mieux vaut certes croire qu'un tel état de chose tient surtout à l'abaissement de notre caractère. Les satisfactions et les préoccupations matérielles poussées trop loin font vite oublier la culture des choses de l'art, passe encore, mais malheureusement aussi, les choses de l'esprit. L'amour du bien-être, pour tout dire, peut quelquefois faire oublier l'amour du beau et même du bien.

La nature, puissante source des inspirations artistiques, voit son domaine diminuer de nos jours, aux yeux de tous, dans nos pays, depuis que les industries mécaniques, chimiques ou métallurgiques, développées par les sciences, couvrent de plus en plus les campagnes. Mais cette mère nourrice est trop vivace pour se laisser amoindrir à l'excès, et réduire à trop peu par l'homme qui ne peut se passer de ses services. La science, agent du progrès et de la civilisation, transformera-t-elle jamais tellement la surface de la terre, qu'il ne reste plus assez de pays agrestes, de bois et de solitudes pour inspirer l'homme de l'art ? Nul ne peut le dire, car les civilisations passent, les œuvres de l'homme tombent en ruine, et en bien des lieux la nature reprend ses droits. A la rigueur, s'il en était un jour ainsi, et que les sources d'inspiration vinssent à manquer de ce côté, les découvertes scientifiques peuvent être prises comme autant de sujets nouveaux à célébrer par la poésie dont la mission, comme celle de l'art, est d'embellir tout ce qui le mérite.

Pour nous résumer, rappelons que la science et la poésie, poursuivant sous des noms différents et par des moyens divers une même fin, l'élévation intellectuelle et morale de l'homme, et coopérant ainsi à son éducation, ne sauraient être contraires l'une à l'autre, pas plus que la recherche de la vérité n'est opposée à la noblesse des sentiments. Tout au contraire, la connaissance et la possession du vrai demandent une âme haute. Avouons cependant que, dans la réalité, une science mal entendue et mal employée rend assez souvent les hommes, en dépit de leur esprit, insensibles ou indifférents au beau comme au bien. Mais une pareille science est fausse et n'est pas seulement contraire à la poésie, elle l'est encore à la philosophie et à tout ce qui peut grandir l'homme. Elle serait un signe de décadence chez un individu comme chez un peuple.

V

Qu'est-ce que comprendre ?

Comprendre, c'est pénétrer les choses du regard de l'esprit, en même temps que saisir leurs rapports divers ; c'est encore les embrasser dans leur ensemble par la faculté de l'âme nommée entendement ou intelligence. Acte propre de la plus noble de nos puissances, cette connaissance profonde, cette perception claire et complète de ce qui est intelligible, appartient en réalité à tout l'esprit, qui ne peut se diviser ; elle suppose donc la coopération des facultés inférieures, l'imagination et la sensibilité. Pour parler plus simplement, disons que l'homme ne comprend rien sans le secours des sens. Dans tous les cas, l'esprit est d'abord impressionné par les objets et s'en forme des idées ; l'intelligence établit ensuite des rapports entre elles. Les choses abstraites dont les sciences exactes s'occupent, ne sont pas affranchies de cette nécessité d'employer les figures. Elle s'impose même à celles d'ordre philosophique ou moral, comme la vertu ou la justice par exemple, qu'on ne peut comprendre sans en avoir vu pratiquer les actes et en avoir été impressionné.

Opération de l'esprit déployant toutes ses puissances, dans une mesure inégale, l'acte d'une âme qui comprend suppose donc encore le concours d'une dernière faculté : la volonté ne saurait y rester étrangère. Quelle apparence de bien voir, de connaître clairement une chose sur laquelle nous ne fixerions pas nos regards ? Or, c'est la volonté qui dirige l'attention de l'esprit sur l'objet proposé, et qui la maintient appliquée. Qui ne sait d'ailleurs que la force et la durée de cette application sont les conditions indispensables pour bien saisir et approfondir? Le rôle de la volonté, le secours qu'elle prête à l'intelligence est incontestable. Toutes choses égales d'ailleurs, de deux hommes dont l'un désire comprendre et dont l'autre ne s'en soucie nullement, le premier arrive à saisir plus vite et bien mieux que le second, si même celui-ci parvient à comprendre jamais.

Comprendre, n'est-ce pas encore connaître le vrai des choses? avoir sur elles la clarté parfaite, la pleine lumière? Or, cette lumière totale, essentielle, cette vérité des choses, de quelque nom qu'on l'appelle, comment la reconnaître quand elle se présente à nous, si l'on ne connaît déjà une première vérité? Ne dit-on pas d'un esprit borné, très peu intelligent, incapable de comprendre, qu'il ne possède pas la notion du vrai, la notion du juste? D'où la nécessité d'admettre à priori l'existence dans notre esprit d'une vérité première ou essentielle. On entrevoit ici déjà une condition indispensable pour celui qui veut comprendre : celle de connaître, de savoir déjà quelque chose, et pour mieux dire, la nécessité d'avoir appris et de croire, avant d'arriver à comprendre. Voilà peut-être une affirmation dont quelques lecteurs pourront être surpris. Nous avouons qu'elle est de nature à éveiller la défiance de quelques-uns ; et à bien prendre les choses, nous leur devons des explications sur le sens du mot croire, qui n'est pas toujours bien compris. Le malheur de certains est de le regarder comme l'équivalent de la périphrase être crédule. Mais quel sens voulons-nous donc qu'on attache à ce mot? Tout simplement celui qu'un homme sensé et de conviction doit admettre, et que le sceptique seul pourrait rejeter. Croire c'est aussi atteindre, pénétrer, embrasser la vérité du regard de l'esprit. Mais nous en avons dit autant de l'acte désigné par le mot comprendre. Il nous reste seulement à les distinguer l'un de l'autre.

L'homme qui comprend ou qui voit nettement le vrai de

choses et en saisit les rapports, se rend, dit-on, à l'évidence, cette sorte de clarté dont l'esprit se trouve pleinement satisfait. Mais après tout, qu'est-ce à dire qu'il se rend à l'évidence? Simplement qu'il se rend au témoignage de sa seule raison, qu'il obéit à l'autorité d'un témoin intérieur, déclarant vraie la chose proposée ou examinée, ou encore affirmant la convenance de l'attribut au sujet, comme il arrive dans cette proposition évidente pour tous : l'univers est l'œuvre de Dieu. Assurément penser ainsi, c'est faire acte de raison. Mais croire, serait-ce par hasard admettre sans raison et affirmer sans preuve? Bon à l'insensé ou à l'incrédule de le dire. Gardons-nous bien de le penser. L'homme qui croit se rend aussi au témoignage d'une raison, à l'autorité de témoins affirmant, reconnaissant la vérité de la chose. Témoignage extérieur, dira quelqu'un, et différent du mien. Sans doute, mais témoignage qui peut valoir autant que le nôtre, puisqu'il émane d'êtres raisonnables comme nous. Il peut donc y avoir là une certitude réelle, une sorte d'évidence qui ne va pas à nier l'excellence de la première, mais qui peut suffire pour produire une connaissance solide; une conviction fondée, permettant à celui qui croit de dire avec autant d'assurance que celui qui comprend ; Je sais.

Ainsi celui qui croit, en s'appuyant sur de bons témoignages, et sans comprendre encore à son gré, fait acte d'homme raisonnable aussi bien que celui qui se rend à la seule voix de sa raison personnelle. Et pourquoi non? Si les témoins sur lesquels il s'appuie peuvent être faux, et partant ses croyances mal fondées, pareillement ce que notre esprit prend pour évident peut à la rigueur être une illusion. Il n'est pas besoin pour cela d'être halluciné. Tout compte fait, l'homme dont le savoir reposerait sur la certitude que lui donne la seule évidence personnelle, peut bien être dans l'erreur, et, s'il est trop intéressé dans la question, se trouver plus exposé à se tromper que celui dont la certitude se fonde sur l'accord de témoins nombreux, désintéressés et compétents. Dans tout cela, nous ne voulons rien imposer à personne, encore moins prétendons-nous blâmer aucune recherche de l'intelligence, aucun désir de comprendre; nous voudrions montrer simplement le mal fondé du prétexte de l'homme qui se refuse à admettre ce qui ne lui paraît pas pleinement évident. En définitive, exiger l'absolue nécessité de l'évidence personnelle pour admettre le vrai, cela n'oblige à rien moins qu'à rejeter tous les enseignements de l'histoire, qui ne nous apprend que des choses dont nous n'avons pas été et dont nous ne pouvons plus être témoins. Telle est la conséquence où mène le raisonnement de ceux qui font de cette évidence le critérium de la vérité.

Hâtons-nous cependant de rassurer ceux qui seraient soucieux d'avoir des croyances raisonnées. C'est là un point auquel nous tenons autant qu'eux. Si l'acte qu'on appelle croire est le commencement de cet autre qu'on nomme comprendre, assurément ce dernier est bien plus parfait ; et la condition de l'homme qui voit avec évidence, bien préférable à celle d'un autre qui se bornerait à croire. Autant la raison nous fait condamner celui qui n'admettrait que ce qu'il voit, autant elle nous oblige à blâmer celui qui croirait sans désirer d'arriver à l'intelligence des choses. Car c'est bien ici la plus noble ambition de notre esprit. Mais, en attendant, n'est-ce pas mettre des bornes à notre savoir, et n'est-ce pas folie que de ne vouloir croire que ce que l'on comprend? Un tel état d'esprit n'est-il pas le cas de l'homme qui déclare que rien n'est au-dessus de sa propre raison? Esprit superbe dans sa misère, qui ne voit pas combien de choses lui échappent et des plus ordinaires ! Comprend-il comment la pensée qui dicte ces lignes se fixe et s'incarne, pour ainsi dire, dans quelques signes tracés sur le papier, et arrive à travers le temps et l'espace pour se donner à l'esprit du lecteur, qui l'admet dans son âme ou la rejette suivant ses dispositions? Mais sans avoir besoin de lui opposer un mystère aussi incompréhensible que celui de l'union de l'esprit et de la matière, que de faits des plus simples en apparence ne restent-ils pas pour son intelligence d'impénétrables secrets ! Comprend-il la transformation des aliments divers en la substance de son sang et de son corps? Comprend-il la germination d'une simple graine? la transparence d'une épaisse lame de verre à côté de l'opacité d'une mince feuille de métal? L'homme est témoin de tous ces phénomènes, il y croit sans aucun doute, et dès lors, si sa raison n'y voit goutte, que prétend celui qui ne veut admettre que ce qu'il comprend?

Créatures raisonnables, nous sommes donc bien, semble-t-il, destinés à apprendre pour arriver à comprendre. L'enfant à qui l'on enseigne les principes du langage ne fait pas autre chose que ce que nous venons de dire. Il reçoit d'abord la parole écrite ou articulée, sans en voir la signification : la pensée, l'intelligence de la chose viennent ensuite et à mesure. Si l'on répond ici qu'il ne peut procéder autrement, parce qu'il n'a pas encore la plénitude de sa raison, nous demanderons à l'homme émancipé s'il pense avoir atteint toute la perfection de la sienne, et si cette perfection consiste à n'avoir plus rien à apprendre? Il voudra bien nous pardonner la comparaison que nous venons de faire, et qui n'a pas pour fin de l'humilier. Qu'il veuille bien cependant considérer encore un instant avec nous comment toutes les sciences s'acquièrent. Que voit-on à la première page de tous les traités? Des principes, postulats, vérités premières posées par les maîtres, autant de choses qu'il faut prendre à la lettre et sans les discuter, si l'on veut avoir l'intelligence de tout le reste. Refuser d'admettre les noms et les définitions que le géomètre nous donne des figures, c'est renoncer à jamais rien entendre à la géométrie. En physique, en chimie, qu'on nous dise ce que vaudraient la théorie de la chaleur, les lois des combinaisons sans l'atome indivisible, la théorie de la lumière, sans l'éther impondérable et incoercible ? Elles n'existeraient même pas. Or ces choses l'atome, l'éther, il faut y croire sans doute, mais qui nous fera jamais comprendre ce que c'est ? La science naturelle vous le dit elle-même ici clairement : croyez et vous comprendrez. Que l'incrédule admette un Dieu avec ses attributs, et la science de la foi lui viendra de soi par voie de raisonnement et de conséquence.

La relation qui existe entre les deux actes de l'esprit que nous comparons étant suffisamment établie, à savoir, qu'il faut connaître ou croire quelque chose avant de rien comprendre, il est encore à propos de remarquer que les vérités des divers ordres se comprennent de la manière qui leur est propre. Le théorème, en même temps qu'il est compris, produit en nous l'évidence, c'est-à-dire qu'il met dans l'esprit une lumière qui le laisse en repos, peut-être vaudrait-il mieux dire, qui le laisse indifférent. Que la somme des angles d'un triangle fasse deux angles droits, voilà ce que nous admettons tous sans peine. Il n'est pas malaisé d'en trouver la raison : notre liberté n'est point intéressée dans la question. Mais il en va autrement des vérités morales; elles atteignent notre volonté encore plus que notre intelligence, parce qu'elles veulent être aimées. Sans doute, généralement parlant, toute vérité veut être aimée, le poëte nous le dit :

« Rien n'est beau que le vrai, le vrai seul est aimable. »

Mais il y a des degrés ; c'est plutôt de la curiosité que de l'amour que les sciences humaines ont de tout temps provoqué chez le commun des hommes. Autre chose est cette science dont les principes et les lois dirigent leur conduite. Pour tout dire, les vérités de cet ordre-là nous saisissent encore plus que nous ne les saisissons. Étant donné que la liberté, bien ou mal entendue, est très chère à l'homme, on se rend compte que pour les comprendre, il lui faille un peu de bonne volonté. Cette faculté, comme nous l'avons vu, n'est pas indifférente à l'exercice de l'intelligence.

Venus au monde en effet pour connaître, aimer la vérité, et servir sa cause, nous croyons que la connaissance parfaite et la claire vision seront le prix et la récompense de nos efforts. Mais en attendant, c'est une connaissance laborieuse, pratique et pénible même, qui doit être l'occupation de l'homme sur la terre. Dans ce sens, le premier degré de l'art de connaître ou de comprendre est la simple perception de l'idée ou de l'être qu'elle représente, et c'est ainsi que les mots se comprennent. Quand le nom d'une chose déjà vue ou connue vient à frapper nos oreilles ou nos yeux, l'esprit la perçoit sur le champ par une sorte d'intuition, mais une intuition bornée qui ne pénètre pas l'essence des choses. Une deuxième opération de l'intelligence à la poursuite de la vérité, c'est le jugement par lequel nous affirmons la convenance ou l'incompatibilité entre deux idées connues. C'est déjà la pensée qui désigne quelque chose de plus. En percevant un rapport entre deux pensées ou deux jugements, nous commençons à faire un raisonnement. Le fond de ce dernier est donc le jugement. Aussi a-t-on coutume de dire d'un homme intelligent, raisonnant bien et comprenant vite, qu'un tel homme a du jugement, et le mot est ici devenu synonyme de raison ou intelligence. En résumé, percevoir les idées, juger, lier ensemble les jugements successifs, telle est la suite des opérations dont nous formons la trame du raisonnement, véritable fil d'Ariane, qui du labyrinthe obscur de l'ignorance nous mène au jour de la vérité. Mais n'oublions pas que le jugement en est comme la clef, et comme l'anneau d'une chaîne d'autant plus longue que l'esprit est plus lent et plus faible. Pour certains esprits, un ou deux jugements suffisent et font atteindre le fond d'une question, là où des esprits médiocres raisonnent longuement, et demeurant autour du sujet, n'arrivent qu'avec peine à une conclusion ou à une résolution.

Sans en dire trop long sur cet art de comprendre, il nous faut cependant distinguer les deux méthodes de raisonnement auxquelles on a donné les noms de déduction et induction. La première consiste à tirer d'une vérité générale indiscutable d'autres vérités particulières, et ce procédé, qui est celui des mathématiques et de la philosophie, est aussi le moyen employé par quiconque veut convaincre quelqu'un ou prouver quelque chose. La seconde consiste à tirer de la production constante de faits particuliers semblables une conséquence, loi, ou vérité générale. Telle est la marche suivie par la science expérimentale en particulier. Quels que soient ses avantages et son prix aux yeux de ceux qui l'emploient, elle n'infirme en rien l'excellence et la supériorité de la méthode déductive, à laquelle d'ailleurs on peut la ramener et dont elle n'est qu'une forme abrégée. Une telle remarque n'est pas faite pour diminuer la valeur de ce qu'on nomme l'expérience et l'observation. Mais après tout, il est clair qu'elles ne font que constater, vérifier et découvrir, mais non créer des vérités ; elles nous font arriver à des formules scientifiques ou à des lois naturelles, qui sont des images de la vérité. Mais celle-ci est antérieure à tous les savants passés et à venir, et soit dit sans les amoindrir, elle dépasse les plus fameux d'entre eux tant anciens que modernes. Voilà qui n'est ni douteux ni difficile à comprendre.

Cette réserve faite, il ne nous en coûte point de rendre hommage à la science de l'homme qui nous apprend les raisons naturelles des choses ou qui, autrement dit, nous aide à les expliquer et nous les fait comprendre. Loin de lui envier cette gloire, nous voudrions plutôt lui voir étendre plus loin et porter plus haut encore son ambition, agrandir enfin son domaine dans ce sens. Comprendre, ainsi qu'on l'a vu, c'est embrasser les choses du regard de l'esprit, et reconnaître les rapports qui les lient entre elles. C'est bien là ce que fait non pas l'homme de telle science particulière, qui ne voit rien au-delà des phénomènes sensibles et passagers et de leur cause prochaine, mais ce que fait le savant qui, renfermant le phénomène dans des lois particulières, rattache celles-ci à d'autres plus générales jusqu'à les relier toutes à une loi suprême. Ramener toutes choses à l'unité à travers les changements continus et renouvelés de la nature, c'est bien en effet la vraie manière de comprendre, le rôle éminent de l'intelligence, la fin dernière de la science de l'homme. Comprendre, c'est encore, suivant le sens profond du mot, prendre avec soi ou en soi et comme s'assimiler. Or, l'esprit est immatériel, de quelle façon pourra-t-il s'unir les choses de la nature matérielle ? En les regardant comme les images imparfaites d'autres réalités et les concevant sous des formes plus achevées, c'est-à-dire en les ramenant à un type idéal vers lequel il s'élève par l'effort de sa pensée, et c'est ainsi que le vrai poëte comprend son art et s'élève à l'intelligence du beau.

Concluons enfin, et, s'il se peut, d'une façon pratique, comme cela devrait être de toute dissertation philosophique. Comprendre, croire sont des formes différentes du savoir, la première supérieure sans doute à la seconde, celle-ci toutefois acheminement nécessaire vers celle-là. Et toutefois, l'avantage qu'un homme peut avoir de comprendre clairement et avec évidence des faits ou des vérités d'ordre naturel ou rationnel, ne saurait être préféré à celui qu'un autre peut avoir de croire et de posséder d'autres connaissances dépassant le domaine de la raison personnelle. Ce que nous disons là n'est pas d'ailleurs affaire d'opinion. Et en effet, connaître un peu et bien dans des choses d'un ordre élevé, vaut incomparablement mieux que connaître beaucoup en des choses d'un ordre inférieur. Tout le monde admet enfin que les convictions morales sont, plus que les sciences proprement dites, les forces capables de faire accomplir le bien. L'homme est une intelligence, et surtout une volonté ou un agent, c'est-à-dire un être agissant. Si sa destinée est de vivre un jour de lumière, du moins dans l'état présent, elle ne saurait consister à comprendre et se borner à savoir.

Reconnaissons d'ailleurs que cette faculté que nous avons de pénétrer ou de comprendre, et dont nous sommes fiers à juste titre, est assez bornée en définitive, et qu'elle restera toujours empreinte d'une grande faiblesse. L'homme agrandit sans cesse dans un sens le cercle de ses connaissances; la science, dit-on, étend toujours de plus en plus ses horizons; mais toujours le fond des choses se dérobe à lui, il n'en voit que la surface, l'essence des êtres lui échappe et le mystère se dresse partout autour de lui. Si comprendre veut dire embrasser dans toute son étendue et avoir la connaissance parfaite, avouons que Pascal ne dit rien de trop, quand il déclare dans son langage énergique que « l'homme ne connaît le tout de rien ». A côté des merveilles que découvre et réalise la science humaine, rappelons, ainsi que nous le disions plus haut, comme l'esprit humain est à court pour s'expliquer tant de si petites choses qui se produisent tous les jours sous nos yeux. C'est que la raison nous montrera toujours ce double caractère qui ne doit pas être dissimulé à notre orgueil : à côté d'une grandeur et d'une puissance incontestables, une faiblesse et une misère non moins réelles. L'avantage d'une grande intelligence consiste surtout en ce qu'elle est un puissant levier pour l'action, une lumière pour la conduite, une grande force pour les œuvres, c'est-à-dire pour le bien, fin suprême et dernière de tous. Que vaudrait un grand esprit, un grand génie même, s'il était dévoyé, quand on sait que l'homme vaut non par ce qu'il sait, mais par ce qu'il fait?

VI

Commenter cette pensée de Descartes : Le bon sens est la chose du monde la mieux partagée.

Le bon sens n'est que l'habitude de juger sagement et de se déterminer en conséquence. On ne peut pas le réduire à un acte simple de l'intelligence et à une manière de voir, il faut y ajouter le concours d'une volonté efficace. Pour être sensé, il ne suffit pas à un homme d'avoir du jugement, il doit encore savoir agir conformément à sa façon de penser. Une telle qualité est aussi importante à l'esprit que la santé l'est au corps, santé qui ne se conserve elle aussi qu'autant qu'elle est agissante. La définition étant admise, comme il faut bien se rappeler la suite du discours du philosophe pour savoir ce qu'il a voulu dire, et que, sans encourir le reproche d'ignorance, on peut ne pas l'avoir assez étudié pour cela, nous chercherons comment cette phrase peut être entendue. Nous verrons qu'on peut lui attribuer trois significations différentes, qui ne sont pas toutes également naturelles et vraies, mais qui peuvent devenir chacune le sujet d'utiles réflexions. Nous dirons en finissant le sens que lui donne son auteur.

En premier lieu, on peut l'entendre du bon sens en lui-même. Dans ce cas, dire qu'il est le mieux partagé, cela signifierait que le bon sens est le plus grand de tous les biens de l'esprit, et l'homme de bon sens, celui qui est favorisé du plus précieux de tous les dons. Cette façon d'interpréter la proposition exigerait que le bon sens fût mis au-dessus de tout. Certes, nous n'en contestons pas le prix. Comme il faut cependant conserver aux mots leur acception usuelle, n'oublions pas que le bon sens se dit de l'exercice de nos facultés dans les choses ordinaires ou de la vie de tous les jours. Tout au plus, peut-on en faire le plus grand de tous les avantages naturels. Mais sans le rabaisser, il faut convenir qu'on a coutume de désigner par des noms différents des dons de l'âme plus relevés, plus excellents, et appropriés à des situations plus difficiles ou à des cas plus rares. A vrai dire, il ne suffit pas pour inspirer le dévouement, par exemple. Le zèle de la justice, la charité, etc., dictent des résolutions dans bien des cas où le simple bon sens serait embarrassé pour se résoudre et prendre un parti. Nous ne dirons rien de plus de cette manière d'entendre la proposition.

Voici, en second lieu, une autre interprétation qu'on pourrait en donner. Si l'on consent à personnifier le bon sens, dire de lui qu'il est le mieux partagé, cela semblerait dire que de tous les mobiles ou de tous les maîtres qui gouvernent les hommes, c'est celui qui compte le plus de sujets, le plus d'esprits obéissant à ses lois. Cela reviendrait à croire que c'est la qualité dominante des hommes, ou le lot du plus grand nombre. Le bon sens, en effet, ressemble assez au sens commun. Mais, malgré l'épithète attachée à ce dernier nom, ce serait beaucoup risquer de dire que la masse commune des hommes est pourvue de ce qu'on appelle le bon sens. Pour ne pas médire de notre espèce, il faut convenir que la plupart des gens, presque tous, si l'on veut, passent pour savoir agir au mieux de leurs intérêts. Mais de quels intérêts? Est-ce toujours de ceux que la droite raison et la morale conseillent de poursuivre? Ce n'est pas bien sûr. Tout compte fait, n'insistons pas davantage sur cette seconde interprétation, car il faut bien croire avec l'Écriture que « le nombre des insensés est immense ».

Il faut trouver maintenant un troisième sens à la pensée qui nous occupe, et c'est à celui-ci que nous nous arrêterons plus longuement, comme à celui qui paraît le plus juste et le plus raisonnable. Une chose est bien partagée quand elle l'est conformément aux lois de la justice. Or, comme celle-ci se réduit d'une part à satisfaire des droits, et de l'autre à remplir des devoirs, il faudra que dans toute répartition bien faite, les droits et les devoirs soient également satisfaits. Il ne suffirait pas, en effet, qu'une seule de ces conditions fût remplie. Ce ne serait pas assez pour contenter pleinement la justice, qu'un bien, par exemple, fût attribué à celui qui aurait des droits à le posséder. S'il lui arrivait d'en user contre le devoir et contre l'ordre, les gens s'en plaindraient à bon droit; ils en seraient justement mécontents et scandalisés; et en cela ils auraient avec eux la parfaite justice. D'un autre côté, on ne serait pas justifié de prendre un bien auquel on n'aurait pas droit, quand même on serait assuré d'en faire bon emploi. Tout bien pesé cependant, et malgré le dicton « bien mal acquis ne profite jamais », il semble qu'on doit estimer plus haut celui qui d'une chose irrégulièrement acquise ferait un bon usage, que celui qui userait pour le mal d'un bien qu'il aurait droit de posséder. S'il est une justice qui permet à l'homme d'abuser de son bien, elle n'est pas celle que le sage approuve et dont la charité puisse s'accommoder.

Les deux conditions posées pour qu'une chose soit bien partagée étant admises comme nécessaires, il s'agit de voir si le bon sens est mieux partagé que tout le reste. Et d'abord quelles sont ces choses du monde attribuées aux hommes par le sort, dont on veut parler ici? Evidemment, il est question de tout ce qu'ils appellent généralement des biens. Il y aurait encore les maux dont chacun a sa part sans doute; mais dans cette catégorie, l'examen à faire serait superflu. A nous en croire, il n'en est guère parmi nous qui avouent avoir mérité les leurs. Quant à bien en user, c'est encore un talent peu commun, une vertu difficile et rare. Les seules choses qui doivent nous intéresser ici sont, comme on sait: l'argent, le savoir, la sagesse enfin. Et c'est dans ce dernier genre que doit être classé le bon sens, qui n'est qu'une sagesse commune et de toutes les conditions, la suprême sagesse devant être réservée à l'homme entièrement détaché des biens temporels. On ne peut, en effet, songer à ranger le bon sens dans le genre savoir, après la définition qui a été admise, et dans laquelle la bonne volonté se trouve intéressée.

Examinons maintenant de quelle manière sont répartis les divers genres de bien que nous venons d'énumérer, en leur appliquant notre double règle. Si quelques-uns trouvaient dans cette revue une digression un peu longue, il nous semble pourtant qu'elle est justifiée par le besoin du sujet et amenée par la suite des idées. Le bon sens des lecteurs y trouvera d'ailleurs matière à s'exercer.

Et d'abord, de quelle façon est réparti l'argent? Les richesses sont-elles bien partagées? Ceux qui les possèdent y ont-ils droit et en usent-ils conformément aux devoirs de la vraie justice? On conviendra sans peine qu'il y a un peu à redire ici. Les richesses se reçoivent par voie d'héritage et dans ce cas sont possédées à bon droit. Elles s'acquièrent encore par le travail, et cette façon de s'enrichir est assurément la plus légitime. Mais après cela, n'est-il pas vrai que la fortune a ses caprices? La chance, c'est-à-dire l'inexplicable, ne joue-t-il pas un rôle dans l'art de gagner de l'argent? Le jeu, la spéculation coupable n'édifient-ils pas quelquefois des fortunes du jour au lendemain? Sans doute, et c'en est assez pour faire croire que l'argent gagné ne l'est pas toujours à la sueur de notre front. Il y a donc des fortunes mal acquises. N'y en a-t-il pas de mal employées?

Sans être un censeur sévère et trancher ici du Caton, il suffit d'ouvrir les yeux pour s'en assurer. Les misères sociales n'ont-elles pas, au moins en partie, pour cause le mauvais emploi que font de leur superflu certains favoris de la fortune? La somptuosité, les magnificences des grands, ne sont pas certes des choses blâmables, et il convient que chacun vive selon son rang. Mais n'est-il pas vrai que des sommes considérables, qui soulageraient bien des maux, sans gêner en rien ceux qui les emploieraient à cela, s'en vont en frivolités et se prodiguent en bagatelles, et parfois en débauches ? Passons encore, et reconnaissons que l'argent n'est pas la chose du monde la mieux partagée.

Que dire des honneurs ? Les charges élevées sont souvent la récompense du mérite, accordons-le, et admettons encore que chacun ici est en général le fils de ses œuvres. Mais enfin, ne trouverait-on pas par ci par là, et en cherchant bien, des gens parvenus par l'intrigue, la flatterie, les mauvais moyens ? N'y a-t-il pas des incapables dans les hautes positions ? Au temps présent, il n'en faudrait pas d'autres preuves que la facilité avec laquelle les places élevées s'obtiennent rapidement et se perdent de même. Allons ! ici encore, les honneurs, les titres appartiennent non pas toujours aux plus dignes, mais quelquefois aux plus audacieux. Quant à les exercer pour la cause du bien public, c'est assurément la conduite d'un grand nombre. Mais l'esprit de parti fait bien aussi un peu des siennes, il a ses créatures, et le favoritisme n'a pas disparu de notre société.

Si nous considérons la science et la façon dont elle est distribuée, on avouera qu'elle n'est pas exposée à autant d'inconvénients. C'est, du reste le bien estimé aujourd'hui entre tous, et l'on ne se demande plus comme au temps de nos aïeux :

> Dans le siècle où nous sommes,
> Est-ce au pied du savoir qu'on mesure les hommes ?

Beaucoup nous l'affirment et le persuadent à pas mal d'ignorants, mais ne nous arrêtons pas à leur erreur. Pour former l'homme de talent, les caprices du sort n'ont guère d'influence. On ne devient pas savant par la protection d'amis, mais par le travail. Les dispositions naturelles y viennent en aide, mais elles ne fructifient guère que si on les cultive, et la gloire scientifique n'est que le prix du mérite et de la peine. De ce côté, le savoir n'appartient donc qu'aux ayants-droit. Reste à voir s'il est universellement employé au triomphe de la justice ou de la vérité. Ici l'on doit être moins affirmatif, car chez quelques-uns on voit la science mise au service d'une mauvaise cause et employée pour le mal. Tout bien considéré, le savoir semble mieux partagé que l'argent et l'honneur, mais le partage laisse encore un peu à désirer. Arrivons au bon sens qui n'est, avons-nous dit, qu'une sagesse commune, et voyons si à l'égard de ceux qui en jouissent, il ne donne pas sujet à de semblables récriminations.

Quels sont les hommes favorisés de ce précieux avantage qui consiste à suivre en toute occasion le parti que la droite raison commande? Ceux-là sans doute qui ont travaillé à l'acquérir. C'est un bien qui ne se transmet pas avec le sang et qu'on ne reçoit pas en héritage. Sans doute les leçons et plus encore les exemples des parents y peuvent servir beaucoup, mais il faut avant tout la coopération et l'application personnelle des intéressés. Le bon sens n'est pas attaché à la position sociale. L'étude, le savoir peuvent le favoriser, ils n'en sont pas des conditions indispensables. Que de gens ont beaucoup lu et beaucoup appris, trop peut-être, et qui manquent de jugement dans des choses pratiques de la vie de tous les jours! Combien d'autres qui n'ont pas étudié les règles de la logique, et qui savent prendre le bon parti dans des cas embarrassants pour d'autres plus lettrés et plus érudits! Que de théoriciens enfin qui manquent de sens pratique! Mais les hommes appliqués et habitués de bonne heure à porter une attention réfléchie sur toutes choses, c'est-à-dire sachant observer au dehors sans prévention ni passion, et s'observer intérieurement eux-mêmes sans faux amour propre, voilà ceux qui arrivent à former en eux cette faculté du bon sens, et en cela ils ont acquis ce qu'ils ont mérité.

Peut-on dire après cela d'un homme de bon sens qu'il en use toujours conformément à la justice ? Sans doute et le contraire serait absurde ; avec cette réserve pourtant qu'aucun homme n'est parfait, et que chacun peut se tromper. Le plus vigilant a ses surprises et ses absences. Mais on n'abuse pas du bon sens, on ne le met pas au service de l'erreur ni du mal. Agir ainsi n'est en effet que le propre des insensés. On peut abuser de beaucoup de qualités : une justice vulgaire, la force, peuvent dégénérer en cruauté ; la sobriété peut tourner à l'avarice. Le bon sens qui tient de la prudence tient encore plus de la modération ou de la discrétion : c'est un juste milieu qui réprouve tout excès. A ce compte, on n'aura plus de peine à croire que c'est la chose du monde la mieux partagée, si l'on admet ce que nous avons dit. Il reste maintenant à connaître quelle a été la pensée du philosophe, que la simple lecture de la phrase proposée ne suffisait pas pour deviner, si l'on n'en regardait pas le contexte.

Le bon sens est la chose du monde la mieux partagée, parce que chacun, ajoute l'auteur, s'en croit si bien pourvu qu'il n'en désire pas davantage. S'il en est ainsi, cela tient sans doute, comme nous l'avons fait voir, à ce que la répartition en est tellement faite avec justice que l'on n'a pas sujet de s'en plaindre. Il semble donc que le sens donné à la proposition par le philosophe se ramènerait au nôtre. Mais cette conformité ou ressemblance n'est qu'apparente. En réalité la pensée de Descartes a beaucoup plus de portée, car elle revient à ce qu'on exprime quelquefois plus clairement dans ce dicton connu : « Nul n'est mécontent de son esprit ».

C'est bien là ce qui a lieu pour la plupart d'entre nous, il faut en faire l'aveu. Quant à savoir s'il est bon de penser ainsi, c'est-à-dire d'être content de soi, c'est autre chose. La réponse à une telle question n'est pas douteuse selon nous, et la proposition entendue de cette façon pouvait se passer de commentaires. C'est ordinairement par suite d'un amour propre mal entendu que chacun de nous est content de son esprit. Le soin que nous devons avoir de nous instruire et de nous rendre meilleurs, conseille de ne pas nous montrer satisfaits de ce que nous savons et de ce que nous sommes.

VII

Est-il vrai, comme on l'a dit, que le matérialisme explique le supérieur par l'inférieur ?

Il faut bien savoir en quoi consiste la doctrine matérialiste. Quand on verra qu'elle ne fait que cacher la négation d'une vérité universellement reconnue, il sera facile de montrer qu'elle ne peut prétendre expliquer le supérieur par l'inférieur.

Pour les hommes qui veulent réfléchir, il y a dans la nature une matière inerte, dépourvue de sensibilité, n'ayant de mouvement que celui qu'elle a reçu du dehors; et il y a une matière vivante, c'est-à-dire renfermant un principe actif, qui lui donne la faculté de sentir et de se mouvoir. Ce principe nommé suivant les cas vie, esprit, raison, n'est pas de l'essence de la matière, comme la forme et la pesanteur qui en sont inséparables et sans lesquelles un corps ne peut se concevoir. Il ne lui appartient pas nécessairement, car nous voyons des corps qui en sont privés. Indépendant de la matière et supérieur à elle, puisqu'il lui donne le mouvement et la vie, ce principe subsiste donc sans elle, et en raison de sa nature simple, il n'est pas sujet à cette destruction qui atteint les corps, et qui n'est que la désagrégation de leurs parties. Le culte des morts, les religions, qui sont des pratiques de tous les temps et de tous les peuples, attestent avec la philosophie cette existence des âmes et la réalité d'un monde spirituel. Or, le matérialisme n'est simplement que la négation de cette vérité. Pour lui, la matière est tout. Ce qui échappe aux sens : âme, raison, justice, de quelque nom qu'on l'appelle, tout cela n'est rien.

Sans doute, les matérialistes ne s'expriment pas aussi nettement, et ne nient pas en termes formels ce que nous regardons comme une vérité première. A se manifester si clairement, leur erreur ne mériterait pas la discussion. Ils se contentent d'attribuer à la matière seule les phénomènes apparents qui attestent la présence de la vie. Celle-ci ne serait à leurs yeux qu'une propriété des corps et, pour nous servir de leur langage, une résultante des forces physico-chimiques. Afin de donner du crédit à une telle opinion, les uns ont eu recours à la science expérimentale ; les autres, à la philosophie. Les premiers ont essayé de s'appuyer sur des faits ; les derniers, sur des raisonnements. On verra par la courte réfutation que nous allons en faire, que ces deux bases leur font défaut, et on comprendra comment le matérialisme est dépourvu de tout fondement, et n'est par suite que mensonge.

Les principaux efforts de la science naturelle pour arriver à établir cette fausse doctrine, consistent dans les expériences et les recherches faites surtout dans la dernière moitié du 19e siècle, afin de faire admettre le dogme de la génération spontanée. Suivant une telle croyance, la vie sortirait donc simplement de la matière. Comment cela ? demandera-t-on. Sans doute comme tout ce que la matière inerte peut produire : comme l'étincelle sort de la pierre à feu ; le son, des corps sonores ; l'odeur, des corps odorants, ce qui rappellerait assez bien les fameux atomes d'Epicure. Mais des expériences célèbres ont renversé pour jamais les affirmations de ces savants. M. Pasteur a démontré que l'air, l'eau, le monde enfin contiennent, à l'état de corpuscules extrêmement petits, les germes d'une infinité d'êtres vivants qui, placés dans des conditions de milieu et de température convenables, se développent et produisent autant d'animalcules. Or, le même savant est parvenu à priver entièrement l'air et l'eau de ces germes imperceptibles, que le Créateur y a semés comme des témoins de sa puissance. Et voilà du même coup, au grand désespoir des matérialistes, la matière qui s'est trouvée stérilisée, sans avoir rien perdu de ses qualités essentielles : la vie n'est pas sa propriété.

L'erreur était donc entièrement démasquée. Ajoutons d'ailleurs ici qu'il resterait encore à ceux qui persisteraient à soutenir la cause de la génération spontanée, un chemin immense à faire, pour franchir la distance presque infinie qui sépare le principe vital des animaux de cette âme raisonnable, qui est le fond de la nature de l'homme. Quelques-uns travaillent à y parvenir. Mais ce serait nous éloigner de la question que de parler de leur tentative, et nous avons beaucoup mieux à faire que de les suivre. Qu'il nous suffise d'avoir rappelé ici que le premier pas dans cette voie n'est pas encore fait.

Comme nous l'avons dit, le matérialisme trouve encore des défenseurs chez les partisans de la fausse philosophie. Car si les mots ont un sens, nous pouvons qualifier ainsi toute doctrine qui aboutit à l'immoral et à l'absurde, comme on le verra quand nous l'aurons fait comprendre en quelques lignes. Les idées, prétendent certains penseurs, ne seraient autre chose que des sensations transformées. En cela ils croient pouvoir se réclamer de l'autorité d'un maître illustre de la science antique, qui affirme que « rien n'est dans l'esprit sans avoir été auparavant dans les sens ». Mais ils oublient ici ce qu'un des grands savants modernes a répliqué fort heureusement à cette affirmation, à savoir

« qu'il n'est rien dans l'intelligence qui n'ait passé par les sens, excepté l'intelligence elle-même ». Ce qui signifie simplement que l'âme raisonnable avec les idées premières, qui sont comme le fond de la raison, n'est pas une dépendance des sens corporels.

Laissons toutefois s'expliquer les partisans des « sensations transformées ». Ils voudraient donc nous donner à entendre par ces mots que les impressions faites sur nos sens par les objets extérieurs sont les causes uniques de ces images intérieures que nous nous en formons, et par suite, causes aussi de ces opérations de l'intelligence et de la volonté que nous attribuons à l'âme. Mais une image ne demande-t-elle pas un miroir qui la produise ? A la vérité, cette objection n'embarrasse guère le matérialisme, qui voit ce miroir dans le cerveau. Mais encore, une image suppose une lumière qui l'éclaire, et un œil qui l'aperçoive; et ni l'œil du corps, ni la lumière du jour ne vont jusqu'au cerveau. Pour nous, ce miroir et cet œil sont ces facultés de l'âme qu'on appelle mémoire et intelligence. Mais passons rapidement sur ces mots dépourvus de toute signification pour le matérialiste. Laissons-le nous affirmer que les sensations produites par les choses du monde extérieur sur nos organes donnent seules ces idées que nous nous formons intérieurement des choses visibles. Il y a très loin encore pour aller de l'idée ou représentation de l'objet jusqu'à la pensée, qui est le jugement prononcé sur la convenance ou l'incompatibilité de deux idées, et c'est là l'acte essentiel qui caractérise l'homme raisonnable. Or, tout jugement suppose un juge, ou un être qui prononce et affirme, et c'est ici que vont paraître les conséquences absurdes de cette fausse philosophie.

Si la sensation se transformant devient le désir et la volonté, celle-ci étant le résultat naturel et comme fatal de l'impression reçue, les actes de cette volonté ne nous sont pas imputables. Sans la présence d'un agent qui juge de la

— 58 —

légitimité du désir et de la conformité de la volonté à une règle intérieure ou loi morale, l'homme ne serait plus responsable, il ne serait pas ce qu'il est essentiellement, un être libre. Comme la masse inerte, il céderait à toute influence extérieure et obéirait simplement à la poussée venue du dehors. L'immoralité de la doctrine comme son absurdité, semble t-il, sont devenues assez évidentes.

Nous sommes désormais éclairés sur le fond comme sur la valeur du matérialisme, et ces éclaircissements nous étaient nécessaires pour répondre à la question posée. Voyons maintenant ce qu'une pareille théorie peut servir à expliquer.

Avant tout, qu'est-ce que ce supérieur dont on nous parle ? Ce mot ne nous paraît désigner que les choses d'en haut par opposition aux choses d'ici-bas, c'est-à-dire ces réalités de l'ordre de l'esprit élevées au-dessus des choses terrestres. Car nous ne voyons pas en quoi, dans l'ordre physique, le supérieur différerait de l'inférieur et le haut de la matière d'avec ce qui est en bas. Les corps célestes, qui nous entourent et roulent au-dessus comme au-dessous de nous, ne sont pas formés autrement que notre planète, et tout cela, au dire de la science, est extrait d'une même substance cosmique. Encore une fois, il n'y a dans le domaine des corps pesants ni inférieurs, ni supérieurs. Il faudrait donc entendre sous ce dernier nom quelque chose d'une nature tout autre que la matière, telles que sont les substances spirituelles. Mais le matérialisme ne croit pas à l'existence propre des choses de la nature de l'âme. Pourquoi nous expliquerait-il ce qu'il rejette et ne veut pas accepter ?

Nous allons toutefois prêter un moment notre attention à ce mode d'explication des choses que fournit le matérialisme. Les vibrations de la matière, nous dit-il, sont la cause du son, et celles de l'éther, la cause de la lumière ; et c'est ainsi que la science vous explique la lumière et le son, en quoi pouvez-vous y contredire ? — Nous prierons notre adversaire de s'arrêter un peu avec nous au sens du mot expliquer. Comme chacun sait, expliquer une chose, c'est en faire connaître la raison d'être, autant qu'il le faut pour satisfaire l'esprit. Nous accordons au matérialiste que le mouvement explique les phénomènes physiques, mais ce mouvement lui-même ne demande-t-il pas une explication? N'a-t-il pas une cause? Notre savant sait bien que le mouvement n'est pas une propriété de la matière, et qu'il n'est pas de son essence. Elle peut le recevoir, mais elle ne peut se le donner ni le modifier après l'avoir reçu. Le principe de l'inertie est fondamental dans la science mécanique et préside à tous les raisonnements. Que vaudraient les conclusions et les théorèmes que le savant en tire, si la matière avait une activité propre? Trouvez donc naturel que nous croyions à un moteur et à une cause de mouvement partout où nous le voyons se produire. Car la matière ne vibre pas spontanément, ni nécessairement. Et si l'on ne peut croire sans absurdité que la matière résonne toute seule, il est encore mille fois plus absurde de croire qu'elle puisse à elle seule raisonner!

N'est-il pas ridicule d'avancer, comme on l'ose écrire, que les actes des êtres animés sont des effets résultant des forces mécaniques ou chimiques? Que peuvent produire de telles causes, sinon des groupements de matière, et en quoi l'attraction moléculaire a-t-elle le moindre rapport avec les choses de l'ordre de l'esprit? Placées dans des conditions favorables, les molécules des corps dissous, par exemple, s'agrègent et forment des masses inertes plus ou moins volumineuses, telles que les cristaux. Mais y a-t-il dans ce résultat quelque chose qui ressemble le moins du monde à ces actes d'ordre supérieur tels que la réflexion ou le calcul, manifestations de la vie de l'être raisonnable et libre? L'affinité est une force à l'aide de laquelle la chimie explique les combinaisons des corps. Mais ce mot exprime-t-il autre chose que la tendance à se combiner? Ne cachet-il pas l'impuissance où notre science se trouve de nous dire pourquoi, par exemple, le mercure s'attache à l'or et non pas au fer, et pourquoi tel corps ne fond pas dans l'eau tandis qu'il fond dans un autre liquide? Combien de mots savants qui ne servent qu'à constater des faits et dissimulent l'ignorance de la cause, mais qui, en définitive, n'expliquent absolument rien !

Dès lors et pour arriver à une conclusion, nous devons bien admettre que les mouvements de la matière ou des fluides expliquent le son, la chaleur, l'électricité et autres phénomènes appréciables à nos sens corporels, à condition d'entendre par là qu'ils en sont les causes médiates ou secondes. Mais si le matérialisme se contente de ce genre d'explication et n'en souffre pas d'autre, il voudra sans doute reconnaître qu'il ne porte pas ses regards bien loin ni bien haut, et que c'est là une explication très bornée. Dans cet ordre de phénomènes, il ne sort pas d'ailleurs des choses basses ou inférieures à l'homme. C'est pourquoi l'on peut dire du matérialisme que son essai d'explication ne se rapporte qu'aux choses matérielles, c'est-à-dire à l'inférieur; et même qu'il n'en donne qu'une explication incomplète, et un commencement ou le bout d'une explication. Il lui faudrait, pour les expliquer d'une façon satisfaisante, avoir recours au supérieur, et dès lors commencer par reconnaître sa réalité et son autorité.

Ce supérieur, en effet, ne saurait désigner qu'une chose toute différente de cette nature terrestre; c'est un agent qui la domine et la dépasse, la soutient, la pénètre, l'anime et qui peut seul lui donner sa perfection relative. C'est en lui que toute chose a l'être, le mouvement et la vie (1). Il ne peut pas, répétons-le une fois de plus, être un sujet, une dépendance de cette nature physique qui est au contraire son œuvre. OEuvre muette, si quelqu'un n'élève

---

(1) *In eo movemur, vivimus et sumus.*

pas la voix pour l'expliquer et ne lui révèle pas son auteur. Quand le matérialisme aura reconnu cela, c'est-à-dire quand il aura renoncé à ses négations, alors il pourra trouver dans l'inférieur non pas la cause ou l'explication du supérieur, car il ne peut y avoir de cause moindre que son effet, mais il y découvrira des marques qui attestent la perfection et les attributs de ce supérieur.

Dans ce sens, il est vrai de dire que tous les êtres créés lui rendent témoignage d'une certaine façon. C'est pour le louer que les fleuves élèvent leur voix (¹), nous dit le Psalmiste, et cette voix est le bruit de leurs eaux rapides. C'est encore lui que « l'herbe de la vallée et le cèdre de la montagne bénissent, lui dont l'insecte bourdonne les louanges, dont la foudre fait éclater la puissance, et l'Océan déclare l'immensité (²) ». Ce supérieur, en un mot, et à son plus haut degré, est celui dont Racine a dit :

L'Éternel est son nom, le monde est son ouvrage.

Quant à la créature qui tient le milieu entre l'inférieur et le supérieur, elle serait à plaindre de ne pas savoir reconnaître un Dieu invisible dans ses œuvres visibles ! Quand le cheval et le bœuf connaissent leur maître, on aurait sujet de s'étonner si l'homme, qui a reçu le don de la science et de la parole, était assez ingrat pour ne pas reconnaître le sien.

---

(1) *Elevaverunt flumina vocem suam* (Ps. 92, V. 4).
(2) Chateaubriand. *Génie du Christianisme.*

VIII

EXPLIQUER CETTE PENSÉE DE KANT :
« LE RESPECT NE S'ADRESSE PAS AUX CHOSES MAIS
» SEULEMENT AUX PERSONNES. »

Il faut croire fermement avec ce philosophe que le respect ne s'adresse pas aux choses, mais seulement aux personnes. Après avoir exposé les raisons bien simples qui nous font admettre cette proposition comme une vérité, nous remarquerons comment ce respect varie dans sa nature et ses degrés suivant les différents cas. Il nous faudra terminer par quelques réflexions d'ordre pratique, pour éviter l'abus qu'on pourrait faire de cette pensée.

On appelle respect ce sentiment que nous éprouvons en présence d'un être supérieur, qui nous domine et nous oblige en quelque sorte à le regarder, en latin *respicere*, d'où vient le mot lui-même. Mélange de crainte et d'admiration, ce sentiment est donc produit en nous par la vue d'un objet qui s'impose à notre attention, en raison de quelque caractère d'élévation ou de grandeur. Ajoutons que le plus souvent encore, nous manifestons au dehors, volontairement ou sans y réfléchir, ce que nous ressentons à l'intérieur. C'est ainsi que nous reconnaissons notre infériorité, en nous inclinant, par exemple, devant l'être qui devient l'objet de notre respect. Cela dit, les choses matérielles ne sauraient en elles-mêmes faire naître en nous aucune impression de ce genre, et la raison en est claire. L'homme étant la plus noble des créatures visibles, et par là supérieur à toutes les autres, aucun objet inanimé ne saurait avoir droit à ses hommages. Nous incliner devant la matière, ce serait vouloir nous mettre au-dessous d'elle, et un tel avilissement nous déshonorerait. L'idolâtrie, le fétichisme sont parmi les cultes religieux des erreurs de ce genre, qui rabaissent évidemment ceux qui les pratiquent. On peut encore y rattacher la superstition. Elle est en effet une petitesse, un amoindrissement de notre esprit, qui nous fait attribuer à des choses insignifiantes une puissance ou une vertu qu'elles n'ont pas. Enfin, on n'aura pas de peine à le reconnaitre, le matérialisme est une forme, en apparence savante, de la même dégradation et peut-être la pire. Les partisans avoués ou non de cette doctrine ne devraient donc pas être fiers.

Mais s'il n'est pas douteux que le respect s'adresse seulement à la personne, (et nous n'entendons parler encore jusqu'ici que de la personne humaine), il est naturel de se demander quels sont les caractères de cette supériorité qui donne droit au respect. Toutes les supériorités le méritent-elles au même titre et au même degré ? Quelle forme prendra le respect dans les divers cas? Autant de questions intéressantes à résoudre, car il est évident qu'on peut être supérieur à quelqu'un sous plusieurs points de vue. Sous ce rapport, il y a, nous semble-t-il, trois sortes de supériorités qu'on a coutume d'honorer dans la personne humaine: on respecte l'homme puissant, l'homme savant, l'homme sage. Trois caractères de grandeur paraissent, en d'autres termes, s'imposer généralement à nos hommages: l'autorité, le génie, la vertu. Chacun d'eux mérite un examen particulier.

Premièrement, le respect est dû à toutes les autorités légitimes, telles que sont celles du père ou du prince, et il leur est dû en raison de cette seule considération qui résulte de leur nom ou de leur titre. L'un a droit au respect de la part de ses enfants, dont il protège la faiblesse et auxquels il assure la vie matérielle; l'autre a droit au respect des sujets, parce qu'il leur garantit la sécurité en même temps que l'exercice de leur liberté. Et quand même la qualité de savant ferait défaut à ces hommes que leur autorité recommande à notre respect, ils ne perdraient pas pour cela les titres qui les désignent à notre attention, ni le caractère qui oblige leurs inférieurs à leur rendre hommage. Toutefois, il n'en serait pas absolument ainsi de la vertu ou grandeur morale, s'ils en étaient entièrement dépourvus. Et en effet, on comprend qu'ils ne pourraient s'affranchir de leurs devoirs, sans perdre quelque chose de cet ascendant qui nous impose le respect. Du moins, doivent-ils sur ce point faire preuve d'une vertu et d'une justice communes, sous peine de devenir indignes. Ajoutons enfin que ce respect dû aux autorités légitimes se manifeste surtout par notre obéissance et notre soumission aux préceptes dictés par la raison et la justice, dont ils sont à notre égard les interprètes ou les représentants.

En second lieu, le génie, c'est-à-dire l'homme grand par son esprit ou sa science, possède une supériorité qui le rend digne de considération ou d'admiration. Telle est, en effet, la forme du respect que nous inspirent les hommes puissants par leur talent et la force de leur intelligence. Mais ici encore comme dans le cas précédent, ce genre de grandeur pourrait-il être impunément séparé du caractère moral? A la vérité, si le génie de cet homme dont l'intelligence me dépasse s'exerce dans un ordre de choses qui soit sans intérêt pour moi, si je puis y demeurer étranger ou indifférent sans encourir aucun blâme, j'admire un instant un tel homme et je passe. Mais si la science ou l'art sont chez lui de telle nature qu'ils puissent servir ou nuire aux intérêts de ses semblables, c'est à bon droit que je me préoccuperai de la fin pour laquelle il a coutume de s'en servir. Je respecte entre tous les autres les grands talents qui s'honorent par des découvertes utiles à l'humanité, et dont le savoir est mis au service du bien public. Mais après tout, un grand art, une grande science, ne peuvent-ils pas être dévoyés et détournés vers une mauvaise fin? Sans doute; car nul ne saurait échapper à la loi morale ou loi de la fin dernière.

Il y a des génies malfaisants, tout comme il y a des puissances tyranniques, pour qui l'autorité ou plutôt la force dont elles disposent ne sert qu'à opprimer le faible et faire régner l'injustice. Mais on sait bien que le respect qu'inspire le pouvoir d'un despote, est fait principalement de crainte et de haine; il mérite le nom de terreur. Dans un ordre d'idées différent et qui n'a pas moins d'importance, un esprit, puissant d'un art ou d'une science qu'il employerait à mal faire, serait dangereux au même titre et plus encore, quelque grand qu'il fût d'ailleurs. Assurément il cesserait d'avoir droit au respect et deviendrait justement un objet de défiance.

Bien différente est l'impression que produit cette dernière forme de supériorité qui a reçu le nom de vertu. Serait-elle dépourvue de cette science que les seuls efforts personnels peuvent faire acquérir, manquerait-elle de l'autorité que donnent à l'homme la position sociale acquise ou une condition élevée, la grandeur morale s'attire partout un respect incontesté. Elle n'est pas l'apanage de ceux qui commandent aux peuples, mais plutôt de ceux qui se dominent eux-mêmes et règnent sur leurs passions. Pour atteindre cette élévation de son âme, l'homme n'a pas besoin de considérer le cours des astres ni de s'élever dans la région des nuages. Tel qui le croirait, risquerait d'oublier la bassesse de sa condition présente, connaissance qui est une partie essentielle d'un savoir solide. Une grandeur qui ne saurait s'abaisser au besoin ne serait en réalité que raideur. Mais l'homme est grand surtout par le cœur, c'est-à-dire quand il n'est pas attaché par toutes ses facultés aux choses basses et terrestres, quand un généreux mépris lui fait dédaigner ce que d'autres poursuivent avec avidité, et fouler aux pieds ce qu'ils mettent au dessus de tout. Dans son fond la vertu n'est, en effet, que le renoncement à l'égoïsme au profit de l'intérêt général et du bien public. On respecte l'homme puissant, on admire l'homme savant, mais on vénère l'homme vertueux, qui veut du bien à tous et leur en fait dans la mesure de ses forces. Aussi, dans cette forme de respect qu'une telle grandeur nous inspire, la crainte a-t-elle disparu pour faire place à l'affection. Le savant a besoin de gens qui comprennent son langage, il s'impose surtout aux hommes instruits ou érudits, comme l'homme puissant dont l'autorité ne s'exerce que dans un cercle limité. La vertu s'attire indistinctement le respect de tous.

La distinction étant faite entre les diverses formes que peut revêtir notre respect, nous reprendrons la question proposée. Ainsi qu'on l'a compris, la pensée du philosophe semble destinée à nous mettre en garde contre cette fausse opinion, véritable faiblesse d'esprit, qui nous fait parfois prodiguer aux choses matérielles des hommages dus seulement à cette supériorité qui appartient à celles de l'âme. Erreur très commune, hélas ! Que d'encens est brûlé à de fausses divinités de métal ou de chair (¹) ! Le veau d'or, il faut l'avouer, n'a pas cessé de jouir d'une grande considération parmi les hommes. S'il en est ainsi, ses adorateurs auraient-ils sujet de se plaindre, quand on leur demanderait le cas qu'ils font de la pensée de Kant ? Croient-ils bien que l'excellence de notre être consiste dans les qualités de l'âme ? Songent-ils seulement qu'ils en ont une ? Et cependant, toute méconnue que soit cette vérité qui enseigne que l'homme est grand seulement par l'esprit et par le cœur, n'est-elle pas gravée dans chacun de nous ? Elle y est avec des racines si profondes que rien ne serait jamais capable de l'en arracher entièrement. Toute âme en effet ne cesse pas d'être précieuse et noble d'une certaine manière, parce qu'elle reste toujours capable de grandes choses. Voilà pourquoi il n'est pas d'homme, même égaré ou dépravé, qui ne mérite d'être traité

---

(1) Que de genoux fléchissent devant Baal !

avec égard et une sorte de respect. Le sentiment bien compris de notre dignité personnelle, le respect de la même qualité chez les autres, voilà le meilleur profit que nous puissions retirer de la pensée soumise à nos réflexions. Après cela, il nous reste encore, ainsi que nous l'avons dit, à prévenir l'abus qu'on en pourrait faire.

On a vu précédemment les noms de quelques-unes de ces erreurs ou de ces hérésies qui affligent les hommes, en leur faisant accorder aux choses les marques d'une estime ou d'un respect qui ne leur sont point dus. Mais s'il est bien vrai que nos hommages ne doivent s'adresser qu'aux personnes, il est naturel de se demander ce que nous devons penser des choses elles-mêmes, le cas qu'il en faut faire, et comment nous les devons traiter. S'il faut les regarder dans un sens comme objet de mépris ou du moins de mince valeur, ainsi qu'on le doit faire quand on les compare aux biens de la nature de l'esprit, nous devons cependant nous garder de toute exagération d'un côté comme de l'autre. Après tout, les choses matérielles ont été faites pour notre usage, et nous devons savoir nous en servir. Moyens indispensables pour arriver à nos fins, elles sont appelées à devenir en bien des cas les intermédiaires naturels et nécessaires, par lesquels nous pouvons donner à ceux qui le méritent les témoignages de l'estime et du cas que nous faisons d'eux. Dès lors, rien de plus naturel et de plus juste que toutes ces manifestations par lesquelles nous honorons dans la vie sociale les supériorités légitimes, en nous inclinant par exemple et nous découvrant devant elles, et par suite devant les choses sensibles qui les rappellent à nos yeux ; en nous soumettant, en un mot, aux formalités ou aux pratiques réglées dans cette vue par les usages. Il le faut ainsi en raison de notre double nature, parce qu'un respect qui ne s'exprimerait pas extérieurement n'en serait pas un, et qu'il n'y a pas d'autre façon de le manifester que le recours aux moyens extérieurs. Et c'est pourquoi le mépris qu'on témoignerait pour les objets qui sont les marques ou les insignes de quelque supériorité, le refus de se conformer aux cérémonies réglées par la coûtume, atteindraient indirectement dans leur esprit les personnes elles-mêmes, à tel point que l'indifférence même serait aux yeux de tous une infraction à la loi du respect. On sait bien que toujours et partout il en a été ainsi. De quels honneurs par exemple n'entoure-t-on pas les statues de nos grands hommes, même de certains dont la supériorité n'est pas de bon aloi? Qui ne sait jusqu'où vont chez le soldat les marques d'honneur rendues au drapeau? C'est la patrie sans doute, c'est le sentiment de la gloire nationale que l'on exalte; mais c'est l'étoffe tricolore qui sert à la démonstration ou à la propagation de l'idée, comme c'est elle qui sert à la faire vibrer dans les cœurs (¹).

Après cela, est-il besoin de le dire? de la même vérité pratique dérive le culte extérieur que nous rendons aux choses sensibles dans la religion, non pas certes pour la matière, bois, pierre ou métal dont elles sont faites, ce qui serait insensé, mais pour reconnaître la sainteté du personnage qu'elles représentent, pour honorer l'idée, le mystère qu'elles signifient, confesser les vérités qu'elles symbolisent à nos yeux. Ignorant qui ne voudrait pas le comprendre! Que peut-on opposer à des raisons si claires? Concluons de là que si les idolâtres sont de très mauvais philosophes, d'un autre côté les philosophes iconoclastes seraient des hérétiques au moins aussi dangereux!

---

(1) Il ne faudrait pas voir en cela que des démonstrations intéressées où l'abus qu'on peut en faire. Cette manifestation des sentiments de respect dont nous parlons est si naturelle et si raisonnable, que nous nous surprenons à les exprimer dans notre vie privée la plus intime. C'est ainsi qu'on conserve et regarde avec respect l'objet qui nous rappelle un ami perdu. On baise avec émotion le souvenir laissé par une mère.

Ce n'est pas que les libres-penseurs modernes se permettent de briser les saintes images, la plupart se respectent trop pour s'abaisser à des actes de vandalisme. Mais il semble qu'une certaine philosophie affecte un dédain peu justifié pour les cérémonies du culte, et les objets de la vénération des chrétiens. Quelle en peut être la cause ? Est-ce qu'on craindrait de s'abaisser? Mais il n'est pas de religion qui élève notre nature humaine autant que le christianisme. Au saint sacrifice de la messe, ne voit-on pas ceux qui le servent brûler de l'encens à notre personne, tant celle des bons que des mauvais? Est-ce qu'on craindrait la superstition? Mais celle-ci n'est que l'abus de la chose, et cette petitesse d'esprit dont les inconvénients sont le plus souvent sans conséquences fâcheuses, n'est pas réservée au menu peuple. Combien de gens de condition élevée n'ont-ils pas leurs scrupules et leurs travers ridicules du même genre? Ne voit-on pas des grands et des puissants qui en sont atteints? Mais Dieu, dira-t-on encore, veut être adoré en esprit et en vérité. Nous le savons de reste, et c'est là une maxime que la vraie Religion proclame bien haut. Mais encore une fois, les signes sensibles, les moyens humains ne sont, pour arriver à cette fin, que des secours donnés à notre faiblesse. Nous avons peut-être dit ici le mot qui donne la clef de l'énigme : la faiblesse, ce besoin que nous avons tous de secours, et qu'un esprit sottement fier d'une fausse indépendance, qu'un esprit fort, en un mot, craindrait peut être de s'avouer.

Pour arriver à notre terme, rappelons-nous que l'homme n'est ni ange ni bête, et que celui qui voudrait contrefaire l'ange maladroitement risquerait fort de faire la bête. C'est la remarque un peu dure faite par un des génies dont le XVIIe siècle s'honore, et que ceux du nôtre ne renient pas d'ailleurs (1). Voilà pourquoi des hommes vivant dans la

---

(1) Pascal dit crûment : « ...celui qui veut faire l'ange fait la bête.»

société, seraient-ils de vrais philosophes et des docteurs profonds, interpréteraient mal à notre avis la pensée de Kant, s'ils y voyaient un motif pour refuser de rendre à la Divinité le tribut du culte extérieur qui lui est dû, et qui résume l'ensemble des moyens sensibles manifestant au dehors, et à la fois entretenant au dedans le respect qui revient, à tous les titres, à une si grande majesté. On sait bien, en effet, que Dieu est l'Être supérieur à tous les autres sous tous les rapports, et qu'il possède au plus haut degré possible les trois caractères de grandeur que nous avons reconnus dignes de nos hommages : la puissance, la science, la bonté. Cette majesté d'ailleurs étant unique et n'appartenant à aucun genre, l'hommage que nous lui devons rendre mérite encore d'être singulier en son espèce : c'est cette marque de respect qu'on nomme l'adoration.

IX

QU'EST-CE QUE LA VIE ? QUEL EST POUR LE PHILOSOPHE LE CARACTÈRE SPÉCIFIQUE DES PHÉNOMÈNES VITAUX ?

La vie ! mot très court et l'un de ceux dont le sens a la plus grande étendue ! chose bien frêle et en même temps très puissante ! Demander ce que c'est que la vie, c'est poser une question des plus complexes et à laquelle on peut faire des réponses fort diverses : la vie est un souffle, un rêve, une épreuve, un exil, un combat, un voyage, une joie pour l'enfant, un fardeau pour le vieillard, un mystère pour la science humaine. Quelques-uns en ont fait un simple problème ; mais ils ne voient pas que l'inconnu est un Infini qui dépasse leurs calculs, une force incommensurable qui déborde leurs appareils et se soustrait à leurs expériences. Il ne faut donc pas se dissimuler l'importance et la difficulté du sujet à traiter. Quelle distance, en effet, du premier au dernier degré de l'échelle des êtres vivants ! Quelle différence entre le mode d'existence d'un insecte et les occupations d'un mathématicien ! entre le champignon qui végète et l'esprit de génie qui se fait admirer des hommes ! Ces choses si diverses sont toutes, en effet, autant de formes distinctes de la vie.

Cependant si vous demandez aux maîtres de la science quel est le caractère spécifique des phénomènes vitaux, ils ne seront pas embarrassés pour vous donner une réponse. Les êtres animés diffèrent des autres, diront-ils, en ce qu'ils possèdent le mouvement spontané ; en d'autres termes, ils s'agitent ou se meuvent par l'effet d'un principe qu'ils renferment en eux. Plusieurs voudront y ajouter un second caractère qui est la sensibilité. Mais celle-ci peut bien être regardée comme une dépendance du mouvement spontané. Quand toute circulation du fluide nourricier a cessé dans un être vivant, il semble bien que la vie et par suite toute sensibilité ont disparu. Ayant d'ailleurs à définir ici la vie de la façon la plus générale et qui convienne aux degrés inférieurs des êtres vivants, tout en accordant cette sensibilité aux animaux, on ne peut sérieusement l'attribuer aux plantes, si nous faisons de cette sensibilité une faculté de l'âme consciente. Que s'il fallait entendre simplement par ce mot le caractère qu'ont les êtres vivants d'être influencés ou modifiés par les causes extérieures, il est certain qu'à ce point de vue les plantes sont sensibles au froid et au chaud, qui modifient même la matière brute, et les expériences faites sur elles à l'aide de l'éther ou du chloroforme ne nous apprennent guère plus. On est donc fondé, quand on parle comme ici dans le sens le plus général, à dire que le caractère spécifique du phénomène de la vie consiste dans un mouvement spontané.

La réponse à notre question sera jusqu'ici trouvée assez simple et assez claire, mais quel est l'homme, même le moins curieux de savoir, qui se trouverait satisfait en deux mots et qui pourrait s'en contenter ? Si la science qui est la recherche des causes physiques peut s'en tenir là, le philosophe qui étudie la cause première et recherche la raison suprême des choses, veut aller plus loin : il se demande quel est le principe de ce mouvement spontané qu'on appelle la vie. C'est ici que les représentants des écoles savantes apportent des réponses diverses, qu'il faut faire connaître en peu de mots.

Les uns professent la doctrine de l'organicisme. Pour eux, la cause de la vie n'est que le résultat d'une certaine organisation de la matière, la résultante des forces physiques, chimiques ou mécaniques, qui s'exercent entre les molécules. Mais ces mêmes forces n'agissent-elles pas aussi dans les corps inanimés et les substances dites inorganiques ? Passe encore, si les auteurs de cette théorie nous disaient de quelle façon particulière les molécules doivent être disposées ou organisées, vers quel pôle tout puissant les atomes doivent être orientés pour produire des effets si remarquables. Mais c'est là ce qu'ils ignorent complètement. Dès lors, le langage qu'ils nous tiennent ne revient-il pas à faire simplement de la vie une production ou une propriété de la matière ? Sans doute. Mais on sait bien que le dogme de la génération spontanée a été jugé au tribunal de la science, et condamné par ses plus illustres représentants. Il en est d'autres pour qui la cause des phénomènes de la vie est un principe vital inconscient : c'est ici la théorie du vitalisme. Mais ceux-là expliquent-ils quelque chose ? Ne se bornent-ils pas à donner un nom à une cause qui leur est cachée, et sur laquelle ils ne nous enseignent absolument rien ? Dire que l'opium fait dormir parce qu'il a une vertu dormitive, ce n'est pas faire une découverte; et tout le monde n'est pas M. Jourdain pour être ravi d'une telle explication. Enfin, d'après d'autres, tout être vivant a une âme qui est, dit-on, la forme essentielle de son corps, c'est-à-dire qui le construit et en règle les fonctions. Telle est la doctrine de l'animisme qui, tout en satisfaisant davantage la raison, laisse encore ignorer la nature de cette âme et son mode d'action sur le corps, ce qui est précisément le point intéressant à connaître. Sans vouloir humilier l'esprit humain mal à propos, avouons-le, il est à craindre que la difficulté à résoudre ne soit au-dessus de ses forces, et que la cause de la vie ne soit au fond un mystère insondable. En particulier, si l'homme ne comprend pas autant qu'il le voudrait le mystère de la sienne, c'est peut-être une preuve qu'il ne s'appartient pas, c'est-à-dire qu'il n'est pas aussi indépendant qu'il a parfois l'air de le croire. Mais en parlant ainsi, voudrions-nous mettre des bornes à sa science ou gêner l'essor de son esprit? Tant s'en faut, car en présence de ce qu'il ne saurait comprendre, l'homme n'est pas condamné à se taire. Si le sentiment ne semble pas pour quelques-uns destiné à éclairer l'intelligence, du moins il peut servir à élever la raison et l'aider à connaître ce bien d'une existence passagère, sous lequel se cache une âme dont il ne saurait jamais trop estimer le prix. Car il semble que pour plusieurs ce qui est compris ait cessé d'être estimé, comme ce qui ne l'est pas ne mérite pas de l'être. Et pourtant Bacon a écrit: « L'admiration est le principe du savoir ». L'homme incapable d'admirer est donc l'homme ignorant et incomplet, il n'a pas la notion du beau. Mais cela même prouve la nécessité du mystère. Là où les raisonnements sont impuissants, nous pouvons donc recourir à des faits pour nous instruire : ils sont aux yeux du savant d'aujourd'hui le premier fondement de ses connaissances.

Considérons une graine qui ne diffère guère en apparence de ces cailloux arrondis propres aux sols sablonneux.

Comme ceux-ci elle demeurera inerte, tant qu'elle restera sur la terre exposée à la lumière du jour. Ensevelie à quelques centimètres au-dessous de la surface, la graine semble se détruire et mourir. De cette destruction apparente nous allons cependant voir bientôt surgir la vie. Sous l'influence de la chaleur et de l'humidité, la semence pousse en bas un embryon de racine et au-dessus le rudiment d'une tige. Arrivée au jour, celle-ci se colore de vert, grandit, étend ses feuilles pour respirer l'air qui l'entoure, et de cette tige développée sortira la fleur qu'un peintre invisible, s'aidant des rayons solaires, couvrira d'admirables couleurs. Puis un jour, se dépouillant de sa parure, la fleur deviendra le fruit, qui devra servir à l'entretien de notre propre vie matérielle, et ceci, grâce à une alchimie où nul ne voit goutte, et en comparaison de laquelle la transmutation des métaux communs en or, si elle était jamais réalisée, ne serait encore qu'un jeu d'enfant. Enfin, de ce même fruit naîtra une lignée très nombreuse de graines semblables à la première. Et tout cela n'est encore que la vie végétative, dont les yeux attestent les étonnants phénomènes : d'une part, une semence informe et sèche, de l'autre, une plante magnifique qui en est sortie en quelques jours ; ici, la plus insignifiante des causes, là, des effets prodigieux, vrai mystère qui n'arrête personne, parce qu'il se reproduit tous les jours devant nous; funeste effet de la coutume, qui fait que les plus grandes merveilles ne nous touchent plus quand elles deviennent communes, et nous laissent indifférents parce que leur auteur nous les prodigue ! Qu'il est à plaindre cependant l'homme qui ne voit pas le miracle permanent dissimulé dans le brin d'herbe et le grain de blé !

A un degré plus élevé de la vie, voici l'œuf qui ne nous montre dans son intérieur qu'un amas de matière assez informe. Soumis à l'action d'une chaleur convenable, une observation attentive y fait bientôt apercevoir des transformations aussi peu expliquées. A partir d'un point central que laisse voir la surface de la masse jaunâtre, des canaux ont commencé à se développer. A mesure qu'ils absorbent la substance enfermée dans la coquille, cette partie qu'ils alimentent en commun s'étend et grandit. Ce centre était le cœur, d'où la toute puissance créatrice fait sortir, par des métamorphoses magiques, cet ensemble d'organes si variés de consistance et de forme qui composeront le corps de l'animal. Après quelques jours, en effet, le contenu de l'œuf est devenu cet oiseau qui, perçant le mur de sa prison, se dressera sur ses pattes et pourra se mouvoir et se nourrir. Encore quelques semaines, et quand un invisible ouvrier lui aura fait son manteau de plumes, l'oiseau s'élèvera fièrement dans les airs, défiant Dédale et toute sa science, et se dirigeant dans l'espace avec une sûreté dont les plus savants aéronautes n'ont jamais connu le secret.

Telles sont les manifestations de la vie dans les règnes végétal et animal. A dire vrai, tout cela n'est pas la vie, mais plutôt l'ouvrage de Celui qui est la vie par essence, qui seul la communique à l'innombrable multitude des êtres créés, la leur dispensant dans la forme et selon la mesure réglées par sa sagesse. Témoins continuels de ses œuvres, des hommes restent parfois devant elles comme frappés de stupidité, assez aveugles pour n'y pas voir la main de l'Auteur de la nature, insensibles ou indifférents au point de n'éprouver aucun sentiment d'admiration pour ce génie qui seul mérite le nom de Créateur !

Après avoir considéré ce qu'est la vie chez les plantes et les animaux, ce serait faire trop peu de cas de l'homme que de ne pas voir quelque chose de plus dans la sienne. Comme les bêtes, il a sans doute une vie animale. Formé comme elles d'un corps, il est fait de chair, de sang et d'os, et possède un système d'organes, qui a donné à quelques docteurs d'une école moderne l'idée de s'attribuer une étroite parenté avec l'espèce du singe. Mais ceci ne nous semble être pour eux qu'un moyen d'exploiter à leur profit la crédulité ou la curiosité humaine, et la faiblesse d'un esprit oubliant que cette ressemblance n'était faite que pour nous rendre modestes, et non pour nous avilir. Car l'homme, réunissant deux natures dans sa personne, a été créé par son Auteur pour demeurer comme un résumé de ses œuvres, celles du monde matériel et celles du monde spirituel. Dans un temps où l'esprit de quelques-uns tend à le soumettre tout entier aux lois de la matière, il n'est pas de trop de rappeler ici un enseignement qui n'émane pas sans doute d'un maître de philosophie. L'Apôtre des nations n'est pas même, humainement parlant, un sage du siècle : c'était un homme ignorant l'art de déguiser la vérité. Aux sensualistes de tous les temps, il rappelle que la vie ne consiste pas toute dans le manger et le boire : *vita non est esca et potus.*

Mais sans avoir besoin d'invoquer une telle autorité pour rappeler à l'homme l'excellence de sa nature, chacun de nous ne trouve-t-il pas, s'il le veut, au fond de lui-même cet être véritablement seul vivant, qui échappe entièrement aux sens extérieurs ? Dans une région qu'aucune étendue ne mesure ni ne limite, dans un milieu qu'éclaire une lumière dont le soleil visible tire lui-même la sienne, l'homme trouve le vaste magasin de sa mémoire, s'ouvrant par les portes des cinq sens sur le monde extérieur, et dans lequel se trouve déposé tout ce qu'il a pu connaître, et dont il pourra le tirer au besoin. Il y trouve une intelligence capable de choisir dans cet immense entrepôt les matériaux des idées mises en réserve, de les associer entre elles afin d'en composer des pensées, qu'elle enchaînera les unes aux autres, pour s'en former un guide destiné à l'éclairer et à le conduire. Il y découvre enfin une volonté maîtresse de mouvoir ces facultés. Et dans tout cela, il voit un esprit qui est à la fois toutes ces choses, mémoire, intelligence, volonté, capable de se porter par le mouvement de l'amour vers des biens d'une nature semblable, mais supérieurs à la sienne, que lui découvre le miroir de sa conscience. Et cet être, lumière de ses sens, nerf de sa force, soutien et moteur de son corps, c'est son âme, sans laquelle ni ses sens, ni son corps, ni sa personne n'existeraient même pas.

Désormais, qui pourrait ne pas consentir à voir dans l'exercice de ces facultés dont nous venons de parler, un élément important de notre existence, et dans la vie de l'esprit surtout, une conception raisonnable de ce qu'on doit appeler la vie de l'homme? L'horloge qui marque le temps est sans doute ce cadran extérieur où sont tracées les heures, et que les aiguilles parcourent. N'est-elle pas essentiellement et beaucoup plus ce mécanisme intérieur qui fait tout mouvoir? N'est-ce pas l'entretien et la régularité de celui-ci qui fait surtout la valeur et la précision des mouvements de celle-là? Aussi, là où l'esprit n'a pas son existence propre, il reste bien un mécanisme qui fonctionne encore, mais ce n'est pas l'être raisonnable qui vit; c'est un corps animé sans doute qui se meut, mais est-ce bien une âme humaine vivante? n'est-ce pas un corps qui obéit à l'impulsion du moment et cède à la première influence venue, là où l'esprit n'a aucun sentiment des choses de Dieu, ni le cœur aucun battement pour le bien?

Après avoir indiqué ce qu'était la vie chez l'homme, au sens vraiment philosophique du mot, il faut encore nous demander, en restant au même point de vue, quel est le caractère spécifique des phénomènes vitaux, objet de la seconde partie de la question proposée. C'est le caractère spécifique des actes humains que nous nous demanderons ici plutôt que des phénomènes, ainsi que l'exprime le langage scientifique, et avec lui cette philosophie du jour qui s'est mise à la remorque de la science expérimentale. Car la vie serait-elle par hasard une simple succession de phénomènes que nous n'aurions qu'à constater, et dont il ne faudrait voir que les causes immédiates et les fins prochaines? N'est-elle pas bien plutôt comme un tissu d'actes ou d'œuvres que nous avons à bien régler, en prévoyant leurs dernières conséquences? Sans doute, car il est écrit que nos œuvres nous suivent (1). L'homme n'est pas en ce monde un simple fait ou un accident dû au hasard, mais un agent libre et responsable, un artisan de vérité ou de mensonge, de bonnes actions ou de mauvaises, dont le caractère est principalement moral. Dès lors, il a besoin d'ordonner ses actes, et comment le fera-t-il, sinon en les orientant vers le bien? A cette fin, l'extérieur est quelque chose sans doute dont il faut tenir grand compte, car nos actions se jugent par leurs bons ou leurs mauvais effets, que les yeux de tous peuvent voir. Rappelons-nous cependant qu'elles ne tirent pas essentiellement leur valeur de l'opinion changeante des hommes, et que leur vrai caractère est dans l'intention qui les anime, que Dieu seul voit, et qui en fait dans le fond le mérite ou le démérite. Or l'intention est chose interne, et c'est ce qui nous doit engager à y faire sérieusement réflexion, car si la vie, au sens général du mot, est, comme on l'a dit, un mouvement spontané; pour l'homme en particulier, elle doit être surtout un mouvement réfléchi, et mûrement réfléchi.

X

De la sincérité. Importance de cette vertu.

L'homme sincère est celui qui pense tout ce qu'il dit et doit dire; en d'autres termes, c'est l'homme vrai dans ses paroles. Si la vérité se définit, en effet, la conformité ou l'équation entre l'objet et la pensée, la sincérité peut bien

(1) *Opera enim sequuntur illos*, (St Jean).

être appelée la conformité de notre langage avec nos pensées et nos sentiments. Il faut cependant ajouter, pour en faire une vertu, que ces sentiments doivent être conformes à la raison et à la justice. Elle serait, en effet, simplement naiveté chez l'enfant, tandis que chez l'homme dominé par le vice, elle dégénèrerait en un excès appelé impudence ou cynisme. Écartons ce cas peu commun, et considérons-la ici comme la franchise de langage de tout homme à l'intention droite.

D'après le savant Aristote, la vertu est un juste milieu entre deux extrêmes; elle est comme placée entre deux vices qui en sont les ennemis : l'un qui lui est directement opposé, et qui en est l'adversaire déclaré, l'autre qui en est la contrefaçon et qui l'imite. C'est ainsi que la force, par exemple, est un juste milieu entre la faiblesse et la dureté; le courage, entre la témérité et la lâcheté. On peut d'ailleurs dire de toute bonne chose qu'il y a le manque ou l'abus. Il doit donc y avoir un défaut et un excès dans la vertu qui nous occupe. Apprenons à connaître ces deux écueils pour les éviter, afin de parvenir au terme de nos recherches et d'arriver au port de la sincérité.

En premier lieu, le défaut de sincérité se présente sous plusieurs formes : c'est d'abord le vice de l'homme qui dit une chose tandis qu'il pense le contraire. Tel est le cas du menteur, qu'on a flétri comme il le mérite, en disant de lui qu'il n'était pas cru même quand il disait la vérité. D'où l'on peut conclure combien sont à plaindre les gens affligés de cette habitude, puisqu'ils manquent de cette chose si douce qu'on nomme la confiance d'autrui. C'est encore le cas du faux témoin qui, par une déposition mensongère, fait condamner un innocent afin de perdre un ennemi, ou, ce qui est plus fréquent, se laisse corrompre à prix d'argent pour faire absoudre un coupable. Le défaut de sincérité peut encore se présenter sous le nom de flatterie, qui nous fait donner au prochain des éloges immérités, et va quelquefois jusqu'à transformer les vices de l'homme en vertus, ce qui est le pire des mensonges. Connaissant le côté faible de notre nature et son penchant à l'orgueil, le flatteur, comme le fabuliste l'enseigne, réussit à vivre aux dépens de celui qui l'écoute ; c'est le récit assez connu du renard et du corbeau. Enfin, l'hypocrisie, qui consiste à se donner les dehors des qualités ou vertus qu'on n'a pas, est encore un travers qui se rattache au défaut de sincérité. Au demeurant, c'est une faiblesse qui, dans bien des cas, est moins coupable que les précédentes, parce qu'elle est, comme on l'a dit, une sorte d'hommage rendu à la vertu. C'est d'ailleurs la fin où elle tend, et l'intention dont elle est animée qui en donnent la valeur morale. La honte qui nous fait cacher nos défauts au public est naturelle et excusable ; l'audace qui les étale au grand jour augmenterait le mal par le scandale. On peut enfin regarder comme un défaut de sincérité cette défaillance qui, dans notre langage ou même par notre silence, nous fait démentir quelquefois nos bons sentiments ou les convictions que nous avons le devoir d'affirmer, et qui s'appelle la lâcheté du respect humain.

Où sera maintenant l'excès de la sincérité, ou pour mieux dire, quels seront les vices qui la contrefont et l'exagèrent ? Nous les trouverons dans l'intempérance de langage de ceux qui voudraient qu'elle consiste à dire tout ce qui leur vient à l'esprit, ne voyant pas la grande différence qu'il y a entre dire tout ce que l'on pense et penser tout ce que l'on dit. Il est, en effet, des gens se faisant un mérite de ce défaut, qu'ils décorent du nom de franchise. Mieux vaut donner aux choses leur véritable nom, et l'on en trouvera plus d'un ici. C'est d'abord le défaut des bavards, qui ne sont pas maîtres de leur langue et dont on évite la rencontre ; c'est l'indiscrétion ou l'infidélité, qui fait tromper la confiance d'un ami, en découvrant le secret confié. La fausse sincérité produit encore la médisance. Sous le fallacieux prétexte qu'il faut que les choses se sachent, ou encore par l'effet d'une malignité qu'on décore du nom d'amour de la vérité ou de la justice, on dénonce les fautes des autres, changeant souvent le bien en mal dans l'interprétation de leurs actes, et leur attirant une mauvaise réputation. Enfin la trahison, qui livre des secrets importants dont la divulgation peut compromettre des groupes d'hommes, un pays entier, voilà une dernière forme du vice de ceux à qui la passion mauvaise fait croire que tout peut être dit. Quelques ardents propagateurs de la liberté de la presse surtout pourraient aussi avec profit, sur le même chapitre, se donner le loisir de faire d'utiles réflexions.

Après ce dénombrement un peu long des principaux travers opposés dans les deux sens à la sincérité, il ne sera plus besoin de s'étendre beaucoup pour faire sentir l'importance de cette vertu dans la société humaine. Le degré de confiance que nos semblables nous accordent, n'est-il pas mesuré sur l'idée qu'ils ont de notre sincérité ? Dans le domaine des lettres, et s'il s'agit, par exemple, d'un livre historique, que demande-t-on avant tout d'un auteur, n'est-ce pas la véracité ? Sans doute. Il ne lui suffirait pas d'être instruit, éloquent, d'avoir pu se bien renseigner, d'être enfin plein de talent et de moyens. Tout cela ne sera pas assez pour lui gagner notre estime, et il restera sans autorité s'il est convaincu de dénaturer les faits au gré de ses passions, d'ajouter ou retrancher aux événements pour satisfaire l'esprit de parti. Il n'est rien comme ce dernier pour aveugler un écrivain, et c'est ce qui fait sans doute, en matière d'histoire, que parmi les livres contemporains d'une époque, il y en a si peu qui passent à la postérité. On confond trop volontiers parfois l'esprit de parti avec le patriotisme, qui, tout en ayant ses excès, s'accorde beaucoup mieux que l'autre avec l'amour de la vérité.

En ce qui concerne les rapports de la vie civile, que demande-t-on avant tout d'un homme avec lequel on a à traiter ? Simplement qu'il soit franc. Même dans les affaires la sincérité est encore le meilleur moyen de réussir. On ne fait pas volontiers un marché avec l'homme qui a deux paroles. Dans les relations ordinaires de la vie, a-t-on jamais vu s'appeler amis, même au sens vulgaire du mot, deux hommes qui manqueraient de franchise l'un vis-à-vis de l'autre ? Aucune liaison pourrait-elle s'établir entre eux ? Mais en fait d'amitiés, si nous en voyons si peu de durables, n'est-ce pas parce que nous ne savons pas dans notre langage nous tenir également éloignés de la médisance et de la flatterie ? On s'attire la haine de celui dont on parle mal, on perd au moins l'estime de celui qu'on flatte, pour peu qu'il soit clairvoyant. Voilà comment l'absence de sincérité ou de ce juste milieu entre ce qu'il faut dire et ce qu'il faut taire, c'est l'inimitié, la défiance, le soupçon remplaçant la droiture, la bonne foi, la cordialité dans les rapports, parce que cette vertu est un des principaux liens de la vie sociale.

Puisque la sincérité est à ce point nécessaire pour quiconque veut bien vivre avec son prochain et sa propre conscience, il importe d'en mieux fixer encore les caractères, pour éviter de la confondre avec ce qui n'en aurait que l'apparence. Car, si nul ne veut être trompé par son semblable, combien y en a-t-il parmi nous qui se trompent bénévolement eux-mêmes ! Soyons donc ici sincères entre nous et envers nous, et ne nous déguisons pas la difficulté qu'il y a de s'attacher à cette vérité qui veut être aimée pour elle-même. Si toutes les vertus se tiennent, selon la belle remarque des stoïciens, en sorte que pour en avoir réellement une, il nous faut encore posséder les autres au moins à un certain degré, nous allons voir à quels signes une parfaite sincérité se fera reconnaître. Elle devra chez l'homme qui la veut pratiquer, être accompagnée des quatre autres vertus morales résumant toutes celles de l'ancienne philosophie : il faudra qu'elle soit mêlée de prudence, de tempérance, de justice et de force. Qui ne voit en effet qu'elle tournerait de suite au vice, si elle venait à manquer de ces qualités ?

Et en effet, il est incontestable qu'elle doit être d'abord une sincérité prudente, et savoir discerner entre les choses que nous savons et pensons, celles qu'il est bon de dire et celles qu'il est à propos, quoique vraies, de taire ou de réserver pour une meilleure occasion. A moins de cela, nous ne serions pas sincères, mais indiscrets et imprudents. Elle doit être encore tempérante ou modérée, en nous faisant mesurer nos paroles de façon à ne rien outrer ni exagérer, mais aussi de façon à toucher le prochain sans le blesser, quand nous avons des choses graves et pénibles à lui dire :

<blockquote>Un discours trop sincère aisément nous outrage. (1)</blockquote>

Enfin notre sincérité sera juste, quand elle nous fera parler comme le devoir et la conscience le commandent ; et courageuse ou forte, quand elle ne se laissera pas arrêter par la crainte ni la prévision des conséquences fâcheuses, auxquelles l'amour de la vérité ou du devoir nous peut exposer quelquefois.

Cette sincérité qui doit en effet être courageuse peut parfois devenir héroïque. C'est le cas où cet attachement au devoir, cet amour de la vérité mettent l'homme au dessus de l'amour de ses biens et de sa propre existence. L'histoire en propose de nombreux exemples à notre admiration. Tel est celui de Charidème qui, consulté par le roi de Perse, son maître, sur la valeur de son armée avec laquelle il comptait écraser les ennemis, lui répondit librement qu'il aurait le dessous contre les Macédoniens, et qu'il ferait mieux d'employer à se procurer des troupes aguerries tout l'or et l'argent dont il couvrait vainement ses propres soldats. On sait qu'une telle franchise déplut au prince et coûta, dit-on, la vie au courtisan. C'est encore l'héroïsme de d'Assas,

---

(1) Boileau.

qui, sommé par les ennemis de garder le silence sous menace de mort, pour ne pas donner l'éveil à ses compagnons d'armes, sacrifia sa vie en donnant l'alarme, afin de sauver l'armée de sa patrie. Enfin c'est la même sincérité qui a produit les innombrables martyrs de la foi, versant leur sang plutôt que de trahir la cause de la vérité.

XI

Commenter cette opinion de La Bruyère : « *Vivre avec nos ennemis comme s'ils devaient être un jour nos amis, et avec nos amis comme s'ils devaient être un jour nos ennemis* », n'est ni selon la nature de la haine, ni selon les règles de l'amitié ; ce n'est point une maxime morale, mais une maxime politique.

Avant d'entrer en matière, nous avons besoin de savoir ce qu'on doit entendre par une amitié véritable et une haine légitime. Loin d'être un développement inutile et de nous écarter du sujet, cette explication nous fera pénétrer dans le vif de la question, tandis que toute discussion serait stérile, si l'on ne s'accordait pas sur le sens de ces expressions. Nous verrons ainsi sans peine que la maxime rapportée par La Bruyère n'est pas en désaccord avec la morale chrétienne, et qu'on peut en même temps en faire une maxime politique.

Pour éviter que nos principes sur l'amitié soient taxés de rigorisme, commençons par rappeler sur ce point l'enseignement d'un auteur connu par sa bonhomie :

> Qu'un ami véritable est une douce chose !
> Il cherche vos besoins au fond de votre cœur (1)

Mais ailleurs :

> Rien n'est plus commun que le nom
> Rien n'est plus rare que la chose (2)

Il faudrait ne pas se connaître, pour ignorer que le cœur de l'homme n'est fait que pour aimer, et que sa vie est privée de tout ce qui la peut rendre supportable, s'il n'a pas un ami dans lequel il puisse se confier. Ayez de la santé, de la fortune, soyez élevé aux honneurs, si vous n'avez autour de vous que des gens dont vous ne puissiez attendre que mensonge, haine, trahison, marque de défiance, vous êtes malheureux au milieu de l'abondance de vos biens. Supposez au contraire que vous viviez dans la médiocrité, que vous soyez même atteint par l'infortune, si vous avez des cœurs qui vous restent ouverts et des âmes fidèles jusque dans l'adversité, vos peines elles-mêmes perdront de leur amertume, et la vie vous demeurera douce. De fait, il n'est point d'homme dans le monde qui n'ait, dit-on, ses amis. Que faut-il en penser ?

Un usage contre lequel il est inutile de se récrier, fait appeler de ce nom d'amis ceux qui ont les mêmes habitudes, fréquentent les mêmes lieux et passent ensemble leurs moments de loisir. Si l'on veut voir en cela les marques extérieures de l'amitié, nous en demeurons d'accord. On peut admettre que dans la société ces signes sont les caractères apparents, ordinaires et jusqu'à un certain point nécessaires de cette affection que nous avons pour quelques-uns de nos semblables. Reconnaissons toutefois que ce ne sont pas des conditions suffisantes ; jusque là, il peut n'y avoir que de la camaraderie. Il faut quelque chose de plus pour réaliser cette union des cœurs, qui de plusieurs

---

(1) (2) La Fontaine (Liv. VIII, F. 8. — Liv. IV, F. 11).

n'en fait qu'un, suivant l'antique adage: *amicitiâ fit unus ex pluribus*. Où sera donc la règle à laquelle se mesurera la sincère et solide amitié ? Il la faut prendre chez un écrivain, à la fois homme de génie et docteur de l'Église; « Nous ne devons compter pour nos amis, dit S¹ Augustin, que ceux de qui la vérité est la première et la principale amie, ce qui ne se peut faire si on ne l'aime gratuitement ». Ce dernier mot est significatif et mérite qu'on s'y arrête un instant. L'amour désintéressé du bien, la charité en un mot, tel est le caractère essentiel de l'affection mutuelle de ceux qui sont chers l'un à l'autre, et le lien à la fois doux et solide qui tient unis les vrais amis.

Dès lors et comme conséquence naturelle, nous n'aurons pas de peine à définir ce qu'on doit entendre par une haine légitime. Ce ne sera pas l'aversion ni l'antipathie que nous éprouvons pour tel ou tel homme, dont les mœurs ou les sentiments diffèrent des nôtres; encore moins cette jalousie secrète que nous peuvent causer des émules plus heureux, ou la rancune que nous aurions pu garder contre celui qui nous aurait fait du tort. La haine légitime sera simplement l'aversion du mal, la haine de ce qui est mensonger et vain, de cet égoïsme enfin ou de cette cupidité qui, sous un nom ou un autre, affligent la plupart des hommes, mal que trop communément nous identifions avec la personne du prochain.

Mais déjà il nous semble entendre ici quelques lecteurs se plaindre, et nous demander si ce n'est pas renoncer aux douceurs de l'amitié que de lui avoir posé des conditions si sévères. Nullement, mais il nous importe à tous, dans nos relations avec nos semblables, d'apprendre à distinguer ce qui est affection sincère et dévouement véritable, de ce qui n'est qu'affaire de parti, d'intérêt momentané ou même de caprice passager; et en ce qui concerne les ennemis, de savoir encore séparer l'homme de ses faiblesses et de ses défauts. Ne vaut-il pas mieux en fait de liaisons humaines les vouloir solides plutôt que fragiles, gagner en qualité ce que l'on perd en nombre, et ne tenir pour amis que des hommes éprouvés? Dès lors et sans exiger d'eux la sainteté parfaite, c'est bien le moins que nous demandions d'eux un certain degré de désintéressement, qui en sera comme la pierre de touche. Mais en réalité, parmi ceux qui se donnent ce nom dans les relations sociales, combien n'y a-t-il pas de ces oiseaux de passage, qui arrivent à la belle saison et s'en vont à la mauvaise? Combien de semblables à ce métal volage qui s'attache à l'or, et pour lesquels l'adversité est le feu du creuset qui les fait disparaître? Qu'on ne nous accuse pas de ne pas croire à la vertu, si nous insistons sur ce côté mobile de l'homme: ce que nous disons est l'histoire de quiconque a un peu vécu. Tel aujourd'hui est pour vous, qui demain s'attache à un autre ; beaucoup d'hommes changent comme le vent. N'est-ce pas assez? Entendez la voix du proscrit :

> Donec eris felix multos numerabis amicos ;
> Tempora si fuerint nubila, solus eris (1)

N'allons pas si loin cependant que de prendre pour la voix de la vérité la parole d'un homme aigri peut-être par le malheur. Croyons fermement à l'amitié, mais pour ne pas l'avilir, sachons que le véritable ami est celui qui aime en tout temps, dans la mauvaise comme dans la bonne fortune, pendant toute la vie et même au delà ; car, ainsi que le dit l'auteur cité plus haut, on ne perd point ceux qu'on aime en Celui qu'on ne peut perdre.

S'il en est ainsi, quoi de plus sensé que de s'en tenir à la maxime rapportée par le moraliste, à condition de l'entendre comme il nous semble qu'on le peut faire. Vivez avec

---

(1) Tant que vous serez heureux, vous compterez beaucoup d'amis; si les jours de votre vie deviennent sombres, vous demeurerez seul (Ovide).

vos amis comme s'ils devaient être, (entendez: s'ils pouvaient être) un jour vos ennemis. Qu'est-ce à dire? sinon ceci: soyez prudent même avec vos amis. Dans vos rapports avec ces hommes que vous estimez parmi les autres, et qui méritent vos préférences, ne vous abandonnez pas tout à fait, ne perdez pas toute dignité. Si vous déchargez vos peines dans un cœur d'ami, que ce soit sans bassesse qui vous avilisse; si vous lui confiez un secret, voyez auparavant si sa discrétion vous est assurée; enfin si vous lui demandez ou rendez un service, que ce ne soit rien dont vous ayez jamais à rougir, et qui puisse un jour devenir un sujet de reproche. Tout cela n'est-il pas conforme à la sagesse, et à la fois selon les règles de l'amitié? Agir autrement, n'est-ce pas l'imprudence, qui ferait des amis les complices de nos fautes, et en définitive de réels ennemis? (1)

L'histoire des hommes publics ainsi que celle de notre vie privée sont pleines d'exemples de ces amitiés d'abord très vives, trop vives peut-être, remplacées plus tard par une complète indifférence, et quelquefois transformées en des inimitiés irréconciliables. D'où cela vient-il? N'est-ce pas de l'amour propre froissé par un refus, de quelque compétition d'intérêt personnel, ou du trop d'abandon qui fait perdre l'estime, de l'aveuglement enfin qui a présidé à notre conduite avec ceux que nous appelions nos amis? C'est pour n'avoir pas songé qu'ils étaient ce que nous sommes tous un peu, sujets à l'insconstance, c'est enfin pour n'avoir pas cru à la vérité du mot fameux: *amicus Plato, sed magis amica veritas* (2). C'est la parole attribuée au prince des philosophes anciens, quand il se sépara de son illustre maître Platon. Nous ne nous faisons pas juges entre deux hommes d'un tel génie; mais la sentence d'Aristote est certainement excellente à retenir et à suivre: l'amitié la plus vive doit le

---

(1) « O mes amis, il n'est point d'amis, » disait Aristote.
(2) Platon m'est cher, mais la vérité m'est plus chère encore.

céder au devoir. Croyons aussi, pour le dire en passant, que de tels amis, en se divisant d'opinion, ne se traitèrent pas pour cela en gens qui se haïssent. Mais pour conclure ce que nous disons de ces ruptures entre hommes qui s'aiment, rien ne contribue tant à affaiblir l'amitié et en relâcher les liens qu'un excès de complaisance ou de tendresse, une façon d'intimité, qui fait croire à quelques-uns qu'entre amis tout absolument peut être demandé, comme tout doit être accordé. Ce serait là peut-être le cas d'hommes amis pour mal faire. Mais s'il y a une intimité douce et louable, un épanchement permis et qui soulage, il y a aussi une familiarité qui engendre le mépris, parce qu'elle fait perdre tout respect et toute estime réciproque. Or, le mépris passe assez facilement à la haine. La rivalité des intérêts entre amis peu désintéressés y conduit encore plus fréquemment (1).

Quant à l'autre partie de la maxime : vivez avec vos ennemis comme s'ils devaient être (entendez pouvaient être) un jour vos amis, ce que le moraliste estime ne pas être selon la nature de la haine, il nous sera plus facile encore de la justifier, si l'on nous accorde que la haine légitime, seule permise, ne consiste pas à vouloir du mal à nos ennemis. Car elle peut bien être interprétée dans le sens que voici : soyez modéré et même sans passion dans vos inimitiés, que votre haine soit réglée par la justice. Ne soyez pas de ceux aux yeux de qui les ennemis n'ont que des défauts et des vices, tandis que tout est qualité chez leurs amis. Sans doute nous aurons toujours des ennemis ; l'hostilité des méchants est une épreuve pour les gens de bien et leur haine, quelquefois un éloge. Mais dans cette aversion que vous vous sentez

---

(1) Ajoutons aussi qu'il y a de ces amitiés humaines qui consistent à accorder tout ou trop à quelques-uns, au dépens de cette forme d'amitié appelée charité et qui est due généralement à tous en qualité de membres de la grande famille humaine.

pour eux, soyez raisonnable, séparez l'homme de la passion dont il est victime.

Cet homme que vous haïssez, vous est odieux pour quelque motif avouable sans doute ; parce qu'il cherche à vous nuire ou qu'il manifeste des opinions qui ne sont pas les vôtres. Si votre aversion est motivée par quelque offense personnelle, par sa mauvaise volonté à votre égard ou son inconduite, gardez-vous de lui, à la bonne heure ; mais songez aussi qu'il souffre plus que vous peut-être de son vice et qu'il en est la première victime, prenez donc son mal en compassion. Si c'est pour ses opinions que vous ne l'aimez pas, songez qu'il est peut-être de bonne foi dans l'erreur. Si vous avez la vérité pour vous, croyez que vous en éloignez le prochain, quand vous maudissez sa personne. Vous ne croyez pas à sa bonne foi peut-être, parce que l'erreur et la vérité ont des caractères trop différents pour qu'on s'y méprenne. J'avoue qu'elle n'est pas aussi commune qu'on le croit, mais enfin tous les yeux ne sont pas assez purs pour faire en tout le discernement du faux et du vrai, et la sincérité dans l'erreur est possible à un certain degré. Dès lors, vivre avec des ennemis comme s'ils devaient être un jour vos amis, ce n'est pas approuver leur conduite ni les encourager dans leurs sentiments de haine à votre égard, comme on pourrait le supposer ; mais c'est plutôt vivre avec eux, en s'efforçant de leur ôter les motifs de leur ressentiment. Après tout, c'est le vrai moyen de les gagner à votre cause et le but de votre noble ambition. Car c'est bien là ce que vous devez désirer, si vous avez de votre côté la vraie justice ; ou bien, si vous ne le désirez pas, c'est une marque défavorable, vous avez sujet de craindre d'être vous-même dans l'erreur.

Après cela, si quelques-uns ne demeuraient pas convaincus et n'admettaient pas cette façon d'envisager la question, nous n'en serions étonnés qu'à demi. Nous leur demanderions seulement de réfléchir en leur particulier sur un sujet que nous ne saurions développer comme il le mérite. C'est un rêve assez commun malheureusement de ne voir dans l'amitié que des charmes et des jouissances. Triste illusion, car cet avantage de l'amitié n'en est qu'une des faces. Deux amis sont des compagnons de route dans le voyage de la vie, pour en partager les joies sans doute, mais aussi le fardeau et les difficultés, et de plus pour se soutenir et se consoler. Voyez les exemples d'amitiés célèbres que l'histoire propose à notre admiration, même chez les païens : Oreste et Pylade, Nisus et Euryale et tant d'autres. C'est presque toujours le dévouement mutuel qu'elle nous met sous les yeux. Idéal qui n'est pas sans doute le cas de tous les amis, mais qui nous montre que l'homme qui ne sait pas se dévouer ne sait pas aimer. Quant aux haines d'homme à homme, il ne devrait pas y en avoir dans un état de civilisation qui se réclame si haut de la fraternité. Il nous était donc bien permis de trouver une maxime d'accord avec la sagesse et les règles de l'amitié chrétienne, dans une pensée que l'écrivain moraliste du XVIII° siècle a voulu interpréter autrement.

D'ailleurs, faire une maxime politique de ce qui ne serait pas une maxime morale, n'est-ce pas admettre que la politique ne doit pas s'inspirer de la sagesse ? C'est là une opinion qu'on a droit de trouver étrange et qu'il faut même réprouver. Que plus d'un prince ou autre chef d'Etat ne s'en soit pas préoccupé beaucoup, on ne le sait que trop. Mais les faits ne prouvent rien contre le droit, et s'il y a des Nérons, il y a aussi des Saint-Louis. Si la politique est l'art de gouverner les peuples de façon à les rendre heureux, comment y arriveront ceux qui les gouvernent ? En leur procurant par le travail et par la paix un bien-être extérieur et relatif, qui leur serve à atteindre une félicité solide, intérieure et durable. Mais c'est là ce qu'ils ne peuvent réaliser, s'ils emploient dans les relations internationales la duplicité, l'ambition, le machiavélisme, que la morale réprouve et qui font naître les guerres injustes.

On dit que l'empereur Marcien, ayant appris l'arrivée des barbares commandés par Attila, adressait à leur chef cette déclaration : « J'ai de l'or pour mes amis et du fer pour mes ennemis ». L'histoire approuve cette fière parole. Si ce prince se fut exprimé ainsi en face d'un ennemi personnel, ses paroles auraient plutôt mérité le blâme. Mais les devoirs des chefs de peuples vis-à-vis de leurs pareils sont autres que ceux des hommes privés dans leurs relations personnelles. Dans le cas où se trouvait Marcien, il protégeait la cause du droit et de la justice contre l'oppression et la force brutale ; il défendait la civilisation contre la barbarie. Son langage ne tend pas à faire croire que la politique puisse s'affranchir de la morale, et on peut même l'accorder avec notre façon d'interpréter la maxime dont il s'agit. En menaçant les ennemis de les recevoir les armes à la main, il leur inspirait une crainte salutaire. Or, il est permis de ramener au respect du droit par le châtiment ceux qui violent la justice, et c'est parce que les princes chrétiens ont résisté à leurs agressions, que les barbares ont été assujettis et convertis, et qu'ils sont ainsi devenus plus tard des amis de la vérité chrétienne.

XII

Du principe de la cause finale.
Est-il vrai qu'on ne puisse faire aucun usage de ce principe dans la science ?

Quelques hommes, savants dans un ordre particulier de connaissances, ne veulent pas admettre le principe dit de la cause finale, qui peut s'énoncer ainsi : tout a un but, toute chose est faite pour une fin. Quoique la vérité de cette proposition tombe sous le sens commun, il leur semble que si les êtres sont destinés à une fin déterminée et prévue, si leur rôle à remplir dans la création est tracé d'avance, un tel état de choses enlève à la science la liberté de ses recherches, préjuge des découvertes scientifiques, en même temps qu'il fait obstacle au progrès. Une telle opinion a pour cause les fausses idées qu'on se forme de la science naturelle, qui avec quelques uns de ses amis passionnés, empiète mal à propos sur les autres ordres de connaissances humaines. Or, ce point fait naître une question sur laquelle il nous importe d'être fixés.

L'homme ne crée rien, et quand un savant nous apprend quelque chose de vrai, c'est simplement une chose qu'il a trouvée et qui au fond ne lui appartenait pas, quoique en réalité l'honneur de cette trouvaille lui revienne de droit. Il peut sans doute construire des appareils et des machines qui n'existaient pas auparavant, combiner même des corps simples et en former de tout nouveaux, passe encore. Mais vient-il à formuler une loi, une vérité scientifique, en cela il ne nous fait connaître que ce qui existait auparavant et ce qu'il a su découvrir ; et nul ne prétendra, par exemple, que c'est depuis le XVIIe ou le XVIIIe siècle que la chute des corps se produit suivant les lois de la pesanteur. Or, si toute découverte de ce genre nous apprend seulement comment les choses se passent dans la nature, et nous dit simplement ce qui a toujours eu lieu, il est clair que ce qui était vrai déjà, quoique ignoré, n'a pu nullement faire obstacle aux études ou à la liberté du savant ; il était le but et l'objet de ses recherches. C'est le métal précieux trouvé dans la mine où il était caché.

En dépit de ces explications qui se présentent de suite à l'esprit de ceux qui réfléchissent, le principe en question porte ombrage à quelques-uns qui le combattent : il leur paraît inutile et n'avoir pas sa raison d'être. Nous essayerons de montrer combien leur opinion est elle même déraisonnable, et le principe qu'ils rejettent, au contraire, parfaitement d'accord avec la raison. L'exactitude de cet axiome étant une fois établie, nous verrons l'usage que la science peut en faire, et qu'elle en fait dans les raisonnements. A notre avis, il n'en est guère qui soit plus vrai ni plus fécond.

Les adversaires de la philosophie dont il est ici question, admettent que tout ce qu'ils voient a une cause efficiente. A ce sujet, nous devons commencer par leur faire l'aveu de notre croyance. La cause d'un fait ou d'un phénomène naturel ayant elle-même une cause, qui est un agent ou un autre phénomène, et celui-ci devant à son tour en avoir une autre, pour si nombreuses que soient ces causes antérieures et successives, il faut bien admettre que des causes secondaires sont en nombre limité, et se terminent à une cause première où la suite s'arrête, sans quoi aucun raisonnement n'aurait de conclusion. Ce principe ou cause première et qui est aussi, comme nous le verrons en avançant, une cause dernière, est cette vérité au delà de laquelle il n'y a rien à chercher, tout en demeurant en elle-même et dans ses effets et conséquences, un sujet d'études et un champ de connaissances tellement vaste, que les esprits de tous les hommes à venir ne l'épuiseront jamais. En réalité, c'est faute de la connaître que quelques-uns la regardent comme un obstacle à leurs progrès, quand elle n'est en définitive que le terme idéal où tend véritablement tout progrès.

Un homme ne cherche rien au milieu des ténèbres complètes à moins d'être aveugle, ce qui n'est pas le cas du savant ni de l'homme simplement intelligent. Il cherche à la clarté d'une lumière qui est une connaissance première; c'est une remarque déjà faite. Il sait donc déjà et avant tout que « chaque chose a sa raison d'être ». C'est là une idée qu'on n'a pas besoin d'aller chercher dans les livres, et une vérité connue des plus ignorants et qu'on n'a jamais cherché à démontrer. Une chose sans raison d'être serait une chose absurde, que nul ne chercherait à comprendre, parce qu'elle n'entrerait dans l'esprit de personne. Mais comprendre une chose, en avoir la science, se l'expliquer, toutes ces expressions ont la même valeur et la même signification sans doute. Or, qu'est-ce qu'expliquer une chose aux yeux de l'esprit ? n'est-ce pas la développer ? la dérouler suivant le sens même du mot latin *explicare* ? n'est-ce pas la déplier à la façon d'une étoffe enroulée, de façon à la voir dans son entier, d'un bout à l'autre ? du commencement à la fin, ce qui veut dire ici de sa cause initiale à sa cause finale ? Pour nous servir d'une comparaison triviale peut-être, mais propre à éclairer la question, de même qu'un bâton est inexplicable et absurde si vous ne lui supposez pas deux bouts, ainsi l'esprit n'est pas satisfait, ne comprend pas une chose, si on se borne à lui apprendre d'où elle vient sans lui dire à quoi elle tend ou aboutit. Pareillement un fait, un phénomène exigent pour être compris une cause finale aussi bien qu'une cause efficiente, quoique dans la réalité l'une ou l'autre puissent être ignorées. Les deux principes de cause et de fin sont comme les deux bouts, et mieux les deux faces ou aspects différents, regardant l'un le passé, l'autre l'avenir, de cette vérité première et fondamentale : la raison d'être. C'est le premier signe du réveil de l'intelligence chez l'homme, et la première manifestation de sa raison. Il suffit, pour s'en assurer, de faire attention aux premières questions de l'enfant qui commence à s'exprimer. Ainsi que nous le disions ailleurs, quand il demande à ceux qui l'entourent le « pourquoi ? » de tout objet nouveau qui frappe ses yeux, il veut certainement connaître son but et sa fin, plus encore que son origine et sa cause : il veut savoir à quoi il est destiné.

Si l'importance, la nécessité même du principe en question sont telles qu'il s'impose naturellement à toute intelligence, on ne s'expliquerait pas comment il pourrait être rejeté par des hommes savants. A la vérité, ceux dont nous parlons accorderaient volontiers le principe pour les actes humains, et généralement pour tous les êtres organisés. Il est incontestable en effet que tous les organes d'un être vivant ne fonctionnent que pour sa propre conservation, c'est-à-dire en vue d'une fin, et il est aussi clair qu'un acte de l'homme qui n'aurait pas de but serait le fait d'un insensé. Mais après cela, si une vérité aussi essentielle à la raison s'impose, pourquoi refuser de l'admettre pour les phénomènes et les choses d'ordre simplement matériel ? Si quelques-uns n'en voient pas le but, ils n'ont qu'à le chercher ou à confesser leur ignorance. Mais quelle bonne raison peut-on donner de ce refus ? Quelle fin peut-on avoir en cela ? car l'homme, ceci est admis, en a toujours une dans sa conduite.

Nous voyons les mêmes hommes dont nous parlons, se servir de tout ce qu'ils trouvent sur la terre et au-dessous et même dans la mer; nous les voyons en user pour leur satisfaction et pour leur avantage ; mais quand on leur dit que l'homme est le but pour lequel la nature est créée, et que tout ce qu'elle renferme est fait pour son bien et pour son usage, quelques-uns n'en veulent rien croire. Voilà ce que nous ne pouvons nous expliquer. Sans doute, ils ne peuvent pas mettre la main sur le ciel, c'est une entreprise dans laquelle les géants de la mythologie eux-mêmes n'ont pu réussir (¹), et cette partie de l'univers demeure toujours, malgré leurs investigations, beaucoup au-dessus d'eux et à l'abri de nos outrages. Mais quand ils en admirent avec nous la magnifique ordonnance, qui les empêche de reconnaître que son auteur l'a fait pour leur donner l'idée de sa puissance, et leur imprimer le respect de son nom ? En dehors de cela, il ne reste qu'une ressource et un parti à prendre, c'est d'attribuer aux phénomènes terrestres ou célestes une cause insensée ou agissant sans but. Or, tout en admettant des causes secondes aveugles, telles que la chaleur, l'électricité, et autres causes naturelles, tant qu'on en voudra, nous ne pouvons remonter à une cause première privée d'intelligence, sans nier l'intelligence même de l'homme son œuvre, sans nier surtout ce qui éclate aux yeux de tous: l'ordre et la beauté qui règnent dans l'Univers.

Au demeurant, il s'est trouvé des penseurs, rares sans doute, pour soutenir une telle opinion. C'est, par exemple, l'étrange philosophie de « l'Inconscient », qui ne mérite pas la réfutation, parce qu'elle se condamne elle même. Son nom seul est déjà un blasphème. Elle s'appelle encore la théorie du pessimisme ou de la haine de l'homme, et n'a pour fin que sa destruction. C'est dans l'ordre philosophique ce que la doctrine de l'anarchie ou du nihilisme est dans l'ordre social. La doctrine matérialiste ou de la négation de l'âme, comme on l'a vu ailleurs, tombe sous le coup d'un reproche semblable, puisqu'elle détruit l'esprit ou l'intelligence. En dehors d'un principe intelligent, cause première et dernière de tout, on ne peut, quoi qu'on fasse, admettre

---

(1) Elle raconte en effet que les géants qui voulaient escalader le ciel furent foudroyés par Jupiter.

qu'une cause aveugle, la fatalité par exemple, dépourvue de raison et de justice, ou le hasard, expression vide de sens, qui n'est chez les uns qu'un aveu d'impuissance d'esprit, mais chez d'autres une négation de ce qu'ils ne savent pas voir.

Nous avons fait remarquer en commençant que ce principe : tout a une fin ou un but, n'était pas de nature à gêner la liberté des recherches scientifiques, du moins la liberté de ceux qui cherchent ce qui est, et non ce qu'ils désirent ou ce qu'ils veulent. Admettons pourtant que les chercheurs dont nous parlons n'aient pas à se préoccuper de la question de la cause finale, délivrons-les pour un moment d'un tel souci et mettons-les à l'aise. Comme il ne s'agit ici que de maîtres de quelques sciences particulières, qui ne peuvent s'attribuer le monopole de la science à l'exclusion de toutes les autres formes du savoir, le principe ne perd rien pour cela de sa force. Leur façon de voir importe peu à la logique, cette science qui s'impose à toutes les autres. Il nous semble donc que de tels savants font bien un peu pour leurs raisonnements usage de cette vérité qu'ils n'admettent pas. Voyons pour cela les choses de près.

Quand une loi scientifique est solidement établie et désormais à l'abri de toute contestation, les divers faits ou phénomènes qui s'y rapportent, ne se conforment-ils pas, pour ainsi dire, à cette loi pour la vérifier, en d'autres termes pour y obéir ou y aboutir, comme à une fin assignée d'avance ? Tous sans doute s'y coordonnent, comme les diverses parties d'un plan ou projet tracé d'avance en vue de cette fin qu'on appelle la loi. L'homme de la science ne se fait-il pas dans ce cas le raisonnement suivant ? Tel phénomène, telle éclipse, par exemple, doit se produire, il faut que tel fait ait lieu ou s'accomplisse, il faut que tel être existe ou se meuve d'une façon ou d'une autre. Et il le faut parce que la loi l'a prévu ainsi, le veut ou l'ordonne ainsi. Or, tout cela ressemble singulièrement à notre principe : tout a un but prévu, toute chose tend, obéit à une fin.

Ajoutons que la science, en l'appliquant, y a trouvé le moyen de faire des découvertes, et plus d'une fois sans doute. En voici du moins, croyons-nous, un exemple mémorable. Les lois de la gravitation universelle une fois formulées par Newton et Képler, il se trouve un astronome qui, en observant le ciel, constate dans le mouvement de la planète Uranus des irrégularités inexplicables, et paraissant en désaccord avec la loi. Mais celle-ci lui semble inéluctable. Le savant prévoit donc que, la loi ne pouvant être en défaut et sa volonté méconnue, une influence étrangère doit s'exercer sur la planète pour produire les écarts de sa marche. Un astre d'une masse déterminée doit être placé dans un endroit de l'espace qu'il désigne, et causer ces déviations. Bientôt la prédiction de Laverrier se réalise. Obéissant, pour ainsi dire, à un ordre, la planète jusqu'alors inconnue, Neptune, est découverte à l'endroit désigné du ciel, et ses dimensions sont telles que la loi les a déterminées.

Quelques-uns pourront ici ne pas être convaincus et nous croire dans l'erreur, en nous faisant observer que l'astre découvert était simplement la cause des variations dans la marche de l'astre voisin Uranus. Nous leur accordons qu'il en est la cause efficiente, matérielle même; mais la loi n'en demeure pas moins cause finale. De plus, l'objection faite est en dehors de la question. Il s'agissait en effet de savoir seulement si l'astronome a fait usage du raisonnement dit principe de la cause finale. Cela n'est pas douteux. C'est évidemment ce qu'il a fait, en déterminant d'avance, au nom de la loi ou vérité scientifique, l'apparition d'un phénomène, l'existence d'un être, sans qu'aucune expérience ni observation scientifique l'ait préalablement reconnu ni établi.

Amené par le sujet même à parler des choses de l'astronomie, on nous permettra de trouver dans le même ordre d'idées la matière d'une comparaison, qui sert à confirmer ce que nous avons déjà fait entrevoir. Nous voulons dire l'identité de la cause première et de la fin dernière de toute chose. Le soleil est la cause qui dévie sans cesse les planètes de la ligne droite qu'elles suivraient d'elles-mêmes, si elles n'étaient pas soumises à son influence. N'est-il pas aussi en même temps le centre vers lequel elles convergent? le but et comme la fin où elles sont appelées? Et à l'appui de la même vérité, ne peut-on pas invoquer, d'ailleurs, une loi naturelle et véritablement universelle, facile à constater? On sait bien en effet que « tout retourne à son principe ». L'eau de la mer vaporisée par la chaleur retourne à l'Océan par le canal des rivières. Les éléments fluides et solides qui forment la sève et par celle-ci la plante, retournent par la destruction du végétal à la terre d'où ils sont venus. La lumière à son tour se réfléchit vers son principe. C'est que si la raison est destinée à expliquer la nature, à son tour celle-ci rend en quelque façon témoignage à la vérité dont la raison humaine est venue, et voilà pourquoi nous voyons dans les lois naturelles, des ombres ou des images des lois rationnelles, comme nous le faisons observer ailleurs. Ainsi le soleil éclairant les corps pour les rendre visibles, les corps attestent, en projetant une ombre, la présence de l'astre du jour. Ces comparaisons et ces rapprochements sont des preuves assez claires, et les seules possibles là où la raison ne peut, sans cercle vicieux, démontrer un principe qui est son essence même. En particulier cette loi du monde physique que nous venons de rappeler, nous manifeste et nous rend comme sensible cette vérité qui domine toutes les autres : tout vient d'un premier principe et tout retourne à lui. La nature et l'homme avec elle sont l'ouvrage de sa puissance et ont pour fin sa gloire. Le phénomène avec ses causes secondaires d'un côté et ses fins successives de l'autre offrent l'image d'une chaîne aussi longue que l'on voudra, mais dont les deux parties se réunissent comme à un même anneau, à la fois le premier et le dernier de tous.

Certains se sont plaint qu'on abusait du principe de la cause finale. Il faut le regretter avec eux. Mais l'abus prouve-t-il quelque chose contre la vérité ? Nous savons bien qu'on abuse de tout. Il faut toutefois distinguer dans ce qu'on appelle des abus. Certaines anomalies inexplicables par la science ont été parfois l'objet d'une explication, à laquelle on peut ne pas reconnaître ce qu'on nomme le caractère scientifique, si l'on veut, mais qui n'en sont pas moins parfaitement admissibles, légitimes et raisonnables. Tel est le cas du phénomène suivant, très connu d'ailleurs. La loi de la dilatation veut que les corps se contractent à mesure qu'on les refroidit. Or l'eau, à partir de quatre degrés, se dilate à mesure que sa température s'abaisse, et c'est ce qui explique que la glace surnage. Il y a ici un renversement de la loi. Mais il ne faut pas manquer en cela de remercier l'auteur des lois de la nature pour l'avoir voulu ainsi, puisque la chose a pour effet d'empêcher la congélation rapide et complète des cours d'eau sous l'action du froid, et toutes les perturbations qui en seraient la suite, si la loi de la dilatation suivait son cours. Il serait fâcheux que ce qui justifie la Providence ne fût pas scientifique. Cela dit, et les droits de Dieu étant réservés, nous reconnaissons sans peine que certaines gens abusent des causes finales pour contredire la science : ce sont des hommes ignorants et qui ont tort en cela. Mais le savant qui abuserait de la science pour nier la cause finale serait plus illogique et plus mal inspiré, parce qu'il se ferait plus de tort. L'erreur des premiers est accidentelle et comme passagère, le plus souvent sans grave conséquence. L'erreur du dernier serait le fait de l'aveuglement moral et une négation dont on ne se dissimule pas la portée.

La Providence divine, en réglant les choses pour notre bien et pour sa gloire, a laissé à notre intelligence une part de liberté assez grande et assez belle, mais dont notre volonté ne peut abuser sans préjudice. On a cru longtemps que la terre était le centre de tous les mouvements de la sphère céleste. En se fiant trop à des apparences, on commettait ici une erreur regrettable sans doute, mais après tout les hommes et les affaires du monde ne s'en portaient pas beaucoup plus mal pour cela. Quand le système de Copernic, qui fait du soleil le centre du mouvement de la terre et des autres planètes, a commencé à être adopté, quelques-uns ont repoussé cette opinion, parce qu'ils la regardaient comme ne s'accordant pas avec certaines croyances religieuses. Ils paraissaient en cela faire de l'homme et de sa demeure terrestre comme la fin dernière de toute chose, et dans ce sens ils abusaient du principe de la cause finale, en l'exagérant à leur profit. Mais s'il est vrai, comme nous le croyons et comme on l'a vu plus haut, que tous les biens visibles de ce monde ont été créés et destinés pour notre avantage, il est encore plus vrai, ne l'oublions pas, que l'homme n'a pas pour fin cette terre, qui n'est qu'un point dans l'espace. La fin de l'un et de l'autre et de toutes les choses créées, répétons-le, c'est Dieu, la gloire et le service de son Fils, le soleil des intelligences. Les explications de Galilée sur le système planétaire, dont la première idée remonte à plusieurs siècles avant l'ère chrétienne, ont prévalu aujourd'hui et ont fait rejeter le système de Ptolémée. L'orgueil de l'homme a pu en souffrir, mais le principe de la cause finale est demeuré après comme avant à l'abri de toute atteinte. La découverte scientifique dont il vient d'être question semblerait même ne devoir servir qu'à le confirmer, après ce qui vient d'être dit. En résumé, toutes choses ne cessent point, comme par le passé, d'avoir leur fin, et l'homme raisonnable en particulier fait preuve de sens, en se préoccupant sérieusement de la sienne.

XIII

Pourquoi le mensonge est-il immoral?

Pour répondre d'une façon complète à cette question, nous devons examiner le mensonge sous ses deux aspects : il nous le faut regarder d'abord du côté de ceux qui en sont victimes, ensuite du côté de celui qui en est l'auteur. En étudiant son immoralité dans ces deux états, nous l'envisagerons successivement, semble-t-il, sous les deux points de vue objectif et subjectif. C'est là une distinction chère à quelques penseurs modernes et dont nous essayerons de tirer parti, bien qu'elle ne serve souvent à certains que comme une ressource pour chicaner sur des vérités bien démontrées, mais qui ne leur plaisent pas (1). Nous verrons donc premièrement comment le mensonge, considéré par rapport à l'homme trompé, est une chose immorale en ce qu'il fait tort au prochain, et tend à mettre la désunion et la haine à la place de l'accord et de l'ordre dans la société. En second lieu, nous verrons que le mensonge en lui-même ou par rapport à celui qui le commet, offense la morale, parce qu'il est un outrage à la vérité, qui mérite tout notre respect, et qu'il déshonore enfin celui qui s'en rend coupable.

Qu'est-ce que mentir? C'est dire le contraire de notre pensée à l'homme qui nous adresse une demande. Comment un tel acte peut-il être immoral? Simplement en ce qu'il viole la première loi de la science des mœurs : ne faites pas à autrui ce que vous ne voudriez pas qu'on vous fît. Car le mensonge est un préjudice causé au prochain, quand celui-

---

(1) Quelques-uns, en effet, posent ou supposent qu'on ne peut pas démontrer l'existence objective de Dieu !

ci a quelque bonne raison de m'interroger, et que je n'en ai aucune pour refuser de lui répondre. Dans ces conditions, et quand mon semblable me demande, au nom de son intérêt particulier ou du bien général, de lui dire ce que je sais, évidemment je lui dois la vérité, qui est le bien commun de tous et ne m'appartient pas à moi seul. Or, si je réponds le contraire de ce que je pense, je trompe un homme dont la demande est dictée par une intention droite, et c'est en cela que je lui nuis : au lieu de la vérité qui sauve, je lui donne l'erreur qui perd. Ce mensonge qui fait un tort réel au prochain est le plus immoral et le plus pernicieux de tous. C'est, par exemple, le cas de l'auteur d'un acte ou du témoin d'un fait, qui le nierait à quiconque a droit ou simplement un avantage à le connaître, ou encore qui court un danger à l'ignorer. Dans ce sens, la calomnie serait une faute de ce genre grave entre toutes.

Mais le mensonge est aussi contraire aux bonnes mœurs, même quand il semble fait pour rendre un service. Et par exemple, je cache dans ma maison un coupable, que la justice poursuit pour un vol ou quelque autre méfait. Questionné pour déclarer si je connais la retraite d'un tel homme, je réponds négativement pour le soustraire à la rigueur de la loi. Un tel mensonge est contraire à la justice, c'est-à-dire à la morale, le souci d'un intérêt particulier le devant céder à celui du bien public, qui veut que le voleur soit puni dans l'intérêt de l'ordre social. En vain invoquerait-on l'amour du prochain ; il doit le céder à l'amour de la justice ou de l'ordre voulu par Dieu. Car l'homme lésé dans son bien est fondé à réclamer la restitution de ce qui lui appartient, et je lui ferais tort en me rendant solidaire ou complice du larron que je cache. La charité peut m'engager à me faire sa caution et à satisfaire pour lui au point de vue pécuniaire ; mais la justice doit suivre son cours.

Un dernier cas peut se rencontrer, qui, à vrai dire, n'entraîne pas les mêmes conséquences morales que les précédentes. C'est celui du mensonge fait par manière de plaisanterie et sans l'intention dernière de tromper. L'auteur du mensonge joyeux veut seulement se jouer de son homme. Il suppose que celui-ci ne restera pas longtemps dupe de son dire : l'invraisemblance de son affirmation paraîtra bientôt, l'étrangeté de ce qu'il avance ne le laissera pas longtemps surpris par l'erreur, la vérité paraîtra vite et on se sera égayé simplement aux dépens de l'homme laissé un moment dans l'illusion ou l'embarras. Il n'y a ici d'autre mal, et on le doit éviter, que dans l'atteinte portée par la plaisanterie à la dignité du caractère et au sérieux de la vie, ou encore dans le péril que l'on fait courir à la vertu de patience chez la personne qu'on aura voulu jouer.

Ces distinctions faites sur les diverses formes que revêt le mensonge, ne nous disent pas encore ce qu'il a de si funeste pour les bonnes mœurs dans la société. Mais on aura vite fait de voir ce que deviendrait la vie en commun, si le mensonge pouvait entrer dans les usages reçus.

Que pourrait être une association de gens chez qui la parole donnée pour exprimer la pensée servirait à la déguiser, et pour qui la langue, destinée à être l'organe de la vérité, deviendrait l'instrument de l'imposture? La leçon faite, dit-on, jadis au philosophe Xanthus, par son serviteur Esope, le fait assez connaître. Dans une pareille société, les hommes ne s'entendraient plus et ne s'occuperaient qu'à se nuire mutuellement, en se cachant leur desseins égoïstes. Le mensonge, en effet, comme on peut s'en rendre compte, ne sert guère, dans la bouche de son auteur, qu'à dissimuler une faute commise ou au moins à cacher une intention perverse. C'est là ce qui le fait appeler le marchepied de tous les vices. Voyez comme il sert de degré à l'homme pour parvenir à une mauvaise fin, comme il relève, en apparence du moins, celui qu'une faute dégrade et déshonore. Ne sert-il pas au voleur pour cacher son larcin? A l'homme de mauvaise foi, pour nier son engagement? A l'ami infidèle, sa promesse ? Au marchand avide, pour dissimuler sa cupidité ou son avarice ? Au serviteur ou à l'écolier négligents, pour justifier leur indolence et leur paresse ? A l'impie enfin, pour dissimuler son irréligion, en donnant au bien le nom de mal ou inversement ?

Après cela, qu'on se figure, si l'on peut, le désordre d'une société où le mensonge serait admis dans les mœurs. Elle ne serait plus une association d'hommes réunis pour leur bien commun par l'observation des lois. Et en effet, la première des lois, le seul bien commun à tous, n'est-ce pas la vérité ? Qui ne la respectera pas, voudra-t-il respecter la loi et le bien particulier ? Mais là où manquerait la bonne foi, les relations ne seraient plus sûres. Dès lors les hommes ne pouvant se fier les uns aux autres, s'éviteraient au lieu de se rechercher pour s'associer, et aucun rapport d'amitié, aucune relation d'affaires ne pourraient s'établir entre eux. C'est ainsi que le mensonge est un obstacle à toute union et à la concorde sociale.

En second lieu, nous avons à considérer le mensonge en lui-même, c'est-à-dire chez l'homme qui se le permet. Nous verrons qu'il est immoral, d'abord parce qu'il est un outrage à cette vérité qui a droit à tout notre respect, et que nous devons aimer pour elle-même. Ici se présente naturellement une question que nous avons effleurée ailleurs, mais à laquelle il faut répondre d'une manière plus complète et plus précise : qu'est-ce que la vérité ? La science, la religion, la philosophie travaillent, dit-on, à nous la faire connaître. Voyons ce qu'il faut en penser.

Les sciences humaines nous apprennent sans doute des choses vraies, mais outre que ce sont des vérités le plus souvent particulières, les lois même générales que nous formulent les savants n'ayant rapport qu'aux mouvements de la matière, n'intéressent guère les mœurs et restent sans action sur l'âme. Ces lois sont plutôt des apparences de la vérité ; le domaine de ce genre de sciences est le vraisemblable et non la vérité même. On voit encore des sciences s'accommoder fort bien de suppositions et d'hypothèses qui font longtemps leur affaire, et puis ces hypothèses s'écrouler quelquefois tout-à-coup, et n'être plus bonnes à rien qu'à passer au rang des erreurs. Laissons donc de côté une route qui peut mener certains hommes à la vérité sans doute, mais qui n'est pas sûre, pour en prendre une autre qui ne nous donne que des lois et des vérités immuables. Adressons-nous à la religion, qui ne cherche pas seulement la vérité, mais qui la possède, qui la donne et a l'avantage de l'avoir mise à la portée de tous. Elle nous apprend donc que la vérité est l'être indépendant, infini, éternel, dont le nom, connu de tous les hommes, Dieu, est un en trois personnes, Père, Fils et Saint-Esprit, auxquelles sont attribuées respectivement la puissance, la justice, la bonté. Or le mensonge viole la loi divine qui émane de la toute puissance du Père, il méconnaît la justice enseignée par le Fils, et méprise la bonté ou le secours pour bien faire qui appartient à l'Esprit. C'est ainsi que le mensonge est un outrage au Dieu de vérité, retombant d'ailleurs sur l'homme même, qui de tout temps a fait de ces trois attributs les objets de sa plus noble ambition.

Pour atteindre à cette vérité, objet proposé à leur intelligence et encore plus à leur cœur, les hommes, ayant d'ailleurs trop à faire par eux-mêmes, vivaient dans l'attente d'un secours promis de Dieu. Leurs désirs ont été comblés, et la vérité revêtant un jour la forme de l'homme s'est donnée à eux. Ce que Dieu leur avait déjà fait savoir par des hommes inspirés de lui, l'Homme-Dieu, son Fils, le leur vint dire en un langage encore plus clair, plus à leur portée et à la fois plus élevé, en affirmant qu'il était la vérité. Nous ne devions pas rougir de le rappeler en passant, quoique ces faits soient bien connus, parce que si cette vérité a été bien reçue par une partie des hommes, elle a été aussi un sujet de contradiction et de scandale, même pour plusieurs qui se taxent néanmoins de savoir. Elle a aussi été condamnée pour leur malheur par les faux philosophes de tous les temps, soit par manque de franchise, soit par manque de science de leur part. Ayant donc trouvé cette vérité un peu dure à leur mollesse, ou gênante à leur orgueil, les docteurs dont nous parlons n'ont pas consenti à la recevoir, et voulant trop ménager des intérêts humains, ils se sont joints à Pilate pour lui tourner le dos. Nous devons donc laisser ici l'Évangile, pour recourir à la vraie philosophie, qui n'est pas faite pour le démentir, et qui nous fera arriver à la même conclusion quoique par un chemin plus long.

Qu'est-ce donc que la vérité pour le philosophe? C'est, nous dit-il, l'équation entre l'âme et son objet, plus simplement la conformité de notre esprit avec les choses. Il faut essayer de traduire cela dans un langage plus facile à saisir, et recourir à un discours plus pratique, puisqu'il s'agit d'en appliquer les conséquences à juger cet acte de la vie ordinaire des gens, que l'on commet sous le nom de mensonge. Quelle portée, quelle signification pratique peut avoir pour nous la définition indiquée? Qu'est-ce donc dans la vie humaine que conformer son esprit aux choses? A quoi cela nous engage-t-il? Sans doute à penser d'abord des choses ce qu'elles sont dans la réalité, afin d'agir en conséquence. Mais en considérant le domaine presque infini de ce qu'on nomme les choses, on est vite amené à faire d'elles deux ordres distincts : celles qui se voient et celles qui ne se voient pas, les unes sensibles et passagères, sujettes à la corruption comme tout ce qui est de la nature des corps, les autres invisibles mais impérissables et de la nature de l'âme. En deux mots, des biens matériels et des biens spirituels, tels sont les deux sortes d'objets qui sollicitent notre esprit.

Or, que peut signifier d'abord la conformité de notre esprit aux choses de la matière? serait-ce l'acte qui consiste à s'y livrer pour en prendre la forme, à s'y attacher pour se modeler en quelque sorte sur elles ? apparemment non, car par sa nature même l'âme y répugne, destinée qu'elle est au contraire à façonner plutôt la matière. A s'y livrer, elle se dégrade et s'expose à périr avec elle et comme elle. La conformité ne peut s'entendre ici que de l'opinion et de l'estime que nous en devons concevoir, surtout de l'emploi que nous en pouvons faire, et qui se réduit à nous les soumettre, pour nous en servir conformément à leur nature passagère, c'est-à-dire comme objets dont on use en passant. Quant aux choses de l'ordre de l'esprit, telles que sont la science, la sagesse, la justice, de quelle façon pourra-t-on s'y conformer ? C'est sans doute en y appliquant son âme qui, étant d'une nature semblable, est par là très apte à en prendre la forme, ce qui revient à les faire entrer dans nos mœurs. L'homme prend leur empreinte quand il devient instruit, juste, honnête. Voilà donc ce qu'une raison éclairée ne voudra pas mettre en doute, et qui découle de la définition même que nous donne la saine philosophie. Tenir les choses de l'esprit pour supérieures et préférables à celles de la matière, telle est la première loi de cette science, et la plus importante leçon que nous découvre l'étude de cette vérité que les hommes sont nés pour connaître et aimer. Car la question intéressante pour eux n'est-elle pas celle de leur destinée dans ce monde ? Or, cette fin terrestre où l'homme la mettra-t-il, sinon à poursuivre cette perfection morale qui fait de lui le témoin et le serviteur de cette vérité, dont la pleine jouissance sera celle d'une vie à venir.

Si telle est la fin de l'enseignement du philosophe, il est aisé maintenant de reconnaître que le mensonge va directement à l'encontre de cette doctrine. Ainsi qu'on l'a vu plus haut, l'homme ne ment ordinairement que pour cacher quelque faute commise, ou au moins pour dissimuler une mauvaise intention. En cela que fait-il ? Il veut éviter la réparation d'un mal commis, et qui lui est commandée par la justice, ou encore il cherche la satisfaction égoïste et matérielle du vice, au détriment de cette loi de l'esprit que la conscience lui dicte. C'est ainsi qu'il outrage la vérité en ne lui donnant pas satisfaction, en lui refusant la préférence qu'elle mérite, en la mettant au-dessous de ce qui est moindre, et la plaçant au dernier rang dans son estime et ses actes. Mais la vérité en elle-même se trouve au-dessus de nos atteintes. Aussi, en définitive, les hommes en mentant n'avilissent-ils la vérité que dans cette image qu'ils portent dans leur âme. Qu'est-ce à dire, sinon qu'ils se déshonorent eux-mêmes par le mensonge, en défigurant cette copie de l'original, et abaissant ce caractère d'êtres raisonnables qui seul les met au-dessus de toutes les créatures visibles.

Que le mensonge soit un acte dégradant et humiliant, c'est d'ailleurs un fait de conscience, dont tout homme peut se rendre compte pratiquement par lui-même. Que chacun de nous en effet considère ce qui se passe en lui, quand il a le malheur d'être trompé. Qu'éprouvons-nous tous au fond de l'âme après avoir été dupes d'un mensonge ? Nous nous sentons comme amoindris, nous nous croyons abaissés dans notre dignité d'homme et privés du respect qui nous était dû. On sait d'ailleurs quel outrage reçoit un homme qui s'entend dire : vous en avez menti. C'est alors que nous sentons le prix attaché à la vérité, et la réalité du devoir qui fait à l'homme une loi de ne point la trahir. Dans tous ces cas l'indignation que nous éprouvons contre le mensonge est un sentiment naturel et légitime : qu'il soit trompé ou accusé faussement de mensonge, si l'homme s'écoutait, volontiers il rendrait injure pour injure afin de châtier l'audacieux. Mais le zèle de la justice s'arrête où la passion commence, et c'est ici que l'orgueil a besoin d'être arrêté au passage par la raison. Car s'il est bon de ressentir l'outrage fait à la vérité, il serait mauvais d'aller jusqu'à identifier celle-ci avec notre personne humaine. Il nous suffit, il est même grand de s'affliger dans l'intérêt de sa cause. C'est en faisant appel à a raison ou à la justice que le coupable devra être ramené. Concluons enfin que la honte n'est pas tant pour l'homme qui est trompé que pour celui qui trompe. La bonne foi du premier a été simplement surprise, la mauvaise foi du dernier est évidente. Donc la honte et le préjudice moral sont pour l'auteur du mensonge plutôt que pour celui qui le souffre.

XIV

EXPLIQUER AU POINT DE VUE PSYCHOLOGIQUE CETTE PENSÉE : « SI PEU QUE L'HOMME SE RECHERCHE LUI-MÊME, IL S'ÉLOIGNE DE DIEU ».

Cette pensée renferme une des maximes les plus profondes de la sagesse, et peut être mise au premier rang de celles qui résument la perfection chrétienne ; elle nous enseigne, en effet, cette science rare qu'on appelle le désintéressement ou l'abnégation. Nous l'expliquerons en nous attachant à justifier sa sévérité apparente. Quelques-uns pourraient trouver la matière d'un reproche à faire à la morale évangélique. C'est le cas de ceux qui l'accusent « d'étouffer les sentiments de la nature ». Mais, comme nous verrons, elle n'est au fond que l'expression de la vérité. Que si certains y trouvaient à redire, c'est qu'ils ne savent pas la comprendre, et peut-être aussi parce qu'elle est une condamnation de leur égoïsme, et qu'elle ne s'accommode pas avec la fausse philosophie.

Au premier abord, une telle pensée peut sembler étrange aux yeux de la chair. Il paraît difficile de croire que l'homme, cherchant son bien en tout ce qu'il fait, puisse s'éloigner de Dieu quand il se recherche lui-même. L'homme, dira-t-on, n'est-il pas créé, en effet, à l'image d'un Dieu dont la bonté est l'essence et le principal attribut? Dès lors, rechercher l'image visible, n'est-ce pas le moyen d'arriver à l'original qui est invisible? Mais encore, si pour s'approcher du souverain bien, l'homme ne doit pas se rechercher, il devrait sans doute s'éviter et se fuir. Autrement dit, puisqu'on ne recherche que ce qu'on aime, s'il ne doit pas se rechercher, il ne devrait pas s'aimer; il ne lui resterait qu'à se haïr. Quiconque se hait est porté à se nuire, et faudrait-il aller jusqu'à se faire du mal, pour s'assurer qu'on s'approche de Dieu? — Certainement non, car l'homicide et le suicide sont de grands crimes. Aussi, cette sorte d'éloignement de soi qui nous est commandé, cette fuite que demande de nous l'amour qui nous approchera de Dieu, ne vont-ils pas jusqu'à cette haine criminelle. C'est là un excès que l'Apôtre lui-même nous fait éviter, quand il nous dit que « nul ne hait sa propre chair ». Puisqu'il en est ainsi, comment faut-il entendre la maxime? comment répondre aux objections qui précèdent, et que dicte un sentiment d'amour de soi assez naturel? C'est ce qui nous sera facile.

Tout ce qui est l'œuvre de Dieu est bon et par conséquent l'homme en corps et en âme, qui est son ouvrage, aussi bien que tout le reste des êtres. Toutefois, la mortalité, la corruption de la chair, n'est pas de Lui, ni rien de tout ce qu'on appelle du nom de mal. C'est pourquoi nous interpréterons la pensée comme il faut, en l'entendant de la manière suivante, qui ne saurait éveiller la défiance ni l'antipathie de personne. L'homme ne se recherchera pas lui-même, en ce sens qu'il ne cherchera pas à satisfaire certain penchant qui est le mauvais côté de sa nature dégradée. S'il veut s'aimer véritablement, comme il ne peut pas ne pas le vouloir; il ne doit rien faire sans doute qui nuise à sa santé, ni qui abrège ses jours, mais il ne doit rien faire non plus qui favorise la corruption de sa nature. Disons davantage encore, la simple raison ne s'en offensera pas : l'homme ne doit pas se complaire en lui-même, et d'une certaine façon, il doit un peu se déplaire à lui-même et se trouver à redire, s'il veut se conformer à cette loi du progrès qui est celle de sa vie, et qu'on lui prône d'ailleurs si haut. C'est par là qu'il se rendra meilleur, ce qui est véritablement s'approcher de Dieu. C'est un point que nul ne voudra contester sans doute, car là où il n'y aurait rien à reprendre, quel progrès y aurait-il à réaliser ? et que pourrait-il y avoir à améliorer, là où on ne trouverait pas de défaut à corriger ? Malheureusement dans la pratique, les choses changent et plusieurs, quoique amis du progrès, ne s'en inquiètent guère. En cela, ils ressemblent au singe de la fable et volontiers disent comme lui :

Mon portrait jusqu'ici ne m'a rien reproché (1).

Mais la justice comme la vérité n'y perdent pas leurs droits pour cela, et la loi qui nous fait un devoir du progrès n'en subsiste pas moins. Au fond, notre partialité, notre faiblesse vis-à-vis de nous-même, n'ont pour effet que de nous rendre malheureux ; nous nous aimons trop mal pour nous aimer véritablement, ou, ce qui revient au même, pour aimer Dieu.

Ainsi, dans la réalité, il faut bien le reconnaître : rechercher l'image, ce n'est pas toujours s'approcher de l'objet ; c'est même le fuir que de chercher le mauvais côté de l'image. Pour nous en convaincre encore mieux et mettre la pensée dans un plus grand jour, nous n'avons qu'à considérer un instant où se trouve le souverain bien de l'homme. A ce point de vue, il n'en est pas de l'être raisonnable, quoique libre, comme de l'Être absolument indépendant ; ni de la créature comme du Créateur. Dieu est à lui-même

---

(1) La Fontaine, Liv. I, fab. 7.

son propre bien : se connaître et s'aimer, voilà ce qui résume son bonheur et sa vie intérieure. Il pouvait se contenter d'une telle félicité, et n'avait pas besoin d'en chercher d'autre hors de Lui. Sa bonté ne l'a pas voulu ainsi : elle lui a fait créer le monde visible pour l'homme, et l'homme pour l'appeler à la possession de cette vérité qui est en Dieu même, et à la jouissance de ce bonheur qui en est la conséquence. Mais l'homme, tombé par le fait de sa déchéance native qui l'a éloigné de son Auteur, et réduit aux misères de la condition présente, ne peut trouver son bien, ni dans sa propre nature viciée, ni dans les choses basses moindres que lui. Il se trouve placé dans la pénible nécessité de s'en servir pour arriver finalement à les quitter. Sa vie se passe à user des biens inférieurs et défectueux, pour arriver à d'autres meilleurs et parfaits. Voilà ce que lui découvrent une intelligence éclairée d'en haut, et sa droite raison, ce premier attribut d'une âme immortelle, qui ne peut se résoudre à mettre sa fin dans la recherche de choses qui doivent bientôt finir.

Si ce qui précède peut suffire, pour expliquer la pensée proposée aux yeux des lecteurs disposés déjà à la comprendre, il peut s'élever dans l'esprit de quelques autres des doutes, qui les fassent hésiter à l'admettre pleinement. Il faut donc pour eux s'efforcer d'être plus clair.

L'amour de nos défauts et imperfections nous sépare donc de Dieu ; la recherche cupide des biens matériels nous éloigne de lui, et la poursuite passionnée des choses sensibles n'est pas la recherche des biens de l'âme, tels que la science et la vertu. C'est là ce qui ne sera pas contesté. Toutefois, conclure de là qu'on pourrait s'approcher de Dieu et vivre dans la société en s'éloignant de l'homme, ce serait une fausse conséquence tirée de la maxime, et une erreur inexcusable. Dans aucun temps, ni en aucun pays, la misanthropie n'a passé pour une bonne qualité aux yeux de personne. St Jean nous l'apprend : il nous fait un défaut capital de cette forme trompeuse de l'amour de l'homme qui se nomme égoïsme, et qui nous conduit à nous aimer de telle façon nous-même que nous n'aimons plus nos semblables, car l'égoïste est celui qui se recherche en tout. Or, si quelqu'un dit : « J'aime Dieu, et qu'il haïsse son frère, c'est un menteur » (1), dit cet apôtre. Pour s'approcher de Dieu, faudrait-il peut-être ne pas aimer ses œuvres et tous les dons qui sont en elles des témoignages de sa bonté? Personne n'oserait le dire; quelle raison pourrait-elle, en effet, conseiller à l'homme de ne pas aimer en lui ou dans le prochain tout ce qui est un don de l'Être bien aimé, comme tout ce qui est fait pour embellir la vie? L'homme aimera donc ses amis, ses semblables, sa patrie; il aimera ses biens, sa santé, les avantages de son intelligence et de son cœur. Mais en veillant à la conservation de tels biens, quoique rien de cela ne soit Dieu, l'homme ne s'éloignera pas de Dieu tant qu'il n'aimera et ne recherchera ces choses et lui-même que pour Dieu, tant qu'il lui subordonnera toutes ces affections légitimes et qu'il s'en servira pour Lui ; enfin, tant qu'il montrera dans ses actes qu'il met l'auteur du monde au-dessus de son ouvrage, et qu'il estime le bienfaiteur encore plus que ses dons.

Mais, à dire vrai, s'il faisait de quelques-uns de ces biens particuliers, la fin dernière des aspirations de son âme et l'objet principal des battements de son cœur, c'est alors que son amour deviendrait cette recherche de soi ou cette passion aveugle qui l'éloignerait de Dieu. Ainsi agit le voluptueux qui fait un Dieu de son ventre, et pour qui le plaisir est le but de la vie; ainsi encore, l'avare dont l'argent est le véritable maître; et enfin l'orgueilleux, qui veut être le centre vers lequel convergent tous les honneurs. Assurément, tout le monde le voit, de telles recherches de soi éloignent l'homme de Dieu, car c'est son unique satisfaction per-

_____
(1) St Jean, Épît. I, Ch. IV.

sonnelle qu'il cherche dans ces cas, et dont il fait l'unique et dernière fin.

Quant à savoir si cette mauvaise recherche de soi, qui nous sépare du souverain bien, est un défaut commun, c'est ce qu'il est facile de voir. La pensée exprimée nous le dit clairement : pour si peu que l'homme se recherche, dit-elle, il fait fausse route. En réalité, cet égarement est une illusion si secrète que souvent nous ne nous en apercevons pas, et que nous ne manquons même pas d'adresse pour prendre comme vertu ce qui parfois n'en est pas même l'ombre. Tel est en particulier le cas de ceux qui ont pour objectif une ambition ou une cupidité, qu'ils donnent au public pour l'amour des intérêts du peuple.

En définitive, il faut dire que la moindre faute nous éloigne de Dieu ; c'est la définition théologique du péché qui nous l'apprend : *aversio a Deo, conversio ad creaturam*. Rien n'est donc plus réel et plus fâcheux que notre fragilité sous ce rapport. Il faudrait tous les jours, et plusieurs fois par jour même, rectifier nos intentions et le but de nos recherches. L'égoïsme, qui est la poursuite de quelque satisfaction déréglée, est on ne peut plus commun, et il est juste le contraire du mouvement de la charité, qui nous rapproche de Dieu.

XV

**La puissance de l'homme est en raison de sa science.
On ne commande a la nature qu'en lui obéissant**

Il est vrai que le pouvoir ou faculté d'agir est chez l'homme en raison de son savoir. Mais la seconde proposition est une façon de parler un peu énigmatique, dont le naturalisme pourrait se prévaloir. C'est pour cela que nous aurons à l'éclaircir et à voir ce que nous devons en penser.

Où réside le principe qui fait de l'homme un être supérieur en puissance à toutes les créatures visibles ? Ce n'est pas dans les sens, ni dans la force musculaire d'un corps pesant qui le fait ressembler aux animaux sans raison. Il n'a ni la vue perçante de l'aigle, ni la finesse d'odorat du chien, ni la vigueur d'un grand nombre d'autres ; à cet égard, beaucoup de bêtes sont mieux douées que lui. Mais l'homme doit sa supériorité à cette âme intelligente qui, à l'aide des idées qu'elle se forme des choses, arrive à connaître et comme à s'approprier tous les êtres, les unit par le travail de la pensée pour en composer le plan de ses ouvrages, et atteindre la fin qu'il se propose. Aidée de l'observation et de l'expérience, cette intelligence utilise à son profit les forces aveugles qui meuvent la matière inerte. Elle lui découvre les causes ainsi que les suites des phénomènes naturels, des faits d'ordre moral et des événements historiques. Connaissant alors les lois de leur production, l'homme devient capable de les prévoir et d'en provoquer la réalisation. C'est ainsi qu'il possède la science raisonnée des choses, et qu'on peut alors voir en lui cet être privilégié à qui le Créateur a donné de commander aux créatures inférieures, de dominer sur la terre et de se l'assujettir (1). A ce point de vue, les progrès des industries et des arts de toute sorte, le développement des diverses formes du travail dans la société peuvent nous fournir en premier lieu les preuves de cet empire, que les sciences exactes ou expérimentales ont, pour leur part, acquis à l'homme dans le domaine des choses de la matière.

Par quelle puissance les hommes sont ils parvenus à construire ces machines d'une force étonnante, à l'aide desquelles ils soulèvent et manœuvrent aisément des fardeaux énormes, que leurs bras seuls ne pourraient pas déplacer ? Qui leur a donné d'imaginer ces outils et ces appareils variés avec lesquels ils percent les montagnes, séparent les continents pour relier les mers entre elles, ou réunissent les terres séparées par les eaux ? Ces résultats sont dus aux découvertes des Papin, des Watt, et de cent autres inventeurs ou praticiens plus modernes, jointes à la connaissance des propriétés des fluides, et aux applications des lois de la mécanique formulées par les savants. C'est avec les ressources fournies par les mêmes moyens que l'art militaire renverse les remparts les plus solides, ou les protège contre les engins de destruction ; que l'art des transports entraîne en quelques heures à des distances immenses des populations entières avec leurs logements, et que le commerce peut voir les habitants des pays très éloignés converser entre eux ainsi que le feraient deux voisins. Enfin, pour citer un dernier exemple, c'est la même puissance que ce genre de savoir donne aux hommes qui leur permet d'imiter les effets de la foudre, de conjurer l'action des poisons et d'arrêter même les progrès de maladies et de fléaux, contre lesquels nos aïeux moins instruits demeuraient impuissants.

Ce pouvoir que donne à l'esprit humain la connaissance raisonnée des choses, se retrouve quand on passe des

---

(1) Genèse, Ch. I, V, 28.

sciences de la nature dans celles d'un domaine différent. Il est un genre de savoir, moins brillant et moins flatteur pour l'amour propre de l'homme : c'est celui qui lui apprend les lois d'ordre moral, suivant lesquelles s'enchaînent les faits qui composent la vie des individus ou des peuples. Une telle science donne à l'esprit un talent différent, dans ses effets, de celui qu'il doit à ces recherches dont le but principal est son bien être extérieur. Instruits de cette doctrine qui leur apprend à se conduire, l'homme public comme l'homme privé y trouvent : l'un, cet art qui lui fait diriger ses actes vers leur meilleure fin ; l'autre, un art qui le rend capable de commander à ses semblables et d'exercer une influence sur la marche des affaires publiques. Mais tandis que les connaissances scientifiques proprement dites ne tendent à donner qu'un empire sur la nature inanimée et sur les êtres sans raison, la science des mœurs lui en donne un autre plus enviable, à savoir, l'empire à exercer sur lui même et sur ses passions, en même temps que l'ascendant de l'autorité sur ses semblables.

Au demeurant, quels que soient le genre d'instruction ou de talent dont l'homme puisse se faire honneur, et la puissance ou l'influence qu'il en retire, il ne faudrait pas le laisser s'égarer par l'opinion qu'il pourrait concevoir de lui, ni s'enfler d'un sentiment exagéré de sa propre excellence. Cette force qu'il tient de sa raison cache bien aussi quelque faiblesse, et l'empire qu'il exerce sur la nature ainsi que sur les événements reste entaché d'une certaine infirmité. Malgré les connaissances acquises par nos savants, les formules et les lois accumulées dans les livres, quels que soient les inventions et les appareils puissants imaginés par le génie de l'homme, il faut bien consentir à nous faire cet aveu peu flatteur : il nous restera toujours tant de choses à connaître, il en échappera un si grand nombre à notre esprit, qu'il en résultera toujours pour nous une part d'ignorance invincible. Le danger serait peut-être à ne pas vouloir nous avouer cette faiblesse, car une telle vérité n'a d'autre fin que de nous donner à réfléchir.

Qui pourrait, en effet, ignorer les mécomptes et les déceptions de cet esprit dont nous avons admiré déjà la puissance? Après avoir vu le génie de l'homme réalisant des merveilles, faut-il cacher à ce héros le défaut de sa cuirasse? Il franchit les terres et les mers avec une rapidité surprenante, il dévore l'espace, élève ses constructions jusqu'aux nues, exécute des œuvres qui rappellent les exploits d'Hercule. Mais voici qu'un détail insignifiant échappé à ses prévisions survient pour arrêter ce géant victorieux au milieu de sa marche triomphale. Une cause ignorée, un obstacle inaperçu, renversant l'ouvrage qui est le fruit de ses efforts et de ses études, détruisent ses constructions les plus solides, font voler en éclat ses machines, dérangent ses desseins les mieux conçus, ruinent ses plans les mieux concertés et les entreprises les plus habilement préparées ; il est obligé de tout recommencer. Pourquoi s'en étonner ? Sa vigilance né pouvait suffire à tous les détails, et son regard clairvoyant était incapable de tout embrasser. Il était trop rassuré contre la fragilité de la matière, et comptait trop sur la force de cohésion ; il ne pensait plus au rôle et à la puissance des infiniments petits. Il ne savait pas que les éléments ne sont pas aussi dociles qu'on le dit, et les forces naturelles aussi bien domptées qu'il lui semble ; il ignorait que la science des temps, enfin, échappe presque entièrement à sa prévoyance. Voilà les causes de ses surprises et de l'ignorance qui n'a pu prévenir ses malheurs. Que s'il en est ainsi dans l'ordre des phénomènes physiques, et dans ces entreprises dont ses calculs savants et ses pénibles travaux ont préparé le succès, en est-il autrement pour l'homme dans ces affaires de la vie sociale que sa prudence dirige ? dans ces combinaisons et ces projets que sa politique prépare avec tout l'art possible ? Il sait bien que non, et ici encore, combien de fois son insuffisance n'est-elle pas mise à découvert et sa sagesse prise au dépourvu. Comme en tout le reste, il propose et un autre dispose. Une circonstance imprévue, une cause ignorée, suffisent encore pour amener tout autre chose que ce qu'il avait préparé.

Après le tribut d'admiration qu'on a coutume de payer avec fierté au génie de l'homme savant, il ne fallait pas oublier ce que nous devions à la vérité. Il y a un peu de vrai, mais encore plus de prétention dans le mot fameux mis sur le compte d'Archimède : « Donnez-moi un point d'appui et je soulèverai la terre ». Même dans les choses dont notre savoir nous rend l'exécution facile et le succès comme assuré, il est prudent de faire une part à l'imprévu. L'histoire nous dit que ni les célèbres machines de guerre, ni les puissants appareils attribués à l'illustre ingénieur qui défendait Syracuse, ne purent empêcher sa patrie de succomber sous les attaques de ses ennemis. Le talent militaire ou plutôt les qualités morales qui faisaient la force des Romains, rendirent inutiles les efforts du génie et la puissance de l'homme qui personnifiait en lui la science humaine de son temps. Preuve qu'il existe sans doute un bien de l'âme supérieur encore en puissance à cette science de l'homme. A vrai dire, quelques-uns pourront objecter ici que celle de notre époque dépasse de beaucoup celle des âges passés. Elle n'en est pas moins toujours celle d'un être qui a la même faiblesse et dont l'œil ne voit pas tout, être enfin dont les théories scientifiques n'ont pas cessé d'être changeantes, et dont les œuvres ont pour caractère de périr.

Les remarques qui précèdent ont-elles pour but de faire dédaigner la science humaine ? Gardons-nous de le dire, nous profitons trop de ses progrès et de ses applications. Mais autant on aime à louer ceux qui honorent l'esprit humain par de belles découvertes et d'utiles travaux, autant il nous faut être en garde contre cet orgueil démesuré, qui déconsidère la science par l'abus et l'exagération que certains en font. La modestie sied à l'homme véritablement savant, comme on l'a toujours remarqué, elle lui donne plus de prestige encore aux yeux des autres. Mais cette qualité n'est pas l'apanage de ceux qui l'exaltent au profit de leur science particulière et de leur propre personnalité, cette science s'appellerait-elle la chimie, l'astronomie ou d'un nom différent, et qui réclament pour elle « la direction morale des sociétés ». Cette tendance à faire une divinité de la science humaine, nous rappelle malgré nous le cas de ces hommes de la fin du XVIIIe siècle, abolissant la Religion chrétienne, pour mettre à la place sur les autels la déesse Raison. C'est ici une histoire dont la fin lamentable est assez connue.

Faut-il encore laisser passer sans protestation des paroles telles que celles-ci qu'on trouve plus d'une fois écrites ? « tant sait l'homme, tant il vaut ». C'est là ce qu'on ne peut admettre. Car, en définitive, ce n'est pas de la valeur vénale qu'on entend nous parler en s'exprimant ainsi, mais de cette valeur qui est synonyme de mérite. Le savoir donne un grand pouvoir à l'homme, nous en convenons pleinement, c'est un fait suffisamment établi. Mais le mérite n'est pas dans la puissance, il est dans l'acte qui en est la mise en exercice ; il est dans les services rendus et la nature de ces services. Or, chacun sait qu'il y a une grande différence entre ces deux choses : avoir de grands moyens, et faire beaucoup de bien ; se faire considérer des hommes, ou bien s'en faire aimer et servir leurs vrais intérêts.

Il nous reste encore à expliquer la seconde partie de notre sujet, et à développer la pensée cachée sous l'antithèse qu'elle renferme. Comment peut-on dire, en effet, qu'on ne commande à la nature qu'en lui obéissant ? Peut-on commander et obéir à la fois à une même puissance ? Que devons-nous entendre du moins par là ?

Considérons en premier lieu que la nature a des exigences et même des caprices auxquels les hommes font bien de céder. L'ouragan dévaste nos campagnes, l'incendie dévore nos palais, la tempête engloutit nos vaisseaux, la foudre frappe nos maisons, et si l'homme la détourne, elle ne manque pas d'aller frapper plus loin. Ce roi de la création doit donc se soumettre à des lois, ce potentat doit s'incliner devant un suzerain, ce maître enfin doit servir. Les forces naturelles sont donc en bien des cas irrésistibles, nous n'avons qu'à nous incliner et à plier devant elles comme le roseau de la fable, afin de n'être pas brisés. Mais alors comment leur commander en leur obéissant ? Encore une fois, que voulait nous dire par là l'homme de la science ? Créature raisonnable, l'homme, en effet, ne veut obéir qu'à un maître intelligent.

C'est sans doute en laissant ces forces libres dans leur action, mais en les détournant dans leur direction, de façon à les utiliser pour les faire servir à nos besoins. Or, c'est bien là ce que l'observation et l'étude ont enseigné à l'esprit humain à réaliser. Quand l'homme ordonne à la vapeur de le transporter sur les routes, c'est évidemment à condition de présenter à ce fluide des appareils dont les organes soient dociles à céder à sa force élastique, c'est-à-dire à la loi de la dilatation, qui est le caractère essentiel des gaz. Quand il commande à l'eau des rivières de mouvoir ses moulins ou ses machines outils, c'est à condition de la laisser libre d'agir par sa pesanteur naturelle sur des turbines ou autres appareils hydrauliques. Si dans les villes encore, l'homme charge l'électricité du soin d'éclairer ses rues et de remplacer le cheval, c'est seulement en tant que la loi des attractions et des répulsions, qui est celle du fluide électrique, pourra produire librement ses effets. Mais dans tous ces différents cas, l'homme ne fait que diriger la vapeur, l'eau, l'électricité. Il les gouverne comme il ferait d'un cheval, dont il emploie la force musculaire aux mêmes usages. Que s'il les dirige et les gouverne, assurément on peut dire qu'il leur commande et non qu'il leur obéit.

Toutefois, s'il connaît leur force et leurs qualités, il connaît aussi leurs défauts et les dangers auxquels leur emploi l'expose, et il leur obéit seulement en ce sens qu'il en tient compte, comme il le ferait en employant des bêtes sans intelligence, et en se méfiant de leurs écarts. Mais à vrai dire, sans jamais cesser d'être exposé à leur brutalité et à leur révolte, il en fait des serviteurs dont il demeure le maître intelligent, et dont il obtient ce qui est raisonnable et presque tout ce qu'il veut. Car souvent même, opposant les lois scientifiques l'une à l'autre, dirigeant, comme il lui convient, les forces issues de la matière, il fait produire à celle-ci des effets et des mouvements contraires à ceux qu'elle produirait, si elle était livrée à elle-même. Tandis que la loi de la pesanteur tendrait à faire descendre l'eau, il a recours à la loi de l'équilibre dans les vases communiquants, pour faire monter cette eau dans les tuyaux de pompe, l'obligeant en cela d'agir contrairement à sa tendance naturelle. Il semble même qu'il va parfois jusqu'à changer la nature des forces dont il dispose : avec du mouvement il fait de la lumière ou de la chaleur, avec de la chaleur il fait de l'électricité, avec celle-ci il fait du mouvement ou de la lumière.

Quand donc l'homme en agit ainsi avec la matière, quand il dirige ou transforme cette nature inférieure, c'est en la changeant en mieux au gré de ses désirs et en vue de ses besoins, et encore une fois c'est bien la preuve qu'il leur commande. Car la matière seule ne lui donnerait pas d'elle-même l'éclairage ni la traction électriques, ni la communication instantanée à grande distance. C'est en cela que la science ou l'art de l'homme lui donnent la puissance d'assujettir la nature et de l'améliorer. Après quoi, il faudrait être inconséquent et peu raisonnable, pour ne pas reconnaître dans cette tendance de l'esprit humain à perfectionner et à transformer en mieux cette nature, quelque chose de supérieur en lui à cette nature même, et comme la marque laissée dans l'homme par un Être surnaturel. C'est là ce qu'à tous les âges de l'humanité, la sagesse des nations a reconnu d'une façon plus ou moins obscure. C'est ce feu sacré que dans la vieille mythologie, Prométhée dérobait, au dire des païens, au père des dieux pour en animer sa statue d'argile. Pour parler un langage plus vrai, c'est une émanation, c'est ce souffle divin que l'Auteur de la nature inspira sur le premier homme au jour de sa création. Mais ce don surnaturel perdu par sa faute et recouvré par son obéissance, à quelle fin l'aurait-il reçu, sinon pour se former d'après le modèle sur lequel il a été créé, en vivant à l'imitation de Celui dont il est l'image et la ressemblance, par la communication d'une puissance qui lui donne une apparence de force créatrice, mais une apparence seulement.

À côté de cette puissance étonnante, il reste en effet la marque de cette faiblesse que nous avons dû rappeler, et qui demeure toujours, pour le retenir sur la pente de l'orgueil et le rappeler au sentiment de la réalité présente. Le poëte lui dit avec une exagération évidente

L'homme est un Dieu tombé qui se souvient des cieux (1).

C'est trop sans doute, ce serait assez de l'appeler enfant adoptif de Dieu. Mais il résulte de tant de témoignages, que ni la nature, ni la science de la nature, ne sont faits pour conduire l'homme, et qu'il se ravale en les érigeant en divinités. Par son âme intelligente, l'homme s'élève infiniment au dessus de cette création inférieure. Y obéir aveuglément c'est le propre de l'instinct, s'y asservir c'est le fait du pire des esclavages, et c'est le malheur de l'homme de chair et de sang. La destinée de l'homme raisonnable est de la soumettre en lui à un esprit éclairé d'en haut, et tout en comptant avec elle et en la soutenant, de la faire servir à cette perfection de son âme qui n'est pas connue des animaux sans raison.

(1) Lamartine.

XVI

Qu'est-ce que le remords ?
En quoi diffère-t-il de la pénitence ?
Suffit-il comme sanction morale ?

Le remords est ce tourment intérieur qu'un homme éprouve après avoir fait le mal. C'est le trouble dont son âme est remplie, quand il y a laissé entrer cet élément de désordre qu'on appelle le vice. C'est enfin l'inquiétude, l'agitation d'un cœur qui a cédé à la passion, et qu'un acte coupable a séparé de Dieu, son souverain bien et le lieu de son repos. Un tel sentiment succède au crime comme l'effet à la cause, ou comme l'ombre vient après le corps. Conséquence de la loi du mérite et du démérite gravée dans toute conscience humaine, et qui veut que la peine accompagne la faute ou la loi violée, comme la joie accompagne la bonne action ou le devoir accompli ; le remords ou reproche de la conscience est donc fatal, indépendant de la volonté. C'est en cela principalement qu'il diffère de la pénitence, comme nous allons le voir. Celle-ci désigne, en effet, un sentiment provoqué sans doute par le remords, mais suivi d'actes dépendant de notre liberté, c'est-à-dire de notre bon vouloir.

La pénitence est produite par ce regret ou repentir qui s'applique à effacer la tâche faite à l'âme : elle est l'expiation du crime et la réparation des ruines qu'il a causées. Dans son principe, elle commence par cette disposition de l'homme qui voudrait ne pas avoir fait le mal, dont il a vu les suites honteuses et funestes, et qui se promet de ne plus le commettre. C'est ainsi que le coupable entre dans des sentiments de pénitence. Ce n'est pas assez, et la justice, pour être satisfaite, demande encore des gages. Elle veut la compensation d'un acte né de l'orgueil : elle exige donc cet abaissement volontaire qui est la confusion ou la honte de la faute avouée ou reconnue, ce qui ne se fait bien que dans ce face à face sensible qui en est la déclaration. Cet humble aveu fait non pas tacitement, mais par l'organe de la parole, c'est le poison qu'on rejette, c'est l'iniquité évacuée, c'est l'enfant illégitime reconnu par son père. Il le faut humble sans doute, car le cynique qui n'entend guère le repentir, avoue aussi, et fait plus encore, puisqu'il l'étale impudemment. Quant à ceux qui verraient dans cet aveu une dégradation, ils ne connaissent pas le cœur humain, et ne savent pas qu'il y a une apparence d'abaissement ou confession de la vérité, qui sert à l'homme à se relever de sa chute. En dernier lieu, il faut y joindre le désir efficace ou la résolution sincère de la réparer par des actes appropriés à cet effet, car toute faute est un dommage causé à une âme. C'est ainsi que la pénitence est complète, et devient le retour de l'âme vers le bien qu'elle avait quitté. L'homme a retrouvé alors ce repos intérieur que la faute lui avait fait perdre, cette paix que la passion avait troublée : il est enfin rentré dans l'ordre dont il s'était écarté, et rétabli dans cette vraie joie de l'âme qui est son état normal.

Comme nous aurons à dissuader quelques penseurs qui ont cru trouver dans le remords une sanction de la loi, on nous permettra d'insister ici sur une distinction qui tire à conséquence. En s'arrêtant au remords, le coupable est dans le cas de l'homme qui regarde effrontément son juge, ou même qui détourne les regards du mal qu'il a commis, pour ne pas en voir la laideur et les suites. Au fond, il y a comme une lâcheté en cela. Tel est le cas de Caïn qui s'enfuit et s'éloigne du théâtre de son crime, croyant échapper à la justice vengeresse qui s'est dressée devant lui ; son âme s'endurcit, et le souvenir de son frère immolé à la satisfaction de sa passion jalouse est pour lui comme la tête de Méduse, qui change son cœur en pierre. Que faudra-t-il pour que le repentir commence à se manifester ? Il faudra que ce cœur dur s'amollisse en quelque sorte sous le feu intérieur, comme un métal prêt à se liquéfier et à fondre. Il faut enfin que son intention devenue mauvaise, que sa volonté pervertie, égarée, fasse un effort sur elle-même et par un mouvement de conversion se retourne vers Dieu qu'elle avait quitté. C'est alors le cas de l'enfant prodigue. Son âme s'est attendrie au souvenir de ce foyer paternel où régnait l'abondance. Il avait cru se satisfaire en cédant à la passion et affectant l'indépendance. Fatale illusion ! Pour se soustraire à l'autorité d'un père débonnaire, il était tombé dans la servitude d'un maître impitoyable, exigeant et dur. Instruit par l'expérience, il sent maintenant le poids d'une liberté dont il a abusé, il consent à se rendre à l'appel secret d'une conscience qui le sollicite. Il se lève, quitte ce vice dont il se faisait un lit de repos, et triomphant de cet ennemi de son corps et de son âme, retourne à la maison de ce père dont il a méconnu la bonté.

On comprend sans doute, après ce qui précède, comment le seul remords ne saurait être par lui-même une expiation suffisante du mal commis, et remplacer la pénitence, quelque pénible que soit le sentiment qu'il éveille en nous. Il ne lave pas la tache, il la fait voir seulement et en découvre la laideur dans l'âme défigurée. Que fait-il encore ? Il montre comme le remède à prendre, ou plutôt il fait sentir à l'âme la plaie qu'elle s'est faite et qu'elle doit guérir, pour recouvrer la santé atteinte et plus ou moins ébranlée. Sans doute le remords est un commencement de châtiment, et quand il est bien accueilli, une douleur salutaire. Mais à défaut de cette condition, il reste une souffrance morale stérile, une peine qui ne tourne pas au bien. Mais quoi ! ne le voit-on pas chez quelques hommes égarés par la passion amener le désespoir, qui est le pire des maux ? Oui, tant que la peine du remords n'est pas acceptée dans ses conséquences raisonnables qui le transforment en repentir, il demeure un remède inefficace. Et on le comprend, il n'est que la résistance à l'exhortation de la conscience, sollicitant notre bonne volonté. Et c'est pourquoi il ne saurait suffire à réparer les ruines d'un mal qui réside essentiellement et avant tout dans la dépravation de cette volonté, comme dans sa racine.

Ajoutons que le mal étant accompli par l'homme tout entier, en corps et en âme, il est juste que l'expiation soit l'œuvre de tout l'homme, et qu'elle intéresse les deux parties de son être. Ceci est d'autant moins douteux que les blessures faites par nos fautes atteignent le plus souvent notre prochain, et il en serait de même si elles nous atteignaient dans notre propre personne. Aussi voit-on tous les législateurs des peuples, à toutes les époques de l'histoire de l'humanité, ajouter des menaces de châtiments extérieurs et sensibles aux préceptes imposés à tous les membres des sociétés qu'ils voulaient organiser et civiliser. Telles sont les privations momentanées de la liberté, celle des biens matériels et même les afflictions corporelles. On sait bien qu'à défaut de cela, les codes seraient restés lettres mortes et que la justice humaine n'eût été qu'un vain mot. Ni Moïse, ni Solon, ni aucun jurisconsulte n'ont pensé là-dessus autrement.

Il s'est trouvé cependant des philosophes (qui l'aurait cru?) assez complaisants pour leurs faiblesses, ou peut-être assez aveugles et ignorants sur le sujet de la malice humaine, pour se figurer qu'on pourrait trouver dans ce remords une sanction suffisante, c'est-à-dire une garantie de l'observation de la loi. Cela paraît du moins l'opinion de ceux qui ont voulu fonder leur morale sur le sentiment de la dignité humaine. Au fond, c'est la croyance des partisans de la morale naturelle, et celle des sceptiques, s'ils voulaient reconnaître la nécessité d'une base à leur doctrine des

9

mœurs. En cela, ils comptent apparemment, sur un état de civilisation à venir, et sur une meilleure éducation donnée aux hommes en quête de progrès. Le mal, pensent ces sages du siècle, avilit, déshonore celui qui le commet, et l'homme raisonnable ne veut pas se déshonorer ; il sait d'ailleurs que le mal attire le mal. Il tient donc à son repos et à sa propre estime, comme il tient à jouir de celle des autres. Oui, certes, et c'est là, leur dirons-nous, un sentiment d'amour propre bien placé, capable de produire de grandes choses. Il y a une manière d'entendre la dignité humaine qui est le vrai point d'honneur, et qui peut devenir le mobile du devoir et des plus grandes vertus. Mais la question est de savoir, si cette dignité est comprise par les hommes comme il le faudrait, et si un tel sentiment est assez fort chez le grand nombre pour les garder de violer la justice. Hélas! on ne sait que trop combien il est insuffisant.

Le libre arbitre de l'homme est affligé d'un penchant naturel à cette sorte de mal qu'on appelle le plaisir déréglé, et dont la raison ne parvient pas, même chez les meilleurs et malgré l'amour inné du bien, à triompher sans efforts et sans peine. Voilà ce que ces penseurs ont l'air d'ignorer. Leur propre psychologie est ici en défaut, et ils méconnaissent trop ce que le cœur humain renferme de penchants égoïstes. Leur erreur consiste simplement à être trop fiers de la force de leur raison, et à vouloir dans leur orgueil faire l'homme meilleur qu'il n'est en réalité. Autrement dit, ils ont trop le sentiment de sa dignité et pas assez celui de son indignité. C'est là, croyons-nous, ce qu'on peut rappeler à quelques-uns, et cela sans médisance, ni injustice. Oui, si nous savions ce que c'est que le mal et quelles en sont les suites, nous ne le commettrions jamais ; si nous estimions le bien à sa valeur, et aimions la vertu comme elle le mérite, nous la pratiquerions généreusement et en serions les amis fidèles. Mais c'est là précisément de toutes les sciences la plus difficile et la moins cultivée des humains!

Que s'en suit-il ? C'est qu'il arrive malheureusement à plusieurs, dans la pratique, de faire fi de cette dignité humaine, et de se servir de cette noble raison pour étouffer le remords, en faisant taire cette voix d'une conscience gênante pour notre amour propre. C'est le souhait exprimé dans Athalie par le pontife de Baal :

> Et parmi les débris, le ravage et les morts,
> A force d'attentats perdre tous mes remords (1).

L'esprit humain est assez habile à se tromper, et ne réussit que trop à justifier, du moins à ses yeux, les actes coupables ou les intentions perverses, en s'attribuant très facilement le bénéfice des circonstances atténuantes, tandis qu'il est porté à rejeter la responsabilité sur les autres. Ne cherchons pas ailleurs que dans cette partialité la cause de toutes les médisances et querelles auxquelles les gens se livrent :

> Nous nous pardonnons tout et rien aux autres hommes,

dit l'apologue déjà cité. Comme elle est rare, dans la société du temps présent, cette justice de l'homme qui s'accuse non pas tant dans son for intérieur, ce qui est quelque chose sans doute, bien que cela coûte peu, mais de celui qui s'accuse en secret devant un confident, ce qui est un gage de repentir. Qu'en résulte-t-il ? C'est que beaucoup en arrivent à faire le mal en se riant, ils boivent l'iniquité comme l'eau. L'homme alors n'est pas loin d'avoir perdu la notion du juste. Quand cette lumière ne luit plus que très faiblement en lui, que peut être le remords que nous avons regardé comme l'ombre projetée dans l'âme par le mal ? A quoi peut-il se réduire dans un esprit rempli de ténèbres ? Il n'y a plus dans ce cas pour l'homme d'autre mal que le scandale criant, et tout ce qui échappe aux yeux d'autrui

---

(1) Athalie, acte III, sc. 3.

n'est pas loin de lui sembler permis. Quand il en est ainsi, le remords a presque disparu : il n'est plus que la crainte de la prison ou de l'échafaud.

Le remords ne saurait donc être une sanction, et parce qu'il ne répare pas le mal, et parce qu'il s'affaiblit à mesure que s'obscurcit la conscience, c'est-à-dire précisément quand le vice s'aggrave. Mais les peines qu'il a toujours fallu ajouter aux lois, défendant le crime manifeste afin de les faire respecter, ont été dans toute société civilisée les moyens indispensables, pour nous inspirer cette crainte salutaire qui nous éloigne de l'injustice. S'il en est ainsi de la répression des désordres apparents, il faut le croire encore plus de ce mal qui échappe aux yeux des autres. Il est beau d'aimer la justice pour elle-même, mais c'est là un sentiment presque surhumain. Et combien nombreux sont ceux de nous qui se méprennent là-dessus ! Nous pensons cependant qu'on sera assez sincère pour le reconnaître. On peut d'ailleurs constater facilement, tous les jours, que les châtiments temporels et passagers sont en pas mal de cas impuissants pour assurer le respect des lois, et nous détourner du mal. En cela, il faudrait même donner raison à ceux qui se plaignent et doutent de la Providence, si nous ne savions que des peines sont réservées dans une autre vie à ceux qui n'expient pas leurs fautes, et qui, en étouffant la voix de la conscience, s'obstinent dans le mal et abusent de leur liberté.

XVII

Analyse du sentiment de Pitié ; quelle est sa valeur morale ?

Nous appelons pitié l'état d'âme d'un homme qui s'afflige en présence d'un mal, et se dispose à y porter remède. Mélange de tristesse et d'amour, d'amertume et de douceur, un tel penchant doit être regardé ici comme un sentiment qui ne demeure pas stérile en nous, mais qui tend à se manifester au dehors par des marques et des signes évidents. Pour en apprécier la valeur morale et ne pas la réduire à une simple sensation, nous devons considérer une pitié intéressant toutes les puissances de l'âme. Sans doute, la sensibilité la fait naître, mais c'est la raison qui la forme et l'éclaire. Ajoutons que la volonté la gouverne. Il faut y joindre, en effet, la bonne disposition de cette dernière, car on ne concevrait pas qu'une pitié véritable ne fût mêlée de la bienveillance prête à recourir à des actes.

Avant de nous rendre bien compte de la manière dont se développe dans le cœur de l'homme, cette inclination, noble entre toutes, et qui le porte à guérir le mal par le bien, il importe de ne pas se tromper avec quelques-uns sur le vrai sens d'un mot, dont on se sert pour désigner les grandes misères humaines. Le mal, en effet, a été un jour défini par un de nos modernes : « la douleur d'autrui ». Mais il faut se garder de prendre cela pour une définition. On pourrait répéter à son auteur la réplique adressée par le roseau de la fable au chêne qui s'apitoye sur son sort :

« Votre compassion, lui répondit l'arbuste,
Part d'un bon naturel » (1).

(1) La Fontaine, Liv. I, Fab. 21.

Mais la vérité nous oblige ensuite à tenir un autre langage, et à voir dans le mal beaucoup plus que la peine du prochain. Ce serait le réduire à trop peu et méconnaître surtout son essence, que de le confondre avec ce qui en est simplement la suite, et de le limiter à cette peine naturelle, louable et légitime toutefois, que nous doivent causer les douleurs physiques de notre prochain, ainsi que ses souffrances morales. Il ne faut pas se dissimuler que cette misère est une conséquence de la dégradation de notre être, et qu'elle a ses racines dans l'âme et le corps de chacun de nous. Cet objet de notre pitié constitue comme un vice de notre condition présente : le mal est un ennemi de notre repos qui ne nous quitte guère, et tout homme, même bien né, est un mélange de bon et de mauvais, portant dans son être le germe corrompu de la double faiblesse morale et physique qui porte ce nom (1).

Après avoir dissipé, comme l'intérêt du sujet le commandait, une erreur que la fausse philosophie a essayé de faire admettre, à propos d'une notion très commune et à la fois très essentielle, nous pouvons maintenant considérer comment la pitié se forme, et de quelle façon les choses se passent dans l'âme humaine mise en présence de la misère d'autrui. Nous aurons à dire ensuite un mot de la pitié que doit nous inspirer la nôtre.

Le mal qui afflige notre prochain nous touchera sans doute d'autant plus qu'il sera plus grand, mais aussi, remarquons-le, d'autant plus qu'il menacera davantage de nous atteindre personnellement. Le malheur dont nous sommes témoins, les maux de nos proches et des personnes chères nous affectent, en effet, à un plus haut degré que ceux des gens éloignés ou absents, ou avec lesquels nous ne sommes pas liés. Dans tous les cas, notre sensibilité se trou-

---

(1) Le mal est ce défaut qui fait de nous des êtres corruptibles et, soit dit sans blesser personne, des êtres en partie corrompus.

vera d'abord péniblement affectée. Nul homme ne se plaît au spectacle de la souffrance, du dénûment, d'un accident tragique. Pourquoi ? parce que le mal est l'ennemi commun, parce qu'il est ce témoignage humiliant pour notre orgueil qui nous rappelle notre fragilité, et nous met en présence de notre faiblesse. Nous y voyons comme le fantôme qui nous présage notre destruction et la ruine de notre bonheur; et nous le fuirions volontiers plutôt que de nous compromettre avec lui, si la raison n'était pas là pour nous en empêcher et nous donner à réfléchir. Oui, l'impression douloureuse que produit sur nous l'aspect d'un malade, d'un blessé, d'un indigent en haillons, ne vaut, pour faire naître en nous la pitié, que grâce à cette noble faculté raisonnable qui nous élève au-dessus de la brute, en nous montrant dans celui qui souffre un de nos semblables, un égal, un membre de la même famille, enfant du même père céleste, un frère enfin appelé à partager un bonheur auquel nous sommes tous appelés. Pour si naturel et si vif que puisse paraître ce sentiment qui nous incline à la pitié, c'est la raison qui nous en fait un devoir. Ceux qui en douteraient encore, n'ont qu'à songer à ce qu'on a coutume de voir dans le cas de ces calamités et dangers publics, où chacun est exposé à être atteint par un fléau qui n'épargne personne, et comme il est vrai que le voisinage d'une maladie contagieuse, telle que la peste, ne nous peut faire trouver des motifs d'exercer la pitié, que dans le secours de la raison et même d'une raison éclairée. Peu importe de dire que ce sont là des cas exceptionnels : l'occasion fait voir ce que nous sommes, et c'est dans les grands périls que notre nature montre ce qu'elle vaut. Toujours est-il que la raison, naturelle si l'on veut, est autant que la sensibilité ce qui forme en nous cette inclination, par laquelle nous sommes portés à nous approcher des misères qui ne sont pas les nôtres, et des maux qui ne nous sont pas personnels.

Il est donc établi que la pitié, comme tout sentiment vraiment humain, est faite de sensibilité et de raison, avant même de s'être traduite au dehors. Mais dans quelle mesure ces deux puissances y entrent-elles? Quelle est celle des deux facultés qui jouera ici le principal rôle? C'est là ce qu'il est intéressant de savoir, car l'erreur là-dessus est possible, elle est même assez fréquente. Comme on le pense, il y va de l'intérêt de chacun et de tous de connaître ce qui peut favoriser dans l'homme l'exercice de la pitié, ou en d'autres termes, les qualités d'âme qui feront de nous des êtres plus ou moins secourables les uns aux autres.

En premier lieu, l'homme doué d'une grande sensibilité, soit par l'effet de la délicatesse de sa complexion naturelle, soit encore parce qu'il aura éprouvé dans le cours de sa vie les atteintes de l'infortune, connaîtra sans doute mieux qu'un autre l'amertume de la souffrance et le poids de la douleur. Ce sont là, semble-t-il d'abord, des conditions propres à nous rendre bons et compatissants, et la dernière surtout pourrait en amener quelques-uns à conclure, que ce noble penchant se développe naturellement avec les années, qui amènent toujours pour l'homme plus ou moins de misères. N'y comptons pas trop cependant et ne l'affirmons pas si vite. N'allons pas non plus, sur le même fondement, dénier ce sentiment à la jeunesse, comme le fait le fabuliste dans cette boutade connue :

> Cet âge est sans pitié.

Non, sans doute, l'enfant n'a pas l'expérience, mais il a du moins l'âme tendre. Quant à l'adversité, que la durée de la vie fait connaître à l'homme avancé en âge, elle peut aussi avoir amené en lui l'endurcissement du cœur, s'il n'y prend garde. A cet égard, ne nous faisons pas là-dessus des opinions très arrêtées. Toutefois, il faut le reconnaître : la pitié, peu connue des heureux du monde, se rencontre assez naturellement chez les gens qui ont été véritablement éprouvés, elle est familière aux malheureux. On connaît le vers souvent cité de l'Enéide :

Non ignara mali, miseris succurrere disco (1).

Tout compte fait, que faut-il en penser ? C'est qu'il ne suffira jamais à l'homme d'être sensible par tempérament, ni même d'avoir essuyé des revers de fortune ou enduré des maladies, pour être nécessairement très accessible à la pitié, si l'on n'admet aussi que chez lui la raison s'est développée et fortifiée, pour se mettre à l'unisson de la sensibilité. Cette dernière, en effet, qui prédispose à la pitié, a malheureusement aussi l'inconvénient de faire naître les obstacles qui la retiennent, et les défauts qui la neutralisent. N'est-il pas vrai que les gens très sensibles à leurs maux, très affectés de leurs peines, trop impressionnables enfin, sont par là même trop préoccupés de ce qui les touche pour s'intéresser beaucoup au sort des autres ? Tout noble sentiment demande, en effet, une âme un peu détachée, désintéressée d'elle-même, et ces qualités risquent fort de manquer à ceux qui sont dans le cas dont nous parlons. Que leur faudrait-il donc encore ? Il leur faudrait de plus d'avoir surmonté, dominé leur sensibilité. C'est une faculté dont nous sommes souvent les esclaves assez volontaires, et que la raison a pour rôle de surveiller et de bien gouverner. A cette dernière condition seulement, l'homme peut se dire éprouvé.

La même sensibilité qui peut rendre l'homme tendre et bon pour le prochain, peut donc aussi le rendre dur et mauvais, comme on voit l'argile s'endurcir sous l'action du même feu qui fait fondre la cire. Quelqu'un s'en étonnera-t-il ? et faut-il insister là-dessus ? Rien de plus aisé à montrer. Et en effet, céder aux premières atteintes de l'adversité ou de la douleur, s'émouvoir aux moindres sensations

(1) Mes malheurs m'ont appris à secourir les malheureux.

des peines morales ou physiques, chercher vite le remède aux plus petites incommodités, n'est-ce pas le mauvais côté de notre faculté de sentir? n'est-ce pas là le défaut commun au grand nombre et la faiblesse enfin de la plupart des âmes? Mais tout cela n'est-ce pas l'amour exagéré de soi, la recherche de ses aises? Et, pour dire le mot, n'est-ce pas le chemin qui aboutit à l'égoïsme, précisément le sentiment qui ferme le plus le cœur humain à la pitié?

Tenons pour certain que ce penchant qui attache l'homme à une santé dont il prend un soin excessif, le rend aussi peu apte à s'apitoyer sur les peines d'autrui que l'avare, attaché à l'argent, est peu propre à compatir à l'indigence par cette forme de pitié qui se traduit dans l'aumône. La disposition à la pitié réside dans la générosité d'âme, c'est-à-dire dans ce qui nous rend capables de nous gêner pour les autres. Concluons donc qu'une grande sensibilité, si elle est aveugle et mal dirigée, n'inspire pas, mais étoufferait plutôt en nous la pitié du prochain. Il faut que la raison l'éclaire en se développant dans la même mesure, il faut qu'elle la guide et la gouverne à la façon d'un coursier, en dominant le sentiment, pour le modérer ou l'exciter selon le cas et suivant les exigences légitimes de son objet.

Destinée à devenir le correctif d'une sensibilité fausse, la raison de l'homme réglera donc le sentiment qui l'incline à la compassion, en lui apprenant à être un peu dur pour lui-même, afin d'être tendre pour les autres. Quelque étrange que la chose puisse paraître à certains, il en est pourtant ainsi : une certaine sévérité pour soi est nécessaire à quiconque veut être véritablement bon et indulgent pour le prochain. Telle est la loi morale et telle en est aussi toute la difficulté. Mais à son tour, cette raison personnelle peut tomber dans l'excès, paralyser aussi notre pitié pour le prochain, et refroidir quelquefois cette forme de l'amour qui nous incline vers lui. Qui pourrait s'en étonner? L'égoïsme peut naître de l'abus de la raison, et n'est-il pas même très souvent la suite de l'orgueil de la raison? Dire cela, c'est rappeler une vérité que l'histoire des doctrines humaines atteste. Nous avons eu l'occasion de le remarquer. Cet orgueil de l'esprit fut dans l'ancien paganisme le défaut de ces penseurs qui avaient pris à tâche de nier la douleur, et qui pour rendre l'homme heureux, avaient cru pouvoir le faire impassible. Qu'en résultait-il? La pitié leur devenait une étrangère, et l'apathie stoïque est demeurée pour désigner le vice engendré par une doctrine qui donnait trop à la raison. Pour ne pas vouloir s'avouer sa faiblesse, pour ne pas, semble-t-il, savoir pâtir, l'homme arrivait à ne plus savoir compatir !

Oui, ce manque d'un amour qui nous fait prendre en compassion nos semblables que le mal afflige, ce défaut de bonté effective à leur égard naît aussi dans un esprit trop enflé du sentiment de sa propre excellence. Tel est le cas de l'homme refusant de confesser sa misère, et de s'humilier sous la loi de la suprême justice. C'est pour lui qu'est faite la moralité de l'apologue que nous rappelions tout à l'heure; le chêne altier est brisé par l'orage, pendant que l'arbuste résiste en pliant sous l'effort de la tempête. En dehors du témoignage historique que nous venons de citer, il suffirait à l'homme de vouloir se connaître tel qu'il est, pour arriver à la même conclusion: trop de logique peut étouffer la pitié et les sentiments les meilleurs. Ces raisonnements d'un esprit très habile à s'assurer son bien être et son avenir temporel, cette tendance encore à ne découvrir dans les maux du prochain et ses infortunes qu'une conséquence de ses fautes propres, et le châtiment de son imprévoyance, peuvent être autant de raisons qui ferment notre âme à l'indulgence et à la compassion du malheur. En regard de cette philosophie, combien fut mieux inspirée la doctrine qui vint nous apprendre à faire à autrui ce que nous voudrions qu'on nous fît à nous-mêmes !

Il resterait à considérer l'influence que la volonté vient

exercer dans la pitié, et à défaut de laquelle, ainsi que nous l'avons dit, une compassion qui ne s'exprimerait pas au dehors, quand rien ne l'empêche, risquerait fort d'être fausse ou menteuse. C'est ici qu'on en pourra mesurer la valeur morale, qui est assurément très grande. Tout sentiment est, en effet, de nature à être refoulé par la volonté, s'il est déclaré mauvais par le jugement de la raison, ou au contraire favorisé dans son libre cours pour passer de la puissance à l'acte, s'il est louable, faute de quoi il s'éteint. C'est même en cela que consiste le principal exercice de la vertu, qui se réduit à réprimer la passion mauvaise qui se déclare, et à céder au contraire à l'émotion noble et légitime. La sensibilité émue, le cœur attendri en présence des maux d'autrui, c'est la touche de Dieu, c'est l'impulsion vers le bien et le beau. Si l'âme s'arrêtait là, il serait à craindre que l'amour propre n'ait pris le dessus. Des résolutions généreuses doivent s'en suivre, et c'est la raison qui les dicte à la volonté. Quels seront dès lors les signes expressifs, les marques visibles, et en un mot, les témoignages que nous donnerons de notre pitié, pour en montrer la sincérité, en la rendant efficace dans son but, qui est de guérir, ou en tâchant du moins, autant qu'il se peut, d'adoucir le mal par le moyen du bien? Ils consisteront dans ces actes ou paroles que l'on nomme les œuvres de miséricorde corporelle ou spirituelle. Il ne saurait être question de les examiner ici, et nous n'avons pas à faire un cours de morale pratique. Mais il en fallait dire quelque chose, pour ne pas encourir le reproche que l'on entend faire quelquefois à certaine philosophie, d'être purement spéculative et trop dédaigneuse, comme aussi pour éclairer une philanthropie qui se séparerait de la charité, par suite d'une notion imparfaite et d'une conception étroite ou bornée qu'elle pourrait se faire de la véritable pitié.

Laissons toutefois de côté les œuvres de miséricorde corporelle dont on connaît les noms divers, et qui se multiplient comme les misères sociales. Ce n'est pas que nous ne les regardions comme moyens de première nécessité. Mais elles ne sont pas également à la portée de tous et on peut ne pas être en état d'y recourir ; leur importance extérieure n'est pas d'ailleurs toujours la mesure de la grandeur de notre compassion. En les pratiquant toutefois, tâchons que nos œuvres ne soient pas des corps sans âme. Qui ne le sait encore, il y a beaucoup de souffrances qui ne se soulagent pas à l'aide de ce qu'on peut appeler les moyens externes, et on trouve bien des maux presque inconsolables qui n'en doivent pas moins faire l'objet de notre pitié. Infirmités incurables, pertes irréparables de biens ou de personnes chères, indigence des conditions surtout, en présence de ces maux et d'autres où le remède est difficile à trouver, il est certes bien des cas où la compassion nous est encore commandée comme un devoir. C'est alors que les paroles de consolation inspirées par une affection sincère et bien sentie sont un soulagement réel pour le mal d'autrui. Savoir s'attendrir discrètement en présence de celui que l'infortune menace d'abattre, c'est en quelque sorte partager son mal, et tel est le sens du mot compassion. En cela, il faut seulement que ce soit le cœur qui dicte notre langage, et en vérité ce n'est pas une qualité commune, ni le talent de tous.

Mais dans ces cas ou d'autres semblables, que peut faire la volonté, demandera-t-on, pour nous apprendre le grand art de la pitié ? Beaucoup plus qu'on ne croit. C'est le bon vouloir qui nous fait appliquer d'abord l'attention de notre esprit et la ramener, quand elle s'égare, à ces pensées morales et ces vérités profondes de la foi capables dans l'occasion de nous émouvoir, d'inspirer notre langage et de régler jusqu'à notre attitude. La bonne volonté n'est-elle pas l'agent principal qui nous porte à ces démarches courageuses et prévenantes, propres à nous mettre en face de la souffrance dans les lieux où elle se réfugie et se cache, pour nous qui sommes trop enclins à nous en désintéresser comme d'une étrangère, ou à l'éviter comme une importune ? Qui ne voit que c'est là qu'on reçoit des leçons muettes, capables de nous former à la pitié encore plus que les considérations philosophiques. La vue de la souffrance courageusement supportée ne nous la fera plus apparaître comme le mal dont l'aspect nous repousse, mais plutôt comme l'expiation qui nous réhabilite ; elle relèvera le malheureux pour le grandir à nos yeux, et nous en inspirer l'estime et même le respect. Et comment avoir pitié de quelqu'un, si dans un sens on ne sait pas l'en estimer digne ? La pitié n'est-elle pas une sorte de piété qui ne va pas sans respect, et peut-on douter que deux mots si voisins ne viennent d'une même origine ?

Qu'est-il est besoin après cela de s'appliquer à montrer l'importance et la valeur morale de la pitié par de plus longs discours ? Elle n'est, en effet, que la charité du prochain sous un autre nom, une des premières vertus sociales, et sans laquelle on peut dire même que la fraternité si vantée demeurerait fausse, si elle ne devait nous lier qu'avec des compagnons de plaisir. Bien entendu, la pitié désigne ce sentiment qui nous incline au soulagement de tous les maux en général. Elle porte d'ailleurs avec elle, pour celui-là même qui l'exerce, une satisfaction qui en est une première récompense :

Le bien que l'on fait à son frère,
Pour le mal que l'on souffre est un soulagement (1).

Et qui de nous ne souffre t-il pas d'une façon ou d'une autre ? Quelque homme que nous soyons, serions-nous même, serions-nous surtout des heureux du monde, l'exercice de la pitié semble donc propre à nous relever de nos faiblesses et de nos fautes, en les expiant, et en guérissant

---

(1) Florian, Fables.

cette misère morale dont nul de nous n'est exempt. Le mal moral ! voilà bien en réalité le pire des maux, parce qu'il est la source d'où dérive le plus grand nombre des autres. Comment se fait-il qu'on n'en fasse pas plus de cas?

Il importe de se le rappeler en achevant, parce qu'il n'est n'est rien qui soit plus digne de pitié qu'une misère de cette nature. L'aveuglement de l'esprit, l'ignorance coupable des vérités nécessaires, et encore plus le dérèglement des passions et la corruption du cœur, voilà bien autant d'objets, dont nous devrions nous sentir encore plus affligés que du dérangement de notre santé et des maux extérieurs. Guérir l'homme de ses vices, serait assurément l'œuvre de miséricorde la plus urgente et le sujet de la pitié la mieux entendue. A ce point de vue, l'homme est-il raisonnable, et fait-il le cas qu'il doit d'un mal qui est la racine de la plupart des autres ? Pour ce qui regarde la misère morale du prochain, assurément nous sommes plus clairvoyants à la découvrir que la nôtre, nous y sommes assez sensibles au moins d'une certaine manière, et plus disposés à nous en plaindre et à la lui reprocher, qu'appliqués charitablement à la guérir. Chacun de nous paraît du moins s'y apitoyer plus que sur la sienne, contrairement à ce qu'il fait pour les maux du corps. Quant à celle qui nous est propre, trop souvent nous la dissimulons, nous l'entretenons sans nous en douter ; le souci de la guérir ne nous touche guère en général. Sous ce rapport, nous sommes, en fait, pour la plupart les ennemis de nous-mêmes. Il faut qu'on nous conjure d'avoir pitié de notre âme.

XVIII

LA CRAINTE DE FAIRE DES INGRATS DOIT-ELLE NOUS EMPÊCHER DE FAIRE LE BIEN ?

La reconnaissance est la vertu de l'homme qui ressent et apprécie le bien qu'on lui fait, et qui s'applique à son tour à rendre sous une forme ou une autre les témoignages de l'affection dont il a été l'objet. S'il n'est pas en état de rendre un service équivalent à celui qu'il a reçu, il donne toujours au moins des marques de sa bienveillance ; ce sont les remerciements et les paroles affectueuses, par lesquelles il montre à son bienfaiteur qu'il est prêt à s'acquitter envers lui par tous les moyens en son pouvoir. Un tel sentiment est une inclination si naturelle, qu'on voit les animaux eux-mêmes reconnaître à leur manière les soins dont ils sont entourés, en caressant ceux qui leur font du bien, et s'attachant parfois à eux jusqu'à les défendre même au péril de leur vie. Le récit que l'histoire a conservé de l'esclave Androclès, exposé aux bêtes dans le cirque et sauvé par un lion qu'il avait guéri d'une blessure au pied, est resté comme pour attester cette vérité consolante : le bien que nous faisons ne demeure pas stérile, et tout bienfait en appelle un autre en retour.

Au fond, un acte aussi conforme à la raison n'est qu'une forme du devoir de justice, qui veut qu'on rende quand on a reçu, et une loi naturelle nous montre encore que, dans tous les règnes de la création, les choses ne se passent pas autrement. L'eau versée par le ciel pour féconder la terre, lui retourne par le canal des fleuves et des mers, et les arbres eux-mêmes, inclinant vers le sol leurs rameaux chargés de fruits, semblent se montrer prêts à lui rendre ce qu'ils en ont reçu. De même que la vie cesserait de circuler dans la nature inférieure, si les éléments matériels qui lui sont empruntés ne lui étaient pas restitués, ainsi dans la société en doit-il aller de la vie morale. Elle tendrait à tarir, semble-t-il, si la reconnaissance ne venait de quelque part et sous une forme ou une autre pour répondre au bienfait.

S'il en doit être ainsi, on voit que l'ingratitude peut être regardée comme un vice contre nature. D'un autre côté, l'homme qui médite un acte de vertu à l'égard du prochain, est fondé à le vouloir accompagné de toutes les circonstances qui le relèvent, et qui le rendent irréprochable aux yeux de tous. Le bien qu'il fera ne doit pas, en d'autres termes, devenir une occasion de mal. Le désir qu'a l'auteur d'un bien à faire, de trouver la reconnaissance chez les personnes qu'il obligera, est donc un sentiment légitime, et c'est ainsi qu'on entend dire avec raison que nul n'aime à faire des ingrats. Aussi, quand nous serons dans le cas de rendre un service, et que nous aurons le choix entre deux personnes connues, l'une comme sensible à nos bons offices, l'autre comme indifférente au bienfait, l'hésitation ne sera guère possible. Si nous obligeons la première au lieu de l'autre, notre préférence sera justifiée par de bonnes raisons. En agissant autrement, l'homme au cœur bon en viendrait peut-être à douter de la Providence, et celui dont vous connaissez la dureté, n'en serait sans doute pas touché. Car il nous arrive souvent de rencontrer de ces âmes fermées à la reconnaissance, et que le bienfait ne saurait impressionner. Quelle en peut être la cause? Chez les grands, l'ingratitude peut être la suite d'un orgueil, qui leur fait estimer que tout est dû à leur condition et à leur personne ; et certains d'entre eux croiraient parfois nous obliger en acceptant nos services, peu éloignés du reste de croire qu'ils nous honorent trop en cela. Tel ce roi des animaux auquel le flatteur ose dire :

> Vous leur fîtes, Seigneur,
> En les croquant, beaucoup d'honneur.

Quant aux petits qui n'en sont pas exempts, l'ingratitude tient chez eux à une autre cause, qui toutefois n'est pas sans parenté d'origine avec la précédente. Elle peut être l'effet d'un sentiment d'envie, qui leur fait mal voir ceux qui sont élevés au-dessus d'eux, et regarder le bien fait comme une dette, qu'on est obligé de payer à leur misère imméritée. Ainsi, en dépit de notre amour de la justice, le manque de reconnaissance s'explique, s'il ne s'excuse pas. En haut comme en bas de l'échelle sociale, on rencontre des hommes ingrats, et il est naturel d'entendre dire qu'on ne veut pas les augmenter.

Partant de cette maxime qu'il faut obliger de préférence les hommes reconnaissants et les amis, quelques-uns sont allés plus loin. Un bienfait mal placé serait une mauvaise action à leurs yeux. Rien n'est plus vrai, quand le service rendu tourne au préjudice de celui qui le reçoit. Mais est-ce bien là tout ce qu'on entend communément par bienfait mal placé ? Il est bon ici de s'expliquer. Sauf des cas particuliers que nous verrons, et dans lesquels l'imprudence de celui qui rend service est manifeste, il pourrait y avoir dans un tel dire une opinion extrême, et qui ne serait pas sans danger moral. Quiconque voudrait s'en prévaloir dans toute sa conduite s'exposerait à verser peut-être dans l'égoïsme. Qu'est-ce en effet qu'un bienfait mal placé ? que doit-on entendre par là ?

Un argent mal placé, dit-on, est un argent qui ne rapporte qu'un très mince profit ou même des pertes. Au point de vue commercial, c'est une affaire peu réussie. Mais faire du bien, serait-ce faire le négoce ? La bienfaisance est une vertu sans doute; et celle-ci, quand elle est vraie, n'est-elle pas un fond solide et un capital à l'abri des atteintes de la mauvaise fortune? un placement de tout repos, comme s'expriment quelques gens d'affaires? Ne dit-on pas justement de la charité qu'elle ressemble au feu, qui se donne sans s'amoindrir et se communique sans rien perdre. Or, sans elle le bien que l'on pourrait faire serait-il de grande valeur? Les ressources qui alimentent la charité matérielle s'épuisent certainement par l'emploi. Aussi la prodigalité cesse-t-elle d'être une bonne habitude, et nul ne la conseille ni ne doit la pratiquer. Mais la quantité d'argent ne mesure ni la charité du bienfaiteur ni la grandeur du bienfait. Nous aurons donc à dire ce que serait un acte de bienfaisance mal placé. Mais dès à présent, et pour ne pas nous laisser conduire par de dangereuses maximes, qui tendraient à faire de l'exercice de la vertu un calcul d'intérêt et un simple négoce, appliquons-nous ici à distinguer. Nous aurons à considérer d'une part la cause et l'intérêt moral du bienfaiteur, et de l'autre ceux de la personne obligée. A cette condition, et dans l'ignorance où nous nous trouvons souvent de savoir de quelle façon le service accordé sera reçu, il est plus prudent ordinairement de prendre le parti de faire le bien, nous tenant plutôt pour assurés de ce que dit le proverbe: « un bienfait n'est jamais perdu ».

A ne considérer d'abord que l'homme qui est sollicité de faire un acte agréable et utile au prochain, sait-il bien toujours le mobile réel de cette prévoyance, qui le fait se préoccuper des suites prochaines du bienfait? peut-il pour l'ordinaire les connaître sûrement? Son amour propre ne peut-il pas lui montrer sous un faux jour les dispositions de cet homme auquel il est disposé à être utile? Sans doute, il veut l'aider dans quelque difficulté, le secourir dans quelque détresse, en se privant pour l'avantage d'autrui d'un superflu dont il pourrait lui-même jouir. Pour qui se connaît bien cependant, parfois à côté de nos inclinations les plus louables, ne se glisse-t-il pas quelque motif accessoire, capable de faire dévier la meilleure intention ? A certaines heures, l'amour propre est si subtil chez un homme, qu'il peut le faire se rechercher lui-même à son insu. On sera peut-être porté à se récrier contre ce dire. Et cependant, qui de nous aime-t-il, par exemple, que ses bonnes œuvres restent secrètes ? qui voudrait que le silence soit gardé sur sa bonne action ? Écartons la supposition d'un intérêt grossier de la part de celui qui fait le bien et rend service, les éloges du moins ne sont-ils pas cette forme de reconnaissance qui nous est une des plus chères ? Elle est sans doute la plus noble dans un sens. Mais l'ostentation, le désir de la renommée, cette sorte de vanité qui nous fait ambitionner la louange est un sentiment si commun et à la fois si subtil ! et volontiers nous risquons beaucoup de la prendre pour le désir d'édification. De toute manière, s'attendre à la reconnaissance de la personne qu'il s'agit d'obliger, c'est s'exposer à fonder le mérite d'un bienfait sur la base d'une espérance peu solide. Compter qu'on sera payé de retour, pour ne pas rendre le prochain coupable d'ingratitude, c'est risquer de s'aveugler bénévolement sur le véritable prix d'un bienfait.

Un tel sentiment a le défaut de nous faire ressembler à l'homme qui travaille pour un salaire. Mais qui ne sait que dans ce cas nous n'accorderions plus un bienfait, dont le caractère est d'être absolument gratuit ? Nous agirions comme le mercenaire, qui sert le prochain afin d'en être rémunéré. Rien de plus juste que la rétribution qui sera le prix de sa peine ; mais à faire cela, il n'y a pas de vertu. Si la reconnaissance est un devoir pour l'homme qu'on oblige, la générosité qui n'attend rien en retour, le désintéressement qui donne sans espoir de compensation, sont aussi le devoir du bienfaiteur. Le sacrifice est le caractère distinctif de tout bien accompli. La loi du bienfait veut que celui qui l'a reçu s'en souvienne, et que l'auteur au contraire l'oublie.

En définitive, si nous demeurons placés au point de vue

du bienfaiteur, et c'est celui dont il s'agit en ce moment, quelque légitime que soit sa crainte de faire un ingrat, souvent elle doit le céder à une autre plus légitime encore et plus louable, celle d'un aveuglement qui nous ferait avoir une attache immodérée pour ce qui est entre nos mains un moyen de faire le bien. La première crainte n'est que le souci de la perfection du prochain, la seconde est celui de la nôtre, qui doit nous être encore plus chère que celle d'autrui, et que nous devons avoir plus à cœur. C'est ici la meilleure façon d'entendre ce dicton dont il est assez commun de voir les gens abuser; première charité commence par soi. Il nous faut aimer une habitude qui nous rend bon, plus que nous ne devons haïr un vice qui montre en apparence le prochain insensible au bien qu'il reçoit; c'est le moyen de lui faire sentir notre générosité et le prix de la vertu. Voilà pourquoi, tout en haïssant le manque de gratitude chez le prochain, je ne dois pas légèrement refuser à l'homme le témoignage de ma bienveillance.

Que personne ne s'y trompe d'ailleurs. Tout cela ne va pas à nous rendre imprudents ni aveugles dans le bien que nous faisons, mais seulement à modérer le zèle, dont nous pourrions être quelquefois animés contre l'ingratitude des autres. Il n'est pas rare, en effet, d'entendre des gens se plaindre avec aigreur et des paroles amères, en voyant leurs bienfaits méconnus, leurs bonnes œuvres sans reconnaissance, disons plutôt sans récompense. Parfois ils en témoignent tout haut leur indignation, et ne sont pas loin de garder rancune à ceux qu'ils ont obligés, sans avoir été payés de retour. C'est pour eux que Fénelon a écrit :

> Ne rappelez jamais un service rendu ;
> Le bienfait qu'on reproche est un bienfait perdu.

Le premier de ces deux vers peut sembler avoir été appelé par les besoins de la rime. Pour ne pas être trop sévères, nous croyons, en effet, qu'on peut avoir de bonnes raisons pour rappeler un service accordé, à condition de le faire sans passion et avec calme et mesure. Le souvenir peut faire rentrer un ingrat en lui-même, émouvoir heureusement le cœur de notre prochain, à qui le temps ou une autre cause peuvent l'avoir fait oublier. Quant à reprocher le bienfait, c'est autre chose : c'est commencer à le regretter, et un tel repentir risque un peu de nous faire perdre la volonté de bien faire. Or, nous ne saurions nous causer à nous-même plus de tort ni un plus grand préjudice moral. Il n'y a pas loin de là pour passer à la malveillance.

Cela dit, assurément il est des occasions dans lesquelles obliger un méchant peut devenir une imprudence, et dans certaines circonstances, il y a lieu de s'en abstenir. Tel serait le cas d'un homme notoirement adonné à quelque vice, et à qui nous donnerions le moyen de satisfaire sa passion, en croyant lui faire du bien. C'est ce qui arriverait, par exemple, pour un homme ayant l'habitude journalière de l'ivrognerie ou du jeu, et auquel on fournirait de l'argent. Mais ceci, loin d'être un bon service, serait un moyen donné de faire le mal, et reviendrait à mettre une arme entre les mains d'un malfaiteur, un outil d'un maniement dangereux au pouvoir d'un enfant. Aussi, le bienfait n'est-il pas un acte qu'on doive faire sans aucun discernement et comme les yeux fermés. Il est prudent de savoir à qui l'on donne, et autant qu'on peut, savoir en vue de quoi l'on donne.

Les occasions comme celles que nous venons de citer sont des cas où le bienfait serait mal placé, et où le refus est un acte de prudence et même un service. En dehors des cas semblables, et quand nous sommes sollicités à faire du bien, il ne faudrait pas d'un autre côté être prudents à l'excès vis-à-vis de celui qui le recevra, exiger enfin de lui qu'il soit à tous les points de vue un sujet irréprochable. De telles gens n'auraient pas besoin de nos bienfaits. Outre que l'égoïsme est pas mal habile à se justifier et adroit à se servir de toutes les ressources, n'oublions pas aussi que faire du bien au prochain, c'est dans le sens profond du mot s'appliquer à rendre son âme bonne, et à guérir quelque plaie de cette âme affligée ou égarée. Quand cette reconnaissance à laquelle l'homme obligé est tenu, ne se manifesterait pas par de bons effets, aussitôt que nous le voudrions, ne nous hâtons pas de conclure pour cela contre lui. Sa plaie peut être grave. Cette gratitude peut être lente à se produire, elle peut se témoigner par la suite de la façon que nous ne pensions pas, dans une occasion où nous n'y comptions guère, et où elle ne nous en sera que plus sensible. Mais encore, ainsi qu'on l'a vu, la preuve évidente de désintéressement que nous donnerons, en paraissant avoir oublié le service que nous avons rendu, peut servir à toucher un homme égoïste qui ne croit pas facilement à la générosité des autres. Or, un tel homme est précisément celui qui est porté à l'ingratitude, et dont le cœur dur ne peut être amolli que par de grands exemples. Le bien que l'on fait en touchant et convertissant au bien une âme endurcie, vaut à lui seul plus que des services rendus à plusieurs amis, dont l'affection nous est acquise. Ceci soit dit sans nous faire oublier tout ce que nous devons accorder à ceux qui méritent nos préférences légitimes.

En résumé, que nous nous appliquions à bien placer nos bons offices désintéressés, rien n'est plus naturel, l'ordre et la raison le veulent ainsi. Notre joie n'en sera que plus grande et plus légitime. Mais la crainte de faire des ingrats ne doit pas nous empêcher de faire le bien. Tâchons plutôt d'accompagner nos services et nos bonnes œuvres de toutes les qualités qui leur mériteront le nom de bienfaits, et de ne pas nous méprendre sur la vraie charité. Ce n'est pas un vain mot que ce dire : « fais ce que dois, advienne que pourra ». Il y a une philanthropie qui trouve dans ses œuvres un profit temporel, une autre qui donne en échange des satisfactions accordées à son amour du plaisir. On en pensera ce qu'on voudra, mais que de mal, avouons-le, ne se mêle-t-il pas quelquefois à certains genres de bienfaisance, surtout à celle qui revêt le caractère de la publicité. A ne parler toutefois que de celle qui n'a pas cette marque, et qui consiste dans des œuvres personnelles, rappelons-nous que la forme qu'on leur donne, les paroles qui les accompagnent, peuvent en multiplier beaucoup la valeur. Ce n'est pas trop de dire avec l'auteur cité déjà :

> Donnez de bonne grâce : agréable manière
> Ajoute un nouveau prix au présent qu'on veut faire.

Allons plus loin. Quand le bienfaiteur entoure son acte de toutes les conditions et qualités qui le peuvent rendre accompli, le souci de la reconnaissance qui doit suivre ne l'inquiètera guère. Après tout, c'est un exercice de vertu, et un acte très méritoire que de supporter un ingrat. En définitive, si cela est difficile, à ne considérer que l'intérêt moral du donateur, est-il sûr qu'il est meilleur pour lui de récolter la gratitude que de s'en passer ? C'est un point au moins douteux.

Il y a dans la reconnaissance que nous témoigne la personne obligée un secours pour notre faiblesse, un encouragement pour notre zèle, mais c'est tout. Les louanges, les actions de grâces excitent assez ordinairement chez celui qui les reçoit des sentiments de complaisance et d'orgueil dont il faut, à part nous, savoir nous défendre, ce qui est assez malaisé à l'amour propre. Il faudrait, en effet, les renvoyer à Dieu, auteur et principe de tout bien, et à qui revient honneur et gloire. Les services rendus que nous recevons en retour des nôtres sont dans l'ordre, sans doute, comme nous l'avons vu, mais encore ne sont-ils pas des satisfactions qui peuvent être une sorte de salaire pour nos bonnes œuvres ? Recevons-les toujours avec plaisir, car il y aurait mauvaise grâce à vouloir le contraire. Du moins, ne les prenons pas pour des dettes qu'on nous paye, et contentons-nous en cela du minimum, nous rappelant quel est le prix de la vraie vertu. En rapportant le bienfait à Dieu comme à son principe, et nous regardant comme les instruments imparfaits dont sa Providence se sert, nous verrons aussi que la reconnaissance doit venir de la même source. Si elle nous manque pour le présent, le mérite du bienfait n'en sera que plus grand assurément, pour celui qui est assez fort pour se priver des récompenses temporelles qui accompagnent la vertu. C'est surtout alors que sa conscience lui en fera sentir le mérite, et sans avoir rien perdu pour attendre, le bien qu'il aura fait lui sera rendu au centuple. Il est d'ailleurs prudent de se regarder comme débiteur de cette Providence, et de faire servir à nous libérer le bien que nous faisons au prochain. Heureux qui sait s'acquitter à ce prix !

XIX

Qu'est-ce que le scepticisme ?

Le scepticisme est le doute systématique, c'est-à-dire tendant à passer à l'état de doctrine. Mais ce dernier mot appliqué au scepticisme renfermerait un non sens. Et en effet, toute doctrine enseigne, autrement dit, affirme quelque chose, au lieu que le sceptique n'affirme pas, puisqu'il ne croit pas.

On peut douter provisoirement, hésiter à croire, ne pas

se hâter d'affirmer ou de nier. Cette disposition d'un esprit qui réserve son jugement, et qui diffère le parti à prendre en face d'une question importante à résoudre, est une chose admise, pourvu qu'elle ne dure pas. Elle est souvent une pratique louable. Au fond, un tel doute peut n'être que la prudence d'un esprit qui connaît son insuffisance et sa facilité à commettre l'erreur. Le philosophe, le savant, l'homme sensé y recourent pour découvrir le vrai. Agir autrement serait présomption. Mais un tel état d'esprit n'est que transitoire. Faire d'un pareil doute une habitude ou un état permanent, n'affirmer rien nettement, ne rien nier franchement, refuser enfin d'admettre aucune vérité formulée en termes précis et invariables, telle est au contraire la malheureuse disposition d'esprit du sceptique, que nous chercherons à mieux connaître dans ce qui suit.

On a dit que le scepticisme consistait à nier l'existence de la vérité, ou la possibilité de la connaître d'une manière certaine. Mais se déclarer incapable d'arriver au vrai pourrait bien être une façon détournée d'en nier l'existence, et en réalité, une fausse modestie. En allant au fond des choses, ne pas croire au vrai ne reviendrait-il pas au même que croire au faux? et la négation de la vérité ne peut-elle pas être regardée comme l'affirmation de l'erreur ou l'acceptation du mensonge? C'est ce que nous verrons clairement en arrivant à notre conclusion. Dès à présent nous essayerons de montrer que vouloir nier l'existence de la vérité, c'est pour l'homme à peu près la même chose que chercher à se nier lui-même, ou encore c'est vouloir abdiquer la raison et le sens commun. Pour cela, nous considérerons le scepticisme successivement dans l'ordre physique, dans l'ordre intellectuel et enfin dans le domaine moral. Après avoir vu dans ces trois cas les contradictions et les absurdités qu'il renferme, nous serons amenés à conclure qu'il cache une vraie faiblesse d'esprit, et quelquefois même une déplorable lâcheté.

Poussé jusqu'à ses dernières conséquences, le scepticisme serait arrivé chez certains, paraît-il, à les faire douter du témoignage des sens. Dans le langage ordinaire, cela s'appellerait ne pas en croire à ses yeux ni à ses oreilles. Pour ceux-là, les impressions que les sens nous apportent des choses du dehors, ne prouveraient pas que ces choses existent réellement. Tel est le pyrrhonisme, que le bon sens aurait peine à prendre au sérieux, et où l'homme raisonnable serait porté à ne voir qu'une plaisanterie. Les sens ne sont que des organes, ou encore des instruments avec lesquels nous apprenons à connaître ; seul, l'esprit humain est l'agent qui connaît les choses, même celles du monde matériel extérieur. Que nos yeux, nos oreilles et autres organes des sens puissent se tromper ou nous fassent tromper parfois, c'est incontestable. Mais alors, à dire vrai, c'est l'esprit qui se trompe, parce qu'il juge trop vite : il interprète mal les impressions reçues, et ne tient pas compte de l'imperfection de l'instrument et des défauts de l'organe. Hélas ! cet esprit ne se trompe-t-il pas même parfois bénévolement. Comme l'exprime la moralité :

> On voit ici ce que l'on souhaite,
> On voit là-bas ce qui déplaît (1).

Ici ce qu'on désire, c'est-à-dire en notre présence et de façon à n'en point douter, là-bas ce qui déplaît, c'est-à-dire dans un lointain où l'esprit le perd de vue ; et cette remarque, si elle était approfondie, expliquerait déjà bien des négations et des doutes. Mais pour ne pas anticiper, et pour en revenir à l'illusion que les sens nous rendent possible, le seul fait en vertu duquel l'esprit discerne l'erreur commise, n'est-il pas déjà une preuve de l'existence de la vérité, ainsi que de la connaissance intime et personnelle que l'homme en a ? Tout jugement n'est que le résultat d'une

---

(1) Florian. Le chat et la lunette.

comparaison. Dès lors, dire ceci est faux ou voilà une erreur, ne revient-il pas à dire : telle chose n'est pas conforme à une vérité dont mon âme porte la marque, dont elle a l'image et possède la notion ?

Ainsi, rejeter ou nier absolument la validité du témoignage des sens, c'est nier l'agent même de la connaissance, l'esprit humain, pour qui les sens ne sont que des instruments. Mais si un tel scepticisme, qui touche comme on voit au matérialisme, était autre chose qu'un défi jeté au bon sens et un abus de l'art de la parole, on devrait voir ceux qui l'enseignent conséquents avec leurs opinions. Demandez-leur comment il se peut qu'ils usent selon leurs désirs des choses du monde extérieur qui n'ont point de réalité. Les actes répondront pour eux. Mettez sous les yeux de telles gens des pièces d'or ou des mets délicats avec la faculté d'en disposer, et vous verrez que toutes ces choses ont sur le champ pour eux une réalité incontestable, évidente, à la fois objective et subjective. Qu'on nous dise plutôt que ces biens extérieurs, tout réels qu'ils sont, n'ont ni la consistance, ni l'importance que leur attachent les hommes, et qu'il ne faut pas beaucoup compter sur eux, à la bonne heure ! Et alors les partisans du pyrrhonisme, s'il y en a, ne seront pas éloignés de la vérité.

Dans le domaine intellectuel il y aurait un scepticisme moins étrange que le précédent. Il se bornerait à rejeter la certitude par rapport à un genre de connaissances, telles que sont les vérités simplement spéculatives. On soupçonne bien, sans se montrer trop défiant, que cette négation ne va pas seule, et qu'en définitive, on ne rejette l'enseignement de la théorie qu'en tant qu'elle a des conséquences pratiques qui ne nous vont pas. Pour le moment, admettons l'existence d'un tel scepticisme. Nous allons le voir aboutir aux mêmes conséquences matérialistes. Et en effet, posons-nous cette question élémentaire. Qu'est-ce que l'âme ? qu'est-ce que la raison ?

Ou bien l'âme n'est rien, ou bien c'est cette partie de l'homme qui porte sa double nature vers une réalité d'ordre supérieur, une nature invisible que nous appellerons Dieu, premier principe, vérité première, comme on voudra. Telle est, en effet, la relation existant entre la terre et les corps terrestres, tel aussi l'attrait de l'âme vers cet idéal qui l'attire. Quant à cette raison qui, sous un nom différent, désigne au fond une même chose, n'est-elle pas encore cet agent qui, uni en nous à la matière, fait de la personne humaine une créature dont le caractère essentiel est la faculté de discerner le vrai du faux. Ôter cet attribut à l'homme ou bien lui refuser ce discernement, n'est-ce pas le nier lui-même et tout ce qui le distingue du reste des êtres visibles ? N'est-ce pas abdiquer la raison ?

En fait, on ne voit guère de penseurs sceptiques ou autres nier ou révoquer en doute les lois établies, les propositions démontrées par les sciences exactes ou expérimentales, ni même les conclusions d'un raisonnement juste, quel qu'il soit. C'est qu'elles sont les conséquences logiques plus ou moins éloignées d'un petit nombre d'axiomes ou notions presque banales, qu'on ne peut rejeter, sans passer pour manquer de ce qu'on nomme le sens commun. On lit cependant dans les écrits de ces hommes rares qui soutiennent le scepticisme, de ces sortes d'affirmations qu'ils n'auraient pas le front sans doute d'exprimer verbalement dans un entretien avec des gens sérieux. Mais dans les livres, c'est autre chose, parce que l'auteur disparaît aux yeux. Voici donc un de ces arguments, et le plus fort sans doute dans l'opinion des sceptiques.

La raison humaine, paraît-il, ne peut établir ses droits à s'imposer à notre créance ; elle ne peut nous donner des preuves de sa véracité. — Et comment le pourrait-elle ? une telle exigence n'est-elle pas une absurdité ? La faculté appelée raison se réduit en dernière analyse à un ou deux principes essentiels, origine de toute logique, de toute argumentation ou jugement, tel que celui qu'on nomme principe de la raison d'être, et que nous avons eu déjà l'occasion de formuler ailleurs. Principe à l'aide duquel toute démonstration doit se faire, conçoit-on qu'on puisse en demander la preuve ou démontrer la véracité ? C'est à prendre ou à laisser. Autant vaudrait contester l'existence de la lumière, ou exiger qu'on explique comment elle éclaire les corps et les rend visibles, avant de se résoudre à dire qu'on les voit. Regarder la raison comme incapable de nous conduire et comme une faculté qui nous abuse et nous trompe, c'est faire de l'homme l'œuvre d'un être aveugle ou mauvais. On voit d'ici où cela nous mène. Remarquons aussi que ces partisans d'un scepticisme qui se retranche derrière l'incapacité de la raison à établir son autorité, sont toutefois très habiles généralement à raisonner leurs intérêts personnels, et que les jugements de cette même raison font autorité à leurs yeux, quand il est question de régler leurs affaires particulières. Quelqu'un pourrait-il s'expliquer une telle contradiction ? Et en songeant à cela, est-il possible de prendre leur scepticisme au sérieux ?

Nous allons d'ailleurs avoir l'explication de ces anomalies, en parlant de cette dernière forme de l'erreur qui nie ou refuse d'admettre les vérités d'ordre moral, ou le scepticisme spéculatif et pratique. Ceci n'est rien moins que la négation de toute religion positive. Nos opinions, nos croyances, ne sont-elles pas en effet les déterminants de nos actes ? Or, dans un esprit qui n'admettra aucune doctrine, quel devoir, quelle vertu peut-on édifier sur des négations ? Là où il n'y aurait aucune conviction, quels pourraient être les points de départ des résolutions ? En fait, un état d'âme tel que celui d'un homme qui n'affirmerait rien, qui n'espérerait rien et ne croirait rien, cela ne peut se concevoir. Aussi voyons-nous les soi-disant partisans du scepticisme montrer très clairement qu'ils croient quelque chose, en faisant voir assez de résolution pour combattre, par exemple, les convictions chrétiennes. Dans un temps où la foi s'est affaiblie, c'est un fait à signaler, à savoir avec quelle vigueur et toutefois avec quelle pauvreté de raisons, on attaque une doctrine, qui s'affirme dans des articles et des dogmes précis.

Est-ce trop de dire cependant qu'en fait de doctrine, de théorie, de science enfin, il n'y a de raisonnable et de possible que l'affirmation ou la négation, et que le doute qui se place entre les deux, c'est, de son véritable nom, l'ignorance ? Or, cette ignorance ne peut être en fait de science attribuée aux sceptiques modernes, qui ne manquent pas de connaissances. Sur ce point ils ont des certitudes, ils croient à des vérités d'un certain ordre. D'ailleurs, dans ce domaine de connaissances sans intérêt immédiat pour la conduite de la vie, l'ignorance d'un homme serait excusable. Elle ne l'est plus quand elle a trait à la science pratique des devoirs. Voilà ce qu'il convient de rappeler aux sceptiques et aux défenseurs d'autres doctrines très commodes, qui, sous le masque de tolérance, de liberté ou autres vocables analogues, autorisent tout sans commander rien, croyant se bien tenir dans un milieu impossible entre le oui et le non, et professer l'indifférence à l'égard de la vérité comme de l'erreur.

Il est juste de dire, d'ailleurs, que les dernières racines du scepticisme intégral se trouvent moins dans l'esprit de l'homme que dans son cœur. Il ne croit pas à la vérité, simplement parce qu'il lui en coûte de vivre selon les préceptes qu'elle nous dicte. Mais au fond, est-il un homme qui ne cherche, n'aime, ne croie quelque chose de vrai ou de faux ? Non, sans doute. Les négations ou les doutes du scepticisme s'expliquent, sans se justifier toutefois. Atteinte par le caractère impératif des vérités morales, notre liberté ne se résout pas facilement à les suivre dans leurs conséquences. Elle s'en effraye et c'est manque de cœur, ou encore elle croirait s'abaisser et sacrifier son indépendance. Grande illusion après tout. Une volonté qui se refuse à suivre un attrait, ne se retire d'un côté que pour se porter vers un autre. On ne se dérobe à la loi de la conscience que pour suivre la passion ; on ne se soustrait à la raison que pour s'assujettir au préjugé. Être sceptique au regard de la vérité, n'empêche pas d'être amoureux de la vanité et fermement attaché à l'erreur. Nous en savons du moins la cause. Le pain du mensonge est doux à l'homme. Mais on ne nie les choses de l'esprit que pour verser dans celles de la matière, et le scepticisme conduit directement au matérialisme.

XX

Du rôle du sentiment dans la conduite des hommes et du besoin indispensable qu'il a d'être éclairé par la réflexion.

Ce que l'instinct est dans la vie de l'animal, le sentiment paraît l'être dans la conduite du plus grand nombre des hommes. On pourrait le regarder comme une sensibilité d'ordre supérieur, intermédiaire entre celle-là et l'intelligence et qui ne dépend pas immédiatement des sens ainsi que la première. Voisin de la passion qui se prend le plus souvent en mauvaise part, et marque le mouvement violent et déréglé, le sentiment doit en être ici distingué : il désigne, en général du moins, quelque chose de meilleur, et rappelle l'idée d'un mouvement plus calme et mieux inspiré. Nous constaterons d'abord qu'il est le moteur ordinaire des actes humains. Mais la vie de l'homme étant ordonnée à une fin supérieure, que la raison est destinée à lui montrer, le sentiment, aveugle par lui-même, doit d'une part être éclairé par cette lumière de notre âme. D'un autre côté, comme nous le verrons ensuite, la raison trouve, à son tour, dans le sentiment, un secours pour sa faiblesse. Si nous devons la regarder comme la boussole appelée à diriger le vaisseau, le sentiment est comme le souffle du vent qui le fait se mettre en route.

Considérons d'abord que tous les actes dont notre existence est composée, ont pour fin un avantage personnel ou un intérêt social. L'homme se nourrit, se divertit et se repose, travaille de la tête ou des bras, pour lui-même ou pour les autres. Dans toutes ces manifestations diverses de son activité qui résument sa vie, rendons-nous compte de ce qui le fait agir.

Tant qu'il ne cherche qu'à satisfaire des besoins physiques, comme dans le mouvement qui le porte à manger, dormir et se récréer, il obéit évidemment à un sentiment de plaisir ou de douleur, qui appartient proprement à la sensibilité. Tels sont l'appétit, le besoin de délassement ou aversion de la peine produite par la fatigue. Aussi le sentiment se prend parfois pour la simple sensibilité, parce que s'il tient beaucoup plus qu'elle de la nature de l'âme, celle-ci du moins ne se désintéresse jamais du corps auquel elle est attachée. Passons de ces phénomènes de la vie animale à des actes d'un caractère plus élevé, comme le travail, nous verrons encore que le sentiment en est le mobile ou le principe.

L'enfant travaille en cédant à la crainte que lui inspire la pensée du châtiment, dont ses parents et ses maîtres le menacent. C'est là cette crainte du Seigneur qui est le commencement de sa sagesse. On le voit plus tard obéir à la honte que lui attirerait l'ignorance, et quelquefois encore à ce sentiment d'orgueil que donne la science acquise. Prenons-le dans un âge plus avancé, devenu ouvrier, homme d'affaires ou de lettres ; les choses ne se passeront guère autrement. Sous des noms différents, l'amour ou la haine, empruntant une forme ou une autre, commencera par le faire agir. Désir de l'honneur, soif du bien-être, intérêt matériel ou moral, autant de penchants vers une satisfaction bonne ou mauvaise, c'est-à-dire autant de formes de sentiment, légitimes ou déréglées, voilà bien les mobiles de la plupart des actes qui ont pour fin notre propre personne.

En sera-t-il de même dans les autres cas ? Il semble que l'on doit être moins affirmatif, quand on voit l'homme agir en vue du bien général, et se dépenser principalement pour l'avantage d'autrui. Peut-on dire ici qu'il n'est pas mû par une raison désintéressée ? C'est ce qu'il faut examiner de près. Avant tout, gardons-nous bien au moins de croire, avec La Rochefoucauld, que la vertu ne soit l'effet que d'un égoïsme déguisé. C'est là un sentiment que la raison condamne hautement. Toutefois, sans déconsidérer ici les hommes exerçant des charges publiques, et servant leur pays, par exemple dans la magistrature ou dans l'armée, n'est-il pas permis de penser que, si l'accomplissement de pareilles fonctions est surtout un devoir dicté par la raison, nous savons presque tous les concilier avec le soin de notre intérêt propre et la recherche de notre bien personnel ? chose d'ailleurs naturelle, légitime. Il suffit, en effet, de subordonner celui-ci à l'intérêt général, et la justice vulgaire ne commande pas une abnégation complète. Ici encore, le sentiment peut bien, comme il arrive, et sans forfaire, prendre les devants parmi les mobiles de notre conduite. Mais encore, n'avons-nous pas coutume de dire de ceux mêmes qui s'acquittent de pareilles fonctions avec le plus de dévouement, et qui se montrent les plus désintéressés, qu'ils obéissent dans ce cas au sentiment du devoir ? Sans doute, et c'est là une passion, la plus raisonnable de toutes, mais un devoir dans lequel, tout bien considéré, le sentiment de l'honneur ou de l'estime qui nous en revient est le premier à trouver son compte, heureux encore quand l'homme ne cède pas à d'autres attraits moins louables et moins avouables !

En réalité, tous les hommes sont fiers de se conformer à la loi du devoir, en travaillant au bien des autres, quand ce n'est pas la crainte du châtiment, ou la honte du déshonneur qui les empêche de s'y soustraire. Ainsi, en définitive, un bien de quelque ordre à obtenir, ou un mal à éviter, un avantage de quelque nature en un mot, doit briller à l'esprit pour provoquer le mouvement qui fait agir. C'est là souvent une faiblesse, si l'on veut, mais qui est générale. Elle est d'ailleurs naïvement rappelée dans la moralité d'un apologue connu, qu'il ne faut pas cependant prendre inconsidérément pour une maxime :

> Ainsi notre intérêt est toujours la boussole
> Que suivent nos opinions (1)

C'est ici, en effet, que la raison doit se hâter d'intervenir pour empêcher la passion d'usurper son rôle, c'est-à-dire afin de contrôler cet amour ou de régler cet intérêt qui nous attire. Car il y a des intérêts bas et grossiers et d'autres nobles et légitimes; il y a l'intérêt du moment présent et celui de l'avenir, celui de l'âme et celui du corps ; il y a un amour qui nous dégrade et un autre qui nous honore. Or, c'est là ce que la droite raison peut nous faire distinguer, car cette faculté maîtresse n'a pas d'autre mission à remplir que celle de nous éclairer. Tous d'ailleurs nous en convenons, fiers que nous sommes de notre titre d'êtres libres et raisonnables. Mais dès lors pourquoi, dans la pratique, les hommes ne le sont-ils pas tous et toujours ? Pourquoi du moins cette raison, comme nous l'avons reconnu, n'est-elle pas la force qui dans nos actes donne le branle et la première impulsion ?

(1) Florian, Fab.

Avouons tout d'abord que l'étude de l'art de penser n'est pas l'objet des préoccupations du grand nombre. Pour beaucoup d'entre nous, la logique demeure science fermée. Chez les uns, la cause en est dans le manque de moyens ou de temps, qui fait que leurs jours sont presque entièrement occupés aux soins réclamés par les exigences de la vie matérielle. Pour d'autres, c'est leur peu de disposition ou la paresse naturelle, qui les détournent de l'effort à faire pour s'instruire sérieusement, et paralysent chez eux le développement de l'intelligence. Ajoutons à cela, qu'au milieu des circonstances compliquées où notre existence se passe, il se présente des situations dans lesquelles on est embarrassé sur le parti à prendre, on peut avoir de bonnes raisons pour et d'autres contre ; il y a des choses qui ne sont pas évidentes, même aux mieux intentionnés et aux plus instruits. Après tout, s'il faut regretter le défaut d'instruction, le malheur commun à beaucoup de n'avoir pas été à même d'apprendre les règles du raisonnement, pourrait-il justifier chez eux le manque d'un art à la portée de tous, et qu'il est toujours temps d'acquérir, celui de la réflexion? car c'est elle qui pèse les raisons. Sans abuser du dicton « expérience passe science », nous savons tous qu'on ne s'instruit pas seulement sur les bancs de l'école et dans les livres savants. Il n'est pas d'homme digne de ce nom qui n'ait les moyens de penser et qui ne sache, s'il le veut, prendre un moment pour réfléchir.

À parler sincèrement, ce n'est donc pas tant le savoir qui fait défaut à plusieurs. Il en faudrait plutôt accuser la mauvaise habitude, qui fait que nous ne sommes pas assez maîtres de nous-mêmes, c'est-à-dire maîtres de cette attention que tant de bagatelles attirent. Il suffirait, avant d'agir, de la détourner des choses du dehors qui nous fascinent, pour la replier vers notre intérieur et faire un effort généreux pour l'y tenir appliquée. Le reste irait de soi, car c'est moins l'esprit qui nous manque que le bon usage de l'esprit.

Soyons bien persuadés de cela et notre raison remplira son rôle. Et comment? En fixant notre regard intérieur non seulement sur la fin immédiate, mais encore sur la fin dernière à atteindre. C'est alors que la raison éclairera le sentiment, en jugeant, aussitôt qu'il se déclare, de la légitimité de l'attrait qui nous attire vers un bien, avant qu'il ait pris la force de la passion. Elle montrera si l'objet envisagé, le but poursuivi est conforme au devoir de justice, et cela souvent sans argument, et par un simple regard tranquille, le sentiment de la moralité nous étant d'ailleurs assez naturel. La réflexion devra intervenir encore après l'acte accompli, s'il est de quelque importance, pour en examiner le résultat, des circonstances extérieures imprévues ayant pu survenir et en modifier la marche.

Cet art de la réflexion ou de la considération intérieure qui doit régler le sentiment a, comme on voit, ceci de facile, qu'il dépend de la volonté plus encore que de notre savoir. Mais en réalité, osons aussi le dire, cette liberté intérieure, condition nécessaire pour que le jugement s'applique à son objet, et que la raison fasse son œuvre, n'est pas un don ou un état d'âme qui soit très commun. Il y a pas mal d'esclaves de la passion. Au demeurant, une fois l'esprit éclairé par la réflexion, s'il importe de nous prévaloir de notre caractère de créature raisonnable, il ne faudrait pas d'un autre côté trop compter sur notre jugement et lui tout attribuer. Le principe qui nous anime n'est pas fait de raison pure. Sans doute le corps est mû par l'esprit, mais par l'esprit tout entier, nous voulons dire avec toutes ses facultés. Voilà qui expliquera comment, dans la pratique, la raison seule est généralement impuissante à nous émouvoir efficacement, c'est-à-dire à nous ébranler.

On comprendra mieux encore cette insuffisance, si l'on se rend compte de l'effet produit sur nous par les raisonnements abstraits, tels que ceux des sciences exactes par exemple, comme ceci a déjà été remarqué. Les conclusions de l'arithmétique ou de la géométrie nous laissent pour la plupart assez froids quant à l'action. Elles satisfont une curiosité qui n'agit pas sur le cœur. Or, c'est par le cœur au moins autant que par le cerveau que l'âme vit. On dit même et avec raison que les grandes pensées en viennent. Certainement c'est de lui que vient le courage qui fait agir, puisque les deux mots sont employés l'un pour l'autre : avoir du courage c'est avoir du cœur. Dans l'éducation, qui forme les caractères, combien peu vaudraient des maîtres ou des écrivains qui ne sauraient pas nous attacher par la vue d'un bien à atteindre ? Que pourraient sur nous, pour nous faire agir et nous entraîner, ceux qui nous haranguent, s'ils n'avaient pas soin de nous émouvoir ? Quand l'homme est bien persuadé d'une vérité même d'ordre moral, elle n'est pas toujours pour cela bien entrée dans l'âme, elle peut n'y être qu'à demi, ou même être restée simplement comme attachée à la surface. Il faut l'y enraciner pour qu'elle prenne vie. Il la faut aimer, en un mot, pour que le consentement s'en suive, et quelquefois même, si elle est de grand prix, l'aimer uniquement. Or, malheureusement, la vérité pure n'a rien d'aimable pour un grand nombre d'hommes.

Voilà bien qui explique comment le sentiment, à son tour, est destiné à venir en aide à la froide raison. S'il ne suffit pas à un homme pour faire un bon écrivain de savoir bien penser, et si l'on exige de lui comme une qualité indispensable le talent de savoir bien sentir, il en va de même des actions de la vie humaine en général, car écrire est un acte comme les autres. Elles seront accomplies et parfaites, quand on en aura senti le prix, estimé la valeur. Mais alors il faudrait que le sentiment qui les inspire, de concert avec la raison, soit cette puissance que l'homme de l'art nous définit comme la faculté de percevoir le beau, et que nous devons identifier avec celle qui perçoit le bien. Pour être sincères, il faut dire que dans la pratique le sentiment ainsi entendu n'est malheureusement pas celui qui domine, et qui est le plus vivant de tous. Assez souvent il est obscurci ou étouffé par la présence des autres. Quoi qu'on pense de cette remarque, elle aura toujours l'avantage de nous faire voir encore plus l'importance du rôle de cette réflexion, qui doit avoir à la fois pour effet d'épurer le sentiment et de fortifier la raison. Mais alors, pour réussir dans ses fins, l'homme doit à la réflexion donner l'étendue et le caractère qui en fait la méditation. Un tel exercice bien conduit a ce précieux avantage, de faire concourir toutes les puissances de l'âme au même but, c'est-à-dire à l'action. Mêlant les raisonnements et les affections, elle montre à l'esprit le beau et le bien unis au vrai, elle fait admirer et vouloir par l'âme ce que la raison seule ne lui découvre que sous son côté rigoureux et austère. C'est ainsi que le devoir et la vertu nous deviennent d'une pratique plus aisée.

Nous venons de parler d'un acte de la vie sérieuse, dont le nom seul a, même pour des chrétiens, le défaut d'éveiller une idée fâcheuse ou au moins indifférente : nous avons nommé la méditation. Après tout, qu'est-ce autre chose, sinon une lecture attentive et une application généreuse de notre esprit à un point de doctrine, ou simplement à un sujet écrit dans un but moralisateur. Or, en est-il beaucoup qui ne le soient dans un sens ou dans l'autre? Au fond, combien d'écrits ne nous arrive-t-il pas de lire avec ardeur, et qui nous flattent en nous amusant, et plus d'une fois en nous démoralisant ! N'est-il pas exact de dire que nous faisons en cela des méditations, mais simplement à rebours? On se l'explique de reste, elles ne coûtent rien à notre courage. Mais revenons à notre sujet.

Dans cet échange de services entre la raison et le sentiment dont il vient d'être question, et dans cet appui mutuel que ces deux facultés sont appelées à se prêter, nous ne devons pas hésiter à laisser le dernier mot à la raison, et à la regarder comme la faculté qui nous a été donnée pour guider et modérer notre conduite. S'il est vrai que, réduite au seul raisonnement, elle ne nous suffirait pas, il est encore plus vrai que le sentiment tout seul serait un guide aveugle, si nous nous abandonnions à lui. Et si la perfection de la raison ou l'infaillibilité du jugement est une qualité qui nous manque, la juste intuition du vrai par le sens intime est un talent sur lequel nous devons encore moins être rassurés, et une faculté sur laquelle on ne doit pas toujours compter. Nous n'avons que trop de penchant à nous fier à notre sagesse. Or, de même qu'il y a un rationalisme vulgaire propre à cet esprit raisonneur, habile à trouver des arguments pour tout justifier, et des armes pour défendre toutes les causes, il y a aussi un abus du sentiment qui engendre vite la passion mauvaise, et en particulier dégénère en ce qu'on a nommé sentimentalisme. Ce dernier défaut est propre aux gens chez qui les facultés inférieures et tenant principalement des sens, sont trop souvent excitées au détriment des facultés plus nobles, laissées inactives par suite de paresse d'esprit. La sensibilité avec l'imagination dominent en eux sur le jugement et la volonté. Esprits relâchés, souvent faibles, surtout mal équilibrés, ils préfèrent la mollesse et la douceur du rêve, qui laisse l'âme flotter au gré des idées qui amusent ou flattent, à l'effort de la réflexion qui la gouverne, en s'efforçant d'éclairer une pensée maîtresse, et de poursuivre un but sérieux et précis. Un autre abus du sentiment, plus rare toutefois, est le quiétisme.

Le sentimentalisme au contraire est commun à pas mal de poètes, et quelques-uns même de grand renom en ont été affligés. C'est alors le travers de ceux qui sont plus amoureux de sensations que de vérités, et qui visent plus à faire impression sur leur monde qu'à éveiller l'amour du beau. Sans doute, celui-ci est affaire de sentiment plutôt que de raisonnement. C'est, en effet, dans l'observation des choses sensibles que l'homme de l'art trouve la source de l'inspiration. Mais après avoir considéré des yeux du corps les choses du monde, tout n'est pas fini pour lui ; il lui reste à les juger des yeux de l'esprit, et à les considérer en son âme, plus simplement à y réfléchir. Il serait plaisant de se figurer que le beau échappe à la raison ou à la conscience morale. Autant vaudrait croire qu'un tel sentiment est affaire de caprice et d'opinion personnelle, et que chacun a le sien. Mais on sait bien que le caractère essentiel du beau est de s'imposer à tous les esprits, comme la vérité. Aussi, quand on tend à mettre toute la vie dans le sentiment et l'imagination, disons mieux, dans les sens, on en arrive à prêter aux êtres inférieurs, même à ceux qui sont privés de vie, des sentiments dont le moindre inconvénient est de rendre ridicule. On connaît l'exemple classique :

> Le voilà ce poignard qui du sang de son maître
> S'est souillé lâchement ; il en rougit le traître !

Ceci n'a d'autre inconvénient que de gâter le goût. Mais le danger et le grand mal du sentimentalisme est de servir à merveille la cause du sensualisme. On voudra bien nous dispenser de donner des citations à l'appui. C'est une besogne dont assez de poëtes se sont malheureusement acquittés.

Dans le même ordre d'idées, il faut se défendre contre l'erreur et se garder de l'illusion de quelques-uns, qui ont voulu confondre l'abus du sentiment avec l'élévation du sentiment. Autant vaudrait confondre la passion avec le dévouement, la sensualité avec la charité, ou même la noblesse d'âme avec la bassesse ou la faiblesse d'esprit. Tandis que l'exercice abusif des facultés d'imagination et de sensibilité ne tend qu'à porter l'homme au culte de la matière, il est un meilleur emploi de ces mêmes facultés qui les élève au lieu de les abaisser, qui les épure au lieu de les souiller ; c'est celui qui les fait servir au culte des choses de l'esprit et à la cause, ou l'enseignement de la vérité. Rien sans doute n'est plus raisonnable. Voilà cependant ce que n'ont pas su distinguer certains penseurs affligés de rationalisme et même d'éclectisme. Ces grandes choses telles que le symbolisme et le mysticisme ont excité leur colère ou leur mépris, parce qu'ils se sont aveuglés au point de n'en voir que l'abus. On n'aura pas de peine à s'en convaincre.

Quel est en effet l'auteur, prosateur ou poète, qui n'ait recours aux comparaisons et aux figures ? Mais l'art de la parole chez les hommes ne tire-t-il pas de là une grande part de sa force et de sa beauté ! Otez ce moyen d'action à l'écrivain, et vous lui enlevez une grande partie de sa puissance persuasive. Or, le symbolisme est précisément ce recours au caractère figuratif de la création sensible, qui consiste à faire servir les choses de la nature à l'intelligence des vérités abstraites, et des choses de l'ordre surnaturel. C'est par là que l'on touche les indifférents, les ignorants, les faibles enfin, c'est-à-dire le grand nombre, et qu'on leur inculque des vérités qui dépassent la portée de leur esprit. C'est la parabole qui fait le charme de l'Evangile. Peut-on faire un meilleur emploi que celui-là de l'imagination ou de la sensibilité ? Est-il rien qui pour les ennoblir vaille autant que d'en faire les auxiliaires de cette intelligence, qui met l'homme au-dessus des autres créatures visibles ? Mais les amants de la pure raison sont plus austères en théorie qu'en pratique, ils goûtent sans doute la poésie, et peut-être ne condamnent-ils dans le symbolisme que l'usage que la morale en fait.

Venons-en au mysticisme. Mot incompris de beaucoup ou mal entendu, ce qui est fâcheux, et qui a le défaut d'effaroucher nombre de philosophes du siècle. Quoi d'étonnant ? Quand on n'a pas la foi et qu'on ne croit à aucune révélation positive, quand la religiosité tient lieu de religion, et qu'à la place d'un Dieu personnel agissant dans le monde, on n'a que le fantôme du déisme, une pareille ignorance n'a pas lieu de nous surprendre. Pour qui n'a pas le sens religieux pratique, cette communication de Dieu avec les âmes qu'on appelle la grâce n'a pas de signification. Or, le mysticisme ne désigne qu'un degré élevé de cette grâce ou inspiration divine, une manifestation particulière qui se reconnaît dans les actes ou les écrits de quelques âmes chrétiennes d'élite. Il se peut bien aussi qu'aux yeux de certains, la seule piété sincère et vraie soit taxée comme le mysticisme. Sur ce point, qu'il y ait des abus et aussi de faux mystiques, se croyant à tort divinement inspirés, on le sait bien, et l'histoire l'atteste. Le faux mystique est celui dont la foi est toute personnelle au lieu d'être fondée en Dieu. Mais ce mal n'est pas commun dans la vie sociale parmi les chrétiens, qui ne s'exaltent pas outre mesure en fait de religion. Le danger de ce côté n'est guère à craindre. Il l'est davantage dans cet égarement de certains faux illuminés, tels que tous les siècles en voient paraître, et qui, sans se donner le nom de messies, en ont toutefois pris les allures et comme le rôle. Apportant avec eux des plans de rénovation sociale et un nouvel Évangile, on les voit commencer par nier notre Religion, pour aboutir à en fonder une autre. On sait laquelle. C'est ici qu'il faut bien reconnaître le mal, dans la vogue momentanée des ouvrages de tels apôtres. Ceux qui ont le malheur de ne pas apprécier la morale évangélique, devraient donc ne pas blâmer ce qu'ils ont le tort d'ignorer. On comprend, encore une fois, que parmi des hommes aux yeux de qui la Divinité n'est qu'un mot, on ait peine à croire à un esprit de Dieu et à une vie divine.

Ces éclaircissements étaient nécessaires pour ceux à qui l'on fait trop aisément croire que, pour avoir une grande générosité de sentiment et une élévation d'âme au-dessus de l'ordinaire, il faille renoncer à se conduire suivant la raison. Ce serait la ravaler. Nous pouvons dès à présent revenir à notre conclusion. Le sentiment est bien le plus puissant moteur des actes humains ; mais comme il est aveugle, il a besoin d'être éclairé et contrôlé, et c'est là le rôle que la raison est appelée à remplir. Raison qui d'ailleurs n'est pas la raison personnelle avec son amour propre déréglé, mais qui reconnaît le principe d'autorité. A cette condition, qui réalise heureusement l'union de toutes les puissances de l'âme, le sentiment devient l'inspirateur des grandes œuvres, œuvres de génie pour l'homme de l'art et même pour le savant. Qu'on se rappelle les conditions dans lesquelles ont été faites bien des découvertes scientifiques, et les plus célèbres. En apparence elles sont le fait, semble-t-il, d'un heureux hasard, servant en général l'esprit d'un homme de grand talent. Au fond, elles sont l'effet d'un pressentiment, qui n'est qu'une forme du sentiment, provoqué par un attrait imprévu. Mais surtout, ce qui vaut plus d'une autre façon, dans la vie sociale, le sentiment uni à la raison produit la noble habitude de la vertu, de celle qui dépasse la mesure commune. Cependant de quelque nom qu'on l'appelle, qu'il se nomme enthousiasme, inspiration, génie scientifique, nous ne croyons pas qu'il puisse être séparé de la raison. Même quand il pousse l'homme à des actes héroïques, dépassant les calculs de la prudence humaine, tels que le dévouement ou le sacrifice, le sentiment marche d'accord avec l'intelligence. Seulement il s'élève alors au-dessus de l'étroite raison personnelle, ou plutôt il l'élève avec lui, pour suivre la lumière d'une Raison souveraine. C'est alors que le sentiment de notre bien particulier se perd dans celui du bien public et de l'intérêt général.

XXI

La science moderne s'efforce de substituer le principe des conditions d'existence au principe de finalité. En quoi consiste cette méthode ? Quel est son intérêt ? Exclut-elle toute espèce de finalité.

La question posée remet en discusion, avec un principe de logique, un des points d'appui les plus nécessaires de la science des mœurs. Il nous faut donc revenir sur une notion qui a déjà été éclaircie : la cause finale. Ne le regrettons pas ; ce n'est pas trop d'en parler encore pour ceux qui n'en sentent pas l'importance, ou qui tendent à la nier. Méconnaître sa propre fin, vouloir ignorer ce qui l'intéresse le plus, c'est pour un être intelligent se vouer à la pire des ignorances. Tel serait le cas du voyageur qui ne voudrait pas savoir le terme où aboutit sa route, et du navigateur qui détournerait la vue du pôle sur lequel il doit orienter la marche de son vaisseau. Disons mieux : c'est se mettre dans le cas de l'animal errant sans savoir où il va. C'est à quoi un homme sensé ne saurait se résoudre.

Passons rapidement sur une vérité déjà formulée, le principe de raison, qui veut que toute chose ait au regard de l'avenir sa destinée ou sa fin, et au regard du passé son commencement ou origine première. Autre est le désir qu'un homme peut avoir de connaître le pourquoi de chaque chose. A ce point de vue, outre la futilité des questions que l'esprit humain peut se faire, il y a bien des raisons qui peuvent lui échapper sans préjudice pour lui. S'appliquer d'ailleurs à les découvrir devient un exercice pour sa curiosité naturelle, qu'il doit toutefois guider. Mais du moins, l'ignorance ou l'indifférence dans laquelle l'homme peut rester à l'égard de vérités de détail, n'est pas un motif pour lui faire rejeter ce principe de sens commun, qui fait croire sans hésitation que tout en ce monde a une fin ou un but.

Le soleil est fait pour répandre la lumière et la chaleur dans la nature visible ; la masse des eaux, pour féconder la terre ; le sable du rivage, pour arrêter les empiètements de l'Océan ; tout ce qui se trouve au-dessus comme au-dessous du sol, pour servir à l'usage des êtres qui l'habitent. Les plantes de la campagne doivent donner à l'homme les fruits qui le nourrissent ; les arbres des montagnes et des forêts, le bois pour tant d'emplois divers ; les pierres même lui serviront à se construire des abris. La nature, en un mot, est un magasin immense, inépuisable, ouvert à l'humanité, afin de lui fournir tout ce qui est nécessaire à ses besoins présents et futurs. Que l'homme élève en haut le regard. Si l'artiste qui expose à nos yeux un chef-d'œuvre, a pour but de s'attirer nos suffrages, et de nous grandir par la vue du beau, la voûte étoilée doit pareillement avoir sa fin dans les desseins de son auteur. Cette fin serait-elle hors de la portée de l'intelligence humaine ? Le croire ainsi ce serait la borner et l'amoindrir. Ce que l'homme ne peut atteindre des mains de ce corps périssable, ne serait-il pas le terme destiné aux aspirations de son âme ? Il est prudent de le croire. Le spectacle de cet ordre immuable dont le tableau ravissant se déroule au-dessus de lui, est pour lui donner l'idée de cette réalité vivante, dont la loi doit être sa règle ici-bas. Que si l'homme pouvait ne pas avoir une telle fin à donner à ses actes, ou s'il n'en devait avoir d'autre que celle des objets qui l'entourent, le plus absurde de tous les êtres serait la créature douée de raison. Assurément, en qualité d'être libre, il peut résister à un attrait pour céder à un autre ; il a le choix et peut se proposer une fin qui n'est pas la sienne ; c'est le danger de son état présent comme l'occasion de son mérite, mais il lui en faut une, vraie ou fausse, basse ou élevée. Pour être savant, pour être moderne, échapperait-il à cette nécessité ? Il ne peut se concevoir sans l'idée d'une fin qu'il poursuit. Il croit à la réalité d'un bien qu'il recherche, et auquel il faut bien donner un nom ? Quel est ce bien, quel est ce but dernier de sa vie ? Autre chose sans doute que le plaisir, l'honneur ou la fortune, qui ne durent guère. Ce serait oublier ce qu'il vaut, que de mettre là le dernier terme de ses efforts. L'homme de la science ne peut chercher qu'une loi souveraine qui explique toutes les autres, et dont les lois naturelles ne sont que des ombres, des images et des vérités dérivées.

Il convenait, croyons-nous, d'insister sur une notion fondamentale, dont l'esprit de l'homme ne saurait pas plus se dispenser d'admettre la réalité, que ses yeux ne peuvent se passer de la lumière du jour, s'il veut vivre de la vie corporelle. Cet axiome du bon sens humain que plusieurs ont la faiblesse de trouver gênant, étant une fois de plus affirmé et établi, savoir, tout acte dans l'intelligence qui le conçoit a sa fin, et la conduite de sa vie, la sienne, laissons là le principe dit de finalité. Il faut en venir maintenant à nous demander quel est ce principe des conditions d'existence qu'on voudrait lui substituer ? Une logique quelconque, une philosophie ancienne ou nouvelle ont-elles jamais connu ou enseigné un principe qui porte ce nom ? La science matérialiste s'est chargée de nous répondre.

Il y a pour tout être, pour tout corps brut ou animé, un milieu dans lequel il vit ou existe simplement. Tels sont l'eau pour les poissons, l'air pour les oiseaux et autres animaux terrestres. Ce milieu, qui constitue pour eux les conditions d'existence dans lesquelles ils sont appelés à vivre, est sans doute de nature à influer sur leur genre de vie. Il est même exact de dire que leur existence en dépend. Jamais cependant on ne s'aviserait de dire que ces milieux soient cause ou principe des phénomènes dont la vie de ces êtres est composée. Encore moins l'eau, l'air, sont-ils les principes des organes dont l'animal vivant est formé. A ne rien cacher, cependant, nous devons exposer ici la découverte que quelques savants modernes prétendent avoir faite. Pour eux, les êtres dont nous parlons se développeraient naturellement, pour vivre dans ce milieu afin de s'y adapter, sous l'action sans doute de la pression de ce milieu, servant de moule, par une simple extension de leur corps. Ils se transformeraient comme au gré de la matière ambiante, à mesure qu'elle vient à changer. Telle est la conception sur laquelle on a fondé la vague théorie du transformisme, dont les partisans sont encore à chercher la démonstration, les métamorphoses qu'ils nous annoncent étant si lentes, qu'il est impossible de les constater dans la courte durée du temps présent. Une telle manière de voir ferait croire que les espèces vivantes n'ont pas quelque chose de fixe dans leur forme. Elle nous les donnerait comme des êtres se changeant avec le temps et la patience, en d'autres entièrement différents, et sans aucune ressemblance avec aucun type primitif dont il sont les dérivés. Mais cette invention de l'imagination de quelques hommes devrait, pour passer à l'état de croyance, se voir réalisée dans des faits dont nous puissions être témoins, en un temps où les faits ont tant de force probante. Malheureusement pour eux, cette base leur manque : rien ne se passe dans la nature qui en montre la réalisation.

Le plus grand défaut de cette théorie est d'ailleurs de mettre une confusion complète dans l'intelligence créatrice. Une telle opinion fait croire, en effet, qu'elle a créé sans raison, sans idée, sans type arrêtés. Or nous savons que ces idées ou raisons d'être sont contenues dans l'Intellect divin. A vrai dire, une telle doctrine ressemblerait trop à la négation du Créateur pour qu'on puisse s'y méprendre. Elle n'aboutit à rien moins qu'à nous donner la matière informe comme le principe générateur de toute chose. De son vrai nom c'est le matérialisme. Dans l'ordre de la philosophie naturelle, c'est là une opinion qui ferait reculer la science de trente siècles environ en arrière. Elle nous ramènerait, en effet, au temps des empiriques du paganisme, qui ne voyaient que dans les éléments, air, terre ou eau, l'unique principe de tout ce qui a été créé.

Au nom du progrès des seules connaissances naturelles, déjà de pareilles idées ne peuvent même être acceptées. La matière est inerte, tel est le principe fondamental sur la base duquel les sciences ont avancé au point où nous les voyons. Impuissante à produire aucun mouvement et à se modifier elle-même, la matière reçoit la forme ; elle n'en est pas l'agent ni le principe générateur. Tout être animé, nous apprend la raison, a une âme vivante qui le forme, et devient le principe actif des phénomènes qui sont les manifestations de sa vie. Dans une théorie qui tend assez clairement à nier ces vérités capitales, nous avons trouvé trop de ressemblance avec le principe des conditions d'existence, pour ne pas nous y être arrêté un moment, et n'avoir pas manqué d'en faire le rapprochement. La formule exacte de ce principe aurait dû au moins nous être donnée.

Des penseurs anciens ont donc pu se croire libres de faire des conjectures diverses sur l'origine des choses. Leurs imitateurs modernes semblent avoir renchéri sur eux en nous donnant le transformisme. Toutefois, vouloir déduire de l'opinion scientifique sans fondement qui porte ce nom, un principe qui serait mis à la place de la cause finale, c'est une question, semble-t-il, toute différente, une prétention que rien ne justifie. Elle ne tendrait à rien moins qu'à confondre la physique et la métaphysique, la science expérimentale avec la logique, à chercher enfin dans l'histoire naturelle les notions premières de la philosophie, qui est, au contraire, appelée à donner et contrôler les méthodes et les procédés de raisonnement que les sciences emploient pour découvrir leurs lois. En définitive, ce serait vouloir mettre dans une nature inintelligente, dont l'origine échappe malheureusement à l'aveuglement de quelques hommes, le principe fondamental de la doctrine des mœurs. Voilà ce que nous verrons bientôt plus clairement. Il nous suffira de reconnaître les effets produits par cette sorte de philosophie, quand nous l'aurons considérée, comme il est juste, dans ses conséquences pour l'ordre social.

Arrivons, en effet, sur le terrain des choses pratiques. Nous allons vite mesurer quelle est la portée de l'idée qui voudrait trouver dans les conditions d'existence toute la force d'un principe. Une première raison suffirait à nous le faire rejeter, à défaut de ce que nous en avons déjà dit. C'est qu'il est tout moderne, et que les principes directeurs de la connaissance et les notions premières de la logique ne sont pas choses à naître. La philosophie digne de ce nom n'en est pas dans notre siècle à chercher les fondements de sa morale. Sans doute, elle doit tenir compte de toutes les lumières et découvertes que lui apportent ceux qui étudient la nature, mais lui faudrait-il pour cela renoncer aux vérités qui sont à la base de l'édifice et en garantissent la stabilité? Évidemment non; encore moins consentirait-elle à les remplacer par des opinions ou des conceptions qui n'ont pas même de formule précise. Avant tout, c'est la clarté qu'il lui faut. Une autre raison qui empêche de voir un principe dans ces conditions d'existence, c'est surtout qu'elles sont très variables, et qu'elles changent avec le temps et les hommes. Que si les lois civiles peuvent, comme les coutumes, varier d'un peuple au peuple voisin et d'un temps à un autre, encore faut-il à toutes les sociétés civilisées un fonds commun de vérités invariables, dont elles vivent et dont dépend tout progrès qui compte, toute civilisation vraie et toute moralité. C'est là le caractère qui manque à ces conditions d'existence. Si nous l'entendons bien, elles désignent encore cette poussée des milieux, comme on l'appelle quelquefois, empruntant ici à l'hydrostatique ce qui est l'objet d'une loi scientifique remarquable, et toutefois très anciennement connue. Mais les connaissances tirées de la physique ne sauraient influer que d'une façon très secondaire dans la philosophie.

En réalité, nous vivons dans un milieu assez hétérogène, au point de vue intellectuel et moral. Il faut, en effet, laisser ici de côté le milieu atmosphérique et les conditions extérieures de température, de latitude et de tout ce qui touche au climat. Elles ont leur influence, sans doute, sur les caractères, la tournure d'esprit, l'humeur enfin ; mais cette action ne va pas plus loin, quoi qu'en pense le matérialisme. Nous voyons les mêmes erreurs vivre sous toutes les zones, les mêmes vérités fleurir aussi bien dans les plaines que sur les montagnes, chez les gens du Nord comme à l'Équateur. Partout il y a un fond, un caractère humain, en un mot, qui reste le même sous les divers méridiens. Nous sommes donc en France, comme ailleurs, une nation dont le peuple est un mélange d'hommes de toute valeur, ignorants et savants, bons et mauvais, comme cela était dans le passé et comme il en sera longtemps encore. Avec tous, nous reconnaissons qu'il s'est fait beaucoup de progrès, que la civilisation moderne est avancée et digne d'estime. Mais sans nous faire d'illusions à ce sujet, encore est-il vrai qu'il s'y commet quelques infamies, que beaucoup de fausses idées s'y propagent, et que nos feuilles publiques, à côté de beaucoup de savoir, sèment et entretiennent assez d'erreurs, et constatent journellement pas mal de scandales et de hontes. C'est dire que les conditions d'existence où nous vivons ne constituent pas un milieu parfaitement sain.

S'il en est ainsi, comme personne ne le nie, que fera l'homme appelé à vivre dans une atmosphère quelque peu obscurcie et viciée ? Que ferait-il, si ces conditions extérieures d'existence, c'est-à-dire les divers phénomènes de la vie sociale dont il est acteur et témoin, devaient être élevés à la hauteur d'un principe directeur de sa conduite ?

Devrait-il se faire bon avec les uns et mauvais avec les autres? Subir aveuglement l'influence de ceux qui l'avoisinent en tel lieu et à telle heure, pour changer avec la société à laquelle il sera mêlé demain? Il faut assurément qu'il s'acommode aux usages d'un pays, à ses mœurs, comme pour y vivre il lui convient de parler son langage et d'en suivre un peu les modes. Mais, à cela près, il reste à chacun à prendre pour règle de vie sa conscience morale, et pour objectif de sa conduite cette justice, dont les lois élémentaires sont dans un Décalogue ancien déjà de plus de trente siècles, et non dans les livres savants et les codes changeants, si complets soient-ils, que les peuples se font. De tels principes sont dans l'âme raisonnable où les a gravés leur auteur, mais nullement dans les conditions d'existence, les opinions variables, les préjugés du moment et la théorie de la science du jour.

En qualité d'êtres libres, les hommes ne cèdent pas fatalement dans leurs actes à des causes extérieures ni à des lois physiques. Les poissons, pour se mouvoir dans une eau trouble ou limpide ; les oiseaux, pour voler dans un air obscur ou serein, n'en suivent pas moins cet instinct qui est pour eux l'agent de leur conservation, comme la saine raison est le nôtre. Si le milieu social où nous vivons est donc chose à considérer pour y voir clair et nous conduire, du moins n'en devons-nous pas subir aveuglement l'influence, à moins de nous rendre esclaves, en abdiquant la raison et renonçant à notre liberté. Ce n'est pas assez dire. Une telle règle de conduite mène assez droit à l'abdication de toute responsabilité, par conséquent aboutit à méconnaître la notion du mérite et du démérite, en fin de compte, à nier la distinction du bien et du mal. Du moins l'homme sera-t-il fondé à rejeter cette responsabilité sur son entourage, ce qui ne diffère pas en pratique de notre conclusion. En réalité, c'est malheureusement cette morale qui ressort de l'impression laissée par une grande partie de la littérature en vogue, et par ces romanciers populaires qui ne rougissent plus d'absoudre toutes les fautes et d'innocenter le mal, en le rejetant sur la famille, sur la société et même sur Dieu.

Telles sont les conséquences de ce principe des conditions d'existence introduit dans la morale, et que nous avons dû suivre jusqu'au bout. C'est à de pareilles conclusions que devront en arriver ceux qui veulent apprendre à se passer de cette fin dernière appelée cause finale. Si c'était là une méthode, comme doctrine, on peut en mesurer facilement les résultats probables pour ceux qui la préconiseraient. Méthode d'induction trop commode à notre liberté et trop facile pour favoriser nos penchants. Il suffirait d'être optimiste pour conclure de l'observation extérieure que tout est bien et digne d'être imité. Par contre, serait-on affligé de pessimisme, qu'il faudrait tout haïr et ne voir rien que du mal. En un mot, pas de saine morale dans de telles conditions.

Voudrait-on maintenant que, pour laisser de côté la question d'intérêt social, nous ne regardions le prétendu principe des conditions d'existence qu'au point de vue scientifique. Quelques savants en effet, comme on l'a vu déjà, trouvent dans la suppression du principe de la cause finale l'avantage de donner à leurs études toute liberté dans la recherche. La cause finale leur paraît préjuger des résultats des découvertes, parce qu'ils n'admettent pas de vérité à priori, c'est-à-dire, qu'ils n'admettent sans doute pas d'autre vérité que celle que leurs expériences leur découvrent. Grande erreur ! nous en avons dit un mot déjà. La fin dernière ne préjuge en rien des fins secondaires, ni des découvertes qui sont un progrès pour l'intelligence et une lumière pour l'esprit humain, qui reste libre, dans la bonne signification de ce mot. Car la liberté a ses abus et ses écarts. A ce point de vue, la considération de la cause finale est une lumière qui empêche le chercheur de s'égarer, de faire fausse route et de trouver le mensonge au lieu de la vérité. A vouloir s'affranchir des principes de la fin dernière, l'homme de la science ne peut donc avoir de véritable intérêt. C'est d'ailleurs ce que l'expérience même prouve. Il suffit de citer les premiers venus parmi nos modernes seulement, les Cauchy, les Haüy, les Ampère, les Pasteur et tant d'autres qui ont confessé la vérité, tout en honorant et illustrant la science par leurs découvertes et des services signalés.

Quant à savoir, en dernier lieu, si un principe tel que serait celui des conditions d'existence, exclut ou non toute espèce de cause finale, la réponse sera facile. Voici donc ce qu'il nous en semble. Faire d'une chose un principe, c'est la regarder comme une vérité sur laquelle on doit régler ses actes, si l'on veut donner aux mots leur sens exact : c'est donc en faire le terme vers lequel on vise. Le principe d'une chose, comme nous l'avons remarqué, c'est en même temps sa fin. L'homme est donc libre de prendre ces conditions d'existence pour la cause finale de ses actes. Ceci veut dire, pour être clair, libre de mettre dans le monde visible, dans la nature extérieure, et disons le mot, libre de mettre dans la matière la fin de toute chose. Est-ce là cette finalité dont on entend nous parler ? Mais c'est alors vouloir que l'homme borne à l'existence présente toute sa destinée. Une telle fin est précisément le contraire de celle que lui enseigne la saine morale. Elle est l'opposée de la vraie, et sans doute celle que rêve le matérialisme. Nous n'en dirons rien de plus, mais il fallait ne pas s'y tromper.

XXII

UNE CONCILIATION EST-ELLE POSSIBLE ENTRE LE DÉTERMINISME ET LA LIBERTÉ ?

On peut essayer de concilier deux hommes qui ne s'accordent pas sur une question d'argent, en faisant rabattre à chacun une part de ses prétentions. Souvent ils y gagnent, outre l'avantage de vivre en paix, celui d'éviter un procès onéreux à l'un et à l'autre. Il n'est pas rare aussi de voir des partis politiques opposés se faire des concessions réciproques, pour s'entendre et s'unir contre un ennemi commun, et déjà ces compromis ne sont pas toujours honorables. Il n'en est pas de même en fait de doctrine philosophique et de morale, si l'on veut concilier l'erreur et la vérité. Ce sont deux personnages qui ne peuvent s'entendre et deux maîtres qu'on ne peut servir à la fois. Aucune alliance n'est possible entre les ténèbres et la lumière. Si le déterminisme désigne l'étrange idée des penseurs qui prétendent que l'homme n'est pas un être libre dans ses actes, on ne peut l'accorder avec la faculté que chacun de nous se reconnaît de vouloir ceci ou cela, de faire à son gré une chose plutôt qu'une autre.

Il n'est pas de raisonnement tellement savant et subtil, qui puisse persuader à un homme de sens qu'il n'est pas l'auteur de ses actes, et détruire en lui le sentiment qu'il a de posséder son libre arbitre, c'est-à-dire une volonté qui est son propre bien. Que ce libre arbitre, suffisant jusqu'à un certain point pour se conduire et bien faire, ne soit pas une faculté parfaite en lui, nous en convenons de reste. Il a besoin d'être secouru pour s'exercer dans le sens de la loi morale, qui est celle de sa vie. Cette aide, c'est une raison éclairée qui la lui donne. Disons mieux, ce secours c'est la grâce. Loin de détruire le libre arbitre, comme quelques-uns se le figurent, une telle assistance ne fait que l'affermir. C'est parce qu'il est libre, qu'il est en état d'être secouru. La nécessité de cette aide prouve seulement qu'il est faible, imparfait, incapable de se suffire, mais nullement qu'il n'est pas libre. L'homme, en effet, ne montre que trop sa liberté en la repoussant. Autre chose serait s'il y était contraint et forcé. Quoique cela doive suffire à tout esprit droit pour se reconnaître un libre arbitre et rejeter tout déterminisme, nous essaierons de mettre dans un plus grand jour l'absurdité d'une doctrine, qui voudrait faire de notre personne un esclave ou une brute, sous prétexte qu'en agissant on obéit à quelqu'un ou à quelque chose.

Appliquons-nous d'abord à mettre en évidence, en peu de mots, ce qu'on entend par liberté. C'est là un nom qui revient trop souvent dans le discours, pour ne pas signifier une chose sur laquelle il importe d'avoir des idées nettes. Mot à tout faire dans la bouche de quelques-uns, mais qu'ils sont trop peu soucieux de nous définir. Quant à nous, soyons francs.

De même que l'œuvre appartient à l'ouvrier, qui peut en disposer comme il veut, ainsi tous les êtres, par cela seul qu'ils ont été créés, dépendent dans quelque mesure au moins de l'Auteur de leur existence. Ils ont un principe créateur, qui est en même temps le terme auquel ils doivent revenir, et cela par des moyens appropriés à la nature de chacun. Si quelques-uns se dirigent par l'effet d'une cause qui ne leur appartient pas, et à laquelle ils ne peuvent se soustraire, comme c'est le cas de la pierre qui tombe ou de l'astre se mouvant dans son orbite, chez d'autres, au contraire, le principe qui les fait se déplacer ou agir est manifestement présent en eux. A divers degrés, ils le connaissent. Ils ont en eux ce quelque chose qui les anime, et dont le nom même dit assez le rôle : ils ont une âme, ce sont des animaux. Après cela et sans encourir le reproche d'une fierté mal placée, faut-il encore faire ici une seconde distinction, en mettant une différence presque infinie parmi les créatures vivantes, entre les bêtes et notre personne, et ne pas donner droit à l'auteur satyrique dans le jugement qu'il voudrait porter de nous :

> De Paris au Pérou, du Japon jusqu'à Rome,
> Le plus sot animal, à mon avis, c'est l'homme (1).

Personne, assurément, ne voulant le prendre pour soi, il faut nous en tenir au langage de la vérité. Que signifie donc la définition admise, qui nous dit que l'homme est un animal raisonnable ? Simplement que l'esprit dont il est animé, est capable de connaître clairement la cause qui le fait agir; mieux encore, puisque des causes diverses peuvent inspirer nos actes, capable de juger et assez éclairé pour voir la valeur des mobiles de sa conduite. En ce point consistent essentiellement la supériorité de l'homme, et l'excellence de la raison au-dessus de l'instinct. Nous sommes capables de science, de réflexion, mais encore et surtout de vertu ; doués d'une intelligence qui estime à leur valeur la cause qui nous fait agir, et le but prochain ou éloigné pour lequel nous agissons, comme aussi les penchants naturels ou développés en nous par l'exercice. Sollicité de suivre des inclinations qui l'attirent d'un côté ou d'un autre et qui peuvent se contredire, l'homme se dirige à volonté dans un sens ou dans l'autre. Il sait ce qu'il fait et pourquoi il le fait. Cette faculté de choisir, intimement liée à la raison, c'est sa liberté. Quand, par malheur, l'homme est atteint de démence, c'est-à-dire qu'il perd sa raison, il cesse alors

---

(1) Boileau, Sat. VIII.

d'être libre : c'est un être dangereux qu'on a même coutume d'enfermer.

Ce point étant éclairci, on se demandera sans doute ce que peuvent objecter les penseurs qui nous contestent notre liberté. Il nous faut ici écouter le raisonnement tenu par les déterministes. L'homme, disent-ils, n'agit jamais sans motif. Or, le plus puissant motif l'emporte évidemment toujours en lui; donc l'homme n'est pas libre ; il cède, il obéit au motif le plus fort, il en est l'esclave. Mais qui ne voit la fausseté, l'absurdité même de cette argumentation ? Il suffit de s'arrêter aux termes de l'objection qu'on nous oppose. La volonté de l'être raisonnable intervient sans doute, et entre en exercice dans la formation du moteur de nos actes, qui a nom motif. Mais déjà le sophisme qu'on veut nous cacher serait manifeste, car il en résulterait que l'homme, pour être libre, ne devrait obéir à aucun motif ou obéir à un motif frivole. Le premier cas est celui de l'insensé; le second, celui d'un esprit faible. Au fond, il faut plutôt reconnaître que le véritable esclave est celui qui obéit à la passion mauvaise, qui est le pire des motifs.

Qu'est ce donc qu'un motif ? La cause qui nous fait agir sans doute. Mais en creusant le sens de ce mot, ce déterminant de nos actes, est-il quelque chose qui nous soit tout extérieur et entièrement étranger ? N'est ce pas nous-même qui contribuons le plus à le former ? n'est ce pas un moteur, un agent en apparence hors de nous, mais en réalité au fond de nous ? Si l'un des plateaux de la balance reçoit un objet d'un kilogramme, en mettant dans l'autre un poids supérieur, sans doute l'objet sera mis en mouvement. Mais le motif et l'homme ne peuvent pas être assimilés au poids et à l'objet pesant. Nous ne sommes pas davantage des girouettes que l'impulsion du vent ferait mouvoir. La vue d'une pièce d'or décide sur le champ le voleur à s'en emparer, et l'honnête homme à la rendre à son propriétaire. Voilà une même cause apparente, produisant du même coup deux effets tout opposés. Le même objet, origine extérieure d'un motif, a éveillé chez le premier un désir cupide, et chez le second un désir honorable. Est-ce la pièce d'or qui sera la cause efficiente et responsable ? n'est-ce pas la volonté mauvaise chez l'un et bonne chez l'autre, qui a fait sous une même influence à celui-là un puissant motif de voler, et à celui-ci un motif d'obéir aux lois de la justice ? Ainsi le même rayon de soleil tombant sur le fumier en fait exhaler la puanteur, et sur un parterre de fleurs, une vapeur odoriférante.

Encore une fois qu'est-ce qu'un motif ? C'est l'opinion que chacun se forme d'une chose, le résultat d'un jugement auquel préside la raison ou l'expérience, que l'habitude de la réflexion nous a fait acquérir. Parmi les divers motifs dont il subit l'influence, l'homme juge, en toute liberté d'esprit, de l'importance de chacun, après quoi il se détermine en conséquence. Dès lors, si le plus puissant le fait agir, ce doit être parce qu'il est le plus conforme à ses vrais intérêts. Mais en y obéissant, sa liberté a-t-elle disparu ? y a-t-elle perdu ses droits ou son caractère ? n'est-elle pas au contraire pleinement respectée ? n'est-elle pas restée dans son rôle ? Sans aucun doute, car si nous la regardons comme le premier de nos biens, c'est en ce sens qu'elle est la faculté d'agir au mieux de nos vrais intérêts.

Que si le motif le meilleur pour l'homme n'était pas le plus puissant, ce serait la preuve qu'un tel homme manque de raison et de bon sens. L'animal n'agit pas contre ses intérêts, bien qu'il ne soit pas raisonnable ; il a l'instinct pour le conduire et suppléer à ce défaut d'esprit. Cette faculté lui suffit, parce qu'il n'a que des penchants brutaux à satisfaire. L'homme a des besoins intellectuels et des désirs nobles à contenter. S'il les voulait méconnaître, il se mettrait au rang des animaux, auquel cas il n'y aurait pas lieu de lui parler de liberté, ce mot, rappelons-le, désignant la faculté particulière à l'homme d'atteindre les biens véritables, que la raison lui enseigne à distinguer des faux.

Dans la réalité, le motif qui nous détermine, n'est pas toujours le meilleur au regard de la raison. On en conviendra sans peine. Mais c'est là une anomalie, qui s'explique sans que le dogme de la liberté en souffre. Affaiblis que nous sommes par suite de la déchéance originelle, nous restons parfois impuissants à suivre le parti que nous approuvons. L'homme peut se tromper dans ses jugements précipités. De même qu'on voit des gens prendre le clinquant pour de l'or, et la fausse monnaie pour bonne, on en voit aussi prendre la volupté pour le bonheur, le mensonge pour la vérité, estimer l'argent préférable à l'honneur, l'intérêt personnel plus précieux que le devoir. Mais dans tous ces cas à qui la faute ? Est-ce à la puissance des motifs ? Nullement. Est-ce à la liberté ? Peut-être. A vrai dire, la faute en est à la volonté mauvaise ou à la passion déréglée.

L'homme peut donc, en se déterminant, céder au premier attrait venu, et voir le plus puissant motif dans celui qui, pour le moment présent, fait en apparence son affaire et flatte le plus son inconstance, sans en prévoir les suites éloignées, ni songer au lendemain. Mais tout cela, on le sait bien, s'appelle agir inconsidérément, manquer de prévoyance, être sourd à la voix de la conscience ou à la raison, qui ne peut se séparer d'une honnête liberté. En dehors de celle-là, il pourrait rester encore à quelques-uns le fantôme d'une autre plus répandue qu'on ne croit, à savoir, cette idée fausse de notre indépendance ou faculté qu'on se donne de faire ceci ou cela, sans avoir aucun compte à rendre, ni à justifier notre conduite à d'autres qu'à nous-même. Liberté de conscience peut être comme l'entendent quelques-uns, soit dit en passant. C'est là un sentiment sans doute que ne partagent pas nos lecteurs. Il reste acquis que notre liberté ne reçoit aucune atteinte, si nous consentons à voir dans le plus puissant motif celui qui est le plus raisonnable, c'est-à-dire le meilleur. Ceci pourrait, aux yeux de quelques uns, être une conciliation entre le déterminisme et la liberté. Mais en réalité, il est plus exact de dire que c'est faire taire l'erreur devant la vérité, c'est renoncer à la mauvaise philosophie : les choses ainsi entendues, il n'y a plus de déterminisme.

Malheureusement, il y a encore des hommes partisans de l'erreur qui consiste dans l'occasion à nier ou rejeter la responsabilité de leurs fautes, pour donner raison à la boutade du fabuliste :

> Le bien, nous le faisons ; le mal, c'est la fortune;
> Bref, le destin a toujours tort.

Comme nous l'avons vu, en effet, nier la liberté revient à nier la responsabilité. Si l'intelligence est donnée à l'homme pour prévoir la fin de ses actes et en connaître les suites, il est bien juste que celui qui prend un parti au lieu d'un autre, en connaissance de cause, recueille le fruit de ses œuvres et en voie les conséquences revenir sur lui. Telle est, en effet, la loi du mérite, qui se réduit en définitive à convenir que le bien doit avoir sa récompense et le mal son châtiment. Cette remarque faite, il resterait à dire les conclusions immorales qui découlent du déterminisme. Constatons d'abord toutefois qu'il n'est qu'une forme savante et une exagération du vieux fatalisme païen.

Aux yeux du fataliste, en effet, la prescience de Dieu étant infaillible, nos actes seraient par cela seul déterminés d'avance. Il s'en suivrait que nous ne sommes pas libres de nous y soustraire. A ce point de vue, l'homme ne jouirait pas de sa liberté. Cependant, si l'on nous permet pour un moment de ne pas mettre la Providence en cause, qu'on imagine seulement un savant capable, à ne pouvoir s'y tromper, de savoir ce que je ferai dans une heure. On ne me fera jamais croire le contraire de ce que je sens, c'est-à-dire que je suis libre, et que je puis prendre mon parti de faire ceci ou cela dans une heure d'ici, pour quelque raison bonne sans doute, ce qui veut dire librement. Un tel savant, quoique infaillible, serait donc pour moi comme s'il n'existait pas. A vrai dire, il faut compter avec Dieu. Voyez, toutefois encore, si la prescience divine empêche les hommes malades de chercher en toute liberté le moyen de rétablir leur santé et de guérir leur maladie, dont l'issue est prévue par Dieu ; l'homme d'affaires, d'appliquer tout son esprit à faire réussir ses entreprises, dont le résultat est pourtant connu du Tout-Puissant. Les hommes seraient donc prudents d'en agir ainsi pour leurs maladies morales et les affaires de leur âme, au lieu d'inventer des doctrines pour faire remonter les causes de leurs maux à celui qui peut seul les guérir.

Nous ne prétendons pas dans ces quelques observations avoir résolu les difficultés qu'il y a de concilier la liberté humaine et la prescience divine : nous reconnaissons même en cela un fait qui échappe à notre raison. Ce n'est pas le seul, et ceci nous confirme ce que nous disions de son insuffisance. Il n'en est pas moins absurde de nier notre liberté par ce motif qu'elle n'est pas parfaite. Concluons enfin : si les hommes n'étaient pas libres, ils n'auraient pas à répondre de leurs actions. Dès lors, les lois tant humaines que divines n'auraient pas de raison d'être. Justice, devoir, morale, seraient autant de mots vides de sens. Nous serions fondés à nous en affranchir. Mais l'homme qui n'a plus de loi à respecter peut assurément faire ce qu'il veut. Et voilà du coup la liberté qui reparaît sous une forme nouvelle, la licence, cette liberté de l'homme qui n'a rien à craindre. La faculté niée ou détruite par la fausse doctrine du déterminisme aurait reçu, comme le phénix, la vertu de renaître de ses cendres.

XXIII

Quelle idée vous faites-vous du Bonheur, d'après la connaissance que la psychologie et l'expérience de l'étude des lettres vous ont donnée de la vie affective?

En attendant que l'usage des sens procure à l'enfant venu au jour les idées qu'on appelle acquises, son âme raisonnable apporte, en entrant dans le monde, des idées fondamentales qui lui sont tellement propres, qu'on ne saurait la concevoir sans elles (1). Tout a une cause, chaque chose a sa fin, voilà des principes que nous possédons dès notre naissance comme la faculté de la parole, quoiqu'ils ne se manifestent que plus tard, au moment du réveil de la raison. L'âme les contient à l'état de germe que l'enseignement développera, comme la culture fait croître la plante contenue dans sa graine. Au nombre de ces notions premières de l'homme, on doit mettre l'idée ou plutôt le désir du bonheur. A vrai dire, il semble même qu'elle est la première de toutes, et que l'instinct qui nous fait désirer d'être heureux précède toute connaissance.

Entendez les vagissements du nouveau-né. Victime du

(1) On discute parmi les philosophes la question des idées innées; mais on ne peut, à notre avis, refuser à l'âme raisonnable cette idée innée que nous appelons la raison d'être, et que nous avons regardée comme ayant deux faces ou se montrant à nous sous deux formes. (Voir le chapitre XII, *De la cause finale*).

péché originel, l'infortuné se plaint dans son langage : il nous dit à sa façon qu'il n'est pas heureux et qu'il veut l'être. Sa joie, c'est le sein de sa mère, dont le lait seul apaise ses gémissements et ses cris : c'est là tout son bonheur. Longtemps il n'en connaîtra pas d'autre que cette vie du corps, et on ne le verra guère occupé qu'à en rechercher les aises, et en fuir les incommodités. Plus tard, son intelligence se développant découvrira au-delà de ce bien-être passager une félicité durable, dont les plaisirs ne touchent pas les sens ([1]). Cet idéal de vie heureuse sera peut-être dans la suite obscurci en lui par les séductions de la vaine science, et les nuages de la passion déréglée. Arrivé au terme de son existence, l'homme n'aura pas cependant renoncé à cette idée du bonheur, il voudra l'emporter au-delà à l'état d'espérance, tant il est vrai qu'il était né pour être heureux ! le bonheur était toute sa raison d'être.

Puisqu'il en est ainsi, chacun sent combien il lui importe de prendre de bonne heure les moyens de parvenir à cette fin de son être, et d'atteindre cet objet de ses constants désirs. Destinés tous, en effet, à être heureux, il paraît bien cependant que tous les hommes ne le seront pas. Essayer ici de répondre à ceux qui nous interrogent à ce sujet, c'est d'ailleurs une affaire de conscience, et une entreprise qui demande qu'on y apporte de la prudence, mais encore de la clarté. Aussi, quand on nous demande de dire quelle idée du bonheur nous peut donner la connaissance de la psychologie, devons-nous croire d'abord que c'est de la connaissance de la philosophie qu'on entend parler. Et en effet, savoir le nombre et la définition des facultés de notre esprit, la manière dont s'acquiert la connaissance, quels sont encore les divers modes de la conscience, tout cela ne servirait guère à la fin proposée, si nous ne savions au-dessus de tout faire usage de la raison selon les règles de la logique, pour

[1] St Augustin.

arriver enfin à l'observation de cette morale qui est la conclusion de toute philosophie. Car tous conviennent que de nos mœurs seulement dépend la réalisation de ce désir du bonheur, qui n'est pas une simple idée ou un fantôme de notre esprit, mais une sorte de soif, un véritable besoin de notre être, une loi même à laquelle nous ne pouvons échapper.

C'est donc à l'enseignement des philosophes qu'il faudra d'abord recourir, afin d'apprendre d'eux ce qu'ils ont pensé du bonheur ; et déjà, ceux qui nous ont posé la question semblent nous avoir mis sur la voie pour la résoudre. Ils nous parlent en effet de la vie affective. Mais l'affection c'est l'amour, ou encore la joie du cœur, qui n'est que la satisfaction dans la possession du bien qu'on aime. C'est pour cela qu'un aperçu rapide de l'histoire de la philosophie pourra nous aider à connaître quel est ce bien, qu'ont recherché ou aimé en divers temps les hommes, tous d'ailleurs dans le fond plus ou moins philosophes. Chacun de nous pourra choisir entre les biens différents qui ont fait, comme on verra, l'objet de l'ambition humaine. Sans doute, faire en cela un mauvais choix serait un grand malheur. Mais nous sommes des êtres libres, qui avons la raison pour nous conduire, et bien que nous soyons nés pour être heureux, encore est-il vrai qu'aucun de nous ne saurait y être forcé, et que nul ne peut l'être malgré soi. Nous espérons d'ailleurs pouvoir simplifier la question, en réduisant à deux ou trois les diverses opinions philosophiques sur cette matière. Comme il faudra justifier aussi la solution qui nous paraît la seule raisonnable, nous aurons encore à poser ici avant tout le postulat indispensable, sur lequel repose la doctrine qui a toutes nos préférences. Il n'en est point qui puisse, en effet, se passer d'une lumière pour découvrir des vérités. L'homme est destiné à se survivre dans un autre monde, telle est la première de nos convictions philosophiques, sur laquelle il n'y a pas lieu de s'arrêter ici. Avec des lecteurs qui refuseraient de le croire, il ne serait jamais possible de s'entendre en quoi que ce soit. Cette vérité admise, ne craignons pas de recourir à l'histoire.

L'homme fort des temps antiques, nous raconte l'historien philosophe Xénophon, s'étant mis à réfléchir au début de sa carrière, vit soudain deux femmes venir à lui. L'une, au visage fardé, avait dans son extérieur et son allure tout ce qu'il faut pour captiver les regards ; l'autre, en apparence dépourvue de charmes, cachait sous son air sévère et sa tenue modeste une réelle beauté. C'était la volupté et la vertu, qui proposaient à Hercule de le conduire au bonheur par leur chemin préféré. Le jeune homme, bien avisé, prit le parti de suivre la dernière, et dans la suite remplit la terre de la renommée de ses travaux. Ses concitoyens admirateurs de ses exploits le mirent, dit-on, au rang des dieux. Ainsi, dans cet âge du monde appelé héroïque, où régnait encore beaucoup d'ignorance, voilà déjà une leçon utile à retenir et faite pour nous dire, semble-t-il, que la gloire comme le bonheur ne s'obtiennent qu'en retour de la peine, et qu'il nous les faut regarder comme la récompense du travail, et le prix qui doit couronner nos efforts. Même à l'époque où l'humanité n'était encore en possession que d'une science philosophique très rudimentaire, on reconnaît là deux doctrines en présence, et comme deux écoles qui se dessinent : l'une nous ouvrant un chemin semé de fleurs, l'autre nous conduisant par un sentier plus escarpé : le premier est le chemin du plaisir ; le second, celui du devoir. Mais nous devons laisser de côté les héros de la fable, et ne pas nous en tenir à cette mythologie qui est l'œuvre des païens, et dont les légendes n'étaient écrites que pour gouverner des peuples enfants.

Les philosophes sont venus plus tard, et la question du bonheur, que le progrès des temps devait compliquer, ne cessa d'être l'objet de leurs études. C'est surtout dans la Grèce, ce berceau de la philosophie humaine, que le sujet qui nous occupe intéressa beaucoup de maîtres, et passionna de bonne heure de grands esprits. Épicure, Zénon, Platon, pour ne nommer que quelques-uns des plus connus, y fondaient tour à tour des écoles, où le problème de la vie heureuse était résolu de diverses manières. Pendant les âges suivants et jusque dans nos temps modernes, on en a vu paraître d'autres encore. Il semble néanmoins que toutes, dans le fond, peuvent se ramener à ces conceptions du bonheur qui nous sont déjà connues. Trois doctrines, qui sont précisément celles dont nous venons de rappeler les noms des auteurs, ont toujours compté parmi les plus célèbres ; les autres n'en sont que des variations plus ou moins habiles, adaptées aux différences des peuples et des temps. Nous dirons brièvement en quoi elles consistent. Toutefois, il faut auparavant nous arrêter à examiner des préjugés, qui sont à la vérité de toutes les époques, mais que semble avoir fortifiés et encouragés l'état avancé de notre civilisation. Car c'est elle qui nous aidera à expliquer l'apparition de ces philosophies modernes, toujours soi-disant nouvelles, quoique le fond en soit très ancien. Un tel état de choses tient à ce fait que la civilisation, ayant rendu en divers lieux les hommes plus difficiles en général à contenter, a rendu pour eux du même coup plus complexe la solution de la question de la vie heureuse, en leur donnant tellement de moyens, que l'on voit beaucoup de gens ruiner d'une part un bonheur qu'ils cherchent d'une autre. La question aurait donc fait un grand pas déjà pour ceux qui pourraient se défaire d'une certaine fausse opinion du bonheur, malheureusement enracinée dans un grand nombre d'esprits.

Au demeurant, il serait trop facile de résoudre le problème, en se bornant à dire que le bonheur se trouve non dans le plaisir, mais dans le devoir ou la vertu. Ce n'est pas à l'aide d'une sèche affirmation qu'on éclaire une question de cette importance, et des gens intelligents ne se contentent pas en les payant de mots. Tout plaisir, dira-t-on très justement, n'est pas chose mauvaise. Il en est de légitimes, de nobles, de très compatibles avec le devoir et par conséquent avec le bonheur. Un certain bien-être est requis pour vivre dans la société selon les lois du juste et de l'honnête, c'est-à-dire pour pratiquer la vertu. Mais celle-ci n'est-elle pas encore un vrai plaisir et le plaisir de l'âme? Sans doute, et ce sont là autant de remarques que tous, jusqu'aux moins prévenus contre la vérité, peuvent raisonnablement se faire. Mais que faut-il conclure? Ce que nul d'entre nous ne voudra contredire : un peu d'aisance, une certaine position moyenne, telle serait en général la condition sociale la plus favorable peut-être à qui veut vivre heureux. Mais si l'indigence et la fortune sont dans l'ordre voulu de Dieu, qui pourrait les exclure d'un bien proposé à tous? La première nous fait manquer du nécessaire, la seconde surtout fait abuser du superflu, et en cela elles ne deviennent que trop des occasions de vices et de véritables sources de misères; c'est-à-dire de malheur. Mais cette concession faite, que chacun doit vivre selon sa condition et mesurer sa responsabilité à ses talents et ses moyens, n'est-il pas évident que l'un des plus grands préjugés régnants en bas comme en haut, c'est celui qui fait prendre aux hommes le bien-être pour le bonheur?

C'est en effet l'illusion la plus commune de toutes. Elle s'explique du reste par cette condition de notre état présent, qui veut que nous arrivions au bien immuable auquel nous sommes appelés, par l'usage des biens visibles et périssables. Le préjugé consiste à s'attacher aveuglément à ces derniers pour en faire tout notre bonheur, et à ne pas savoir s'élever par la raison au-dessus des sens. Cette erreur explique et résume d'ailleurs toutes les autres; et l'attrait des plaisirs grossiers fait naître cette impatience de jouir qui nous inquiète, et à laquelle nous savons si peu résister. Trop pressés d'être heureux, nous prétendons encore l'être d'une façon trop complète, préférant au calme d'une joie durable des jouissances qui ne sont que les ivresses d'un moment. Ces sortes de vie heureuse, faites de si fragiles éléments, rappellent ces fortune acquises en quelques jours et qui, n'ayant guère coûté à réaliser, s'en vont aussi vite qu'elles sont venues, ou encore à ces constructions édifiées à la hâte, et qui ne résistent pas au souffle d'un vent violent. Elles font enfin ressembler l'âme humaine à ce tonneau des Danaïdes, dans lequel il ne reste rien de ce que nous y versons pour remplir notre désir de bonheur. Le bien-être approuvé par la raison est celui qui ne sert qu'à soutenir et à soulager la nature. L'usage modéré des biens qu'elle nous donne, et qui sont comme tout le reste un effet de la libéralité de son auteur, est la seule cause qui permette de les appeler des biens. Au-delà, l'abus que nous sommes portés à en faire, est dans la réalité la principale source de nos maux.

Un pareil idéal de bonheur fut cependant le rêve insensé des sectateurs d'Épicure, le premier en date de ceux dont nous devons maintenant examiner brièvement la doctrine. Mettant la vie heureuse dans les jouissances du corps, elle n'eut pas de peine à obtenir dans tous les pays la plus grande vogue. Cette philosophie du plaisir dans sa plus grossière acception ne disparaîtra d'ailleurs qu'avec l'homme. Quant à discuter ce qu'elle enseigne, chacun en est capable, et cela ne vaut pas la peine de s'y arrêter, attendu qu'elle est le résultat de la logique de ceux pour qui l'existence humaine est bornée à la terre. Cette morale sans fondement ne peut se soutenir au grand jour. Mais sous des noms divers, le matérialisme moderne la cultive comme son héritage, aidé en cela du secours de la littérature sensualiste et du réalisme dans l'art. Efforçons-nous de prendre en pitié ceux qui s'y laissent séduire ; plaignons-les sincèrement et passons.

La doctrine de Zénon florissait chez les anciens Romains,

qui l'avaient reçue de la Grèce. Enseignant à l'homme à rechercher le bonheur dans la vertu, elle produisit un grand nombre de ces personnages célèbres qui ont illustré l'antiquité païenne. Le mépris des plaisirs du corps nuisibles à l'âme, le courage à soutenir les maux de la vie, en deux mots la force de supporter et de s'abstenir, tels étaient les enseignements principaux, dans lesquels se résumait une philosophie qui faisait roidir l'homme contre le mal, plutôt qu'elle ne l'excitait au bien. Mais l'idéal de vie heureuse que devait donner la vertu stoïcienne n'était pas à l'abri de reproches. L'erreur de ses partisans fut de vouloir trouver dans le fond même de la nature humaine, c'est-à-dire dans leur propre raison, le principal agent du bonheur. Leur sage, soi-disant heureux au milieu même des plus grands maux extérieurs, avait encore, par une étrange inconséquence de sa doctrine, la ressource de trancher par le suicide une vie qu'il n'aurait pas pu supporter. Aussi, de tels exemples d'égarements ne manquent-ils pas dans l'histoire de quelques-uns de ces grands hommes. Mais comment pourrait-on faire grand fond sur une vertu qui semblait sombrer avec la fortune? Toutefois, l'égarement et les défaillances de quelques personnages historiques ne prouvent guère contre les préceptes que la doctrine renfermait de bons, et leurs fautes n'affaiblissent pas la renommée de ceux qui, à défaut de mieux, purent s'en servir pour vivre heureux. Quant à l'espérance d'un meilleur avenir, ce point fondamental de la doctrine chrétienne, nous ne leur savons pas de manuel reconnu qui en ait fait un dogme bien clair. Ce fut toutefois la croyance de plusieurs, comme on le voit, par exemple, dans les écrits de Sénèque.

Malgré la disparition de ces maîtres avec la chute de l'empire romain, cet orgueil de l'esprit humain qui lui fait vouloir se suffire, et qui fut l'erreur de l'école stoïcienne, n'a pas disparu de notre philosophie. Le rationalisme s'en est déclaré le défenseur, et l'on s'explique sans peine comment son enseignement lui fait trouver toujours des disciples avoués ou secrets. L'esprit de l'homme est enflé, aujourd'hui plus que jamais, de toutes les découvertes réalisées dans les diverses branches des connaissances naturelles, qui, tout en étant des marques incontestables de sa puissance, ont aussi pour quelques-uns l'inconvénient de leur faire oublier sa réelle fragilité. Aussi, cette opinion que l'homme trouve dans les seules ressources de sa raison personnelle et ses propres idées tout ce qu'il lui faut pour se rendre heureux, flatte au plus haut point son amour-propre, et par là même elle est encore bien accueillie par nombre d'hommes distingués, mais moins raisonnables que raisonneurs.

Au Ve siècle avant notre ère, l'école appelée platonicienne brillait à Athènes, où ses maîtres enseignaient dans les jardins de l'Académie et du Lycée. Mieux inspirés que les autres, ces philosophes avaient conçu de l'Être divin principe de vie heureuse des idées très élevées, et professaient une doctrine qui fut, comme on l'a dit, tout ce que la raison de l'homme pouvait trouver de meilleur. Les règles de la vertu, source du bonheur, se résumaient pour les disciples de Socrate dans cette profonde connaissance de soi, qui ne déguise pas à l'homme la vanité de la fausse science ; dans cette modération, qui est le juste milieu entre les extrêmes opposés du vice ; enfin dans cette conformité de la vie au souverain bien, qui est l'amour et l'imitation de Dieu. Laissons de côté leurs divisions et leurs erreurs, que l'histoire a fait assez connaître. Malheureusement pour leurs contemporains et pour le peuple surtout, l'autorité fit défaut à tous ces maîtres pour attirer les hommes à leurs idées, et leur faire accepter une doctrine d'un caractère élevé, qui n'avait rien de flatteur pour leurs penchants. On peut croire aussi que le zèle apostolique leur manqua, et qu'ils ne surent pas se mettre à la portée du grand nombre. Socrate sans doute haranguait le peuple dans les rues et sur les places d'Athènes. Mais sa franchise, comme on sait, lui coûta la vie, et si son héroïsme lui valut des admirateurs, il ne s'en trouva point pour oser l'imiter. Platon et Aristote laissèrent des œuvres admirables, mais en raison du génie de leurs auteurs, elles restaient science close pour la plupart des hommes, et accessibles seulement à l'aristocratie des intelligences. On le vit bien par la suite. Dès les siècles suivants, leurs écoles étaient tombées dans un tel état de décadence, qu'on n'y reconnaissait plus l'esprit de leurs fondateurs. Ceux qu'on appelait Académiciens au IVe siècle, étaient d'avis qu'on ne connaissait en ce monde rien de certain ; ils étaient bientôt transformés en sceptiques, qui estimaient que la raison était incapable d'apprendre aux gens la vérité sur l'art d'être heureux. La plupart des hommes revenaient donc à leurs vieilles erreurs.

Par bonheur pour l'humanité, dont la misère générale touchait alors à l'extrême, vers l'époque où Rome arrivait à l'apogée de sa puissance, un maître avait paru, qui méritait beaucoup plus que Platon de porter le nom de divin, bien qu'il eût passé sa vie jusqu'à trente ans occupé à travailler de ses mains. Héritier d'une noblesse déchue aux yeux du monde, ce fils d'artisan, négligeant de se parer du manteau de philosophe, répandait gratuitement la bonne nouvelle envoyée par le ciel à la terre. Le bonheur qu'il apportait aux hommes, était destiné à la fois aux petits et aux grands, aux esprits cultivés comme aux gens du vulgaire. Tous allaient pouvoir trouver dans ses leçons le moyen de satisfaire le désir qu'ils avaient d'être heureux, et le droit que chacun avait après tout de l'être. Ce droit en effet semblait jusqu'alors être assez méconnu chez les peuples, à voir la façon dont les puissants de l'époque traitaient leurs serviteurs, quand, au contraire, le caractère essentiel du nouveau Maître était une immense compassion pour ceux qui travaillent de leurs bras et qui souffrent. Car c'était là un des points remarquables de la nouvelle philosophie, plus élevée d'ailleurs que celle de Platon, et plus austère encore que celle de Zénon. En réalité elle voulait élever l'homme au-dessus de la nature.

Cette philosophie fut résumée d'ailleurs dans le récit de la vie du Maître, qui avait passé ses dernières années à parcourir les villes et les bourgs de sa patrie, enseignant sa doctrine au peuple, que sa sagesse attirait en foule à sa suite, en dépit des puissants de l'époque dont elle ruinait la fausse science avec le crédit. Sa vie pleine de merveilles et sa mort pleine de douleurs confirmèrent ses enseignements, en montrant en lui le fils de l'homme, mais surtout le Fils de Dieu, animé de son Esprit. La société enseignante fondée par lui ne changeait rien quant au fond à cette conception vraie du bonheur déjà connue : c'était toujours l'amour de la vertu et la haine du vice. Toutefois, elle enseignait des vertus surnaturelles et un précepte nouveau, qui n'était que l'achèvement et la perfection d'une loi donnée au peuple de la Palestine, pays où le Maître avait vécu; et dont les mœurs, la religion, les prophètes avaient depuis l'origine du monde servi à préparer l'avènement de la nouvelle philosophie. L'Église, nom donné à cette nouvelle société, disait encore entre autres choses, en dépit des philosophes, que la liberté humaine ne pouvait à elle seule se suffire, et enfin qu'il appartenait surtout à « Celui qui avait fait l'homme de pouvoir aussi faire l'homme heureux [1] ».

Désormais et à condition de rendre à cet unique Dieu et Maître, créateur du ciel et de la terre, le culte d'adoration qui lui était dû, l'idée de la vie heureuse allait passer partout dans le domaine de la pratique. Les hommes éclairés ne devaient plus se complaire dans le sentiment d'un bonheur tout platonique, et moins encore dans l'idée de leurs talents et de leur supériorité, mais consentir à voir des frères jusque dans les derniers de leurs serviteurs, que la nouvelle doctrine relevait au-dessus de leur ancienne bassesse.

[1] St Augustin, Lett. CLVI.

Pour les uns et les autres, il n'y avait de bonheur actuel que dans la joie que donne l'espérance solide d'une félicité véritable, goûtée dans un monde avenir, et récompense des épreuves de la vie du temps. La doctrine d'Épicure était d'ailleurs rejetée tellement loin, que l'on put voir beaucoup de disciples, renonçant à des biens et à des satisfactions dont l'usage était légitime, se réjouir tellement dans leurs espérances, qu'ils avouaient surabonder de joie au milieu des tribulations. Beaucoup payèrent même de leur vie le refus qu'ils firent de s'incliner devant les idoles, dont les Césars d'alors se servaient pour affermir leur empire sur les populations. C'est ainsi que les apôtres de l'Évangile n'enseignèrent pas seulement aux hommes sur quoi leur affection devait se porter, ils ne leur apprenaient pas seulement de bouche quel était ce bien dont l'amour devait faire leur bonheur, car Platon et d'autres encore l'avaient dit, mais ce qui était beaucoup plus, ils réussissaient à le leur faire aimer par la force même de leur exemple. Par là ils enseignaient et traçaient la voie, quand à peine quelques philosophes avaient entrevu ou indiqué le terme.

C'était, en effet, une entreprise difficile et surhumaine, que de faire accepter une idée du bonheur, très différente de celles qui avaient généralement cours parmi les hommes; et il en coûtait à ceux-ci de quitter leurs anciens préjugés, pour recevoir une doctrine nettement opposée à ce penchant vers le sensualisme qui les affligeait presque tous. Les nouveaux maîtres n'y parvinrent que grâce au temps, et surtout à une prodigieuse patience, et le succès de leur enseignement fut si grand, qu'aujourd'hui encore quelques penseurs de notre siècle n'en veulent pas croire leurs yeux, et demeurant tout étonnés de ce qu'ils ne peuvent nier, ils s'efforcent de donner d'un évènement tout divin des explications tout humaines; d'autant plus que la psychologie serait, à ce qu'ils disent, une science quasi moderne, et développée surtout par quelques savants docteurs de date toute récente, qui fondent sur elle beaucoup d'espérance. Mais il leur faut bien convenir, malgré cette croyance, que ces maîtres du temps passé, pour en ignorer le nom, n'en avaient pas moins une connaissance très avancée de la chose. Ils possédaient cette science de l'âme, et sans s'attarder à faire de subtiles analyses et de savantes synthèses de ses phénomènes, ils avaient, pour l'éclairer, la lumière de la sagesse, et pour les conduire, un talent pratique au-dessus du commun, et cette grâce d'en-haut, que de savants traités ne suffisent pas seuls à donner. Après tout, le grand succès obtenu par la publication de l'Évangile a eu des conséquences, dont ne manquent pas de se réjouir sincèrement tous ceux qui veulent véritablement le bonheur de l'humanité. Grâce à lui, l'esclavage et les fausses civilisations disparaissent de plus en plus, la philosophie et la religion, que le paganisme tenait séparées, ont pu depuis longtemps s'unir, et dans les sociétés qui ont accepté la doctrine chrétienne, les mœurs publiques se sont beaucoup améliorées.

Après cela, nous ne devons pas être étonnés s'il reste encore des gens qui ne veulent pas faire attention à ces résultats, et qui ne se trouvent pas satisfaits de ce genre de vie heureuse que l'Évangile est venu enseigner. A certain point de vue, cette résistance à la lumière de la vérité n'est que trop naturelle. Bien que la vogue des dogmes de Démocrite et d'Épicure soit passée, nous voyons les mêmes doctrines propagées par des maîtres modernes et avec des noms différents, sous lesquels il n'est pas besoin d'être très clairvoyant pour les reconnaître. L'esprit public en reste encore assez imprégné, et en raison de leur état d'âme, quelques-uns pourraient regarder comme nuageuse cette conception chrétienne du bonheur ; ils la demanderont plus palpable. A eux d'y réfléchir, mais nous n'en connaissons pas de plus vraie que cette paix de l'âme et ce repos du cœur que cherchent, sans les trouver jamais, ceux même qui courent après les plaisirs et la fortune. Car l'âme humaine est formée comme de deux parties, s'il est permis d'employer ici un langage qui ne convient pas à sa nature indivisible, et cette âme est déchirée et malheureuse, tant que sa raison et sa sensibilité sont en guerre, ou encore tant que l'égoïsme, la détournant de l'amour des biens véritables, met sa volonté en lutte avec celles de Dieu et du prochain.

Sous un autre nom, ce bonheur est encore la satisfaction des désirs honnêtes et purs. Il n'est personne qui n'en ait éprouvé la douceur et la réalité quelquefois dans sa vie, après avoir accompli un acte méritoire ou quelque œuvre de vraie charité. Comme les satisfactions de la vertu, celles du plus simple devoir sont de cette nature, et peuvent en prendre le caractère. C'est ce qui montre bien encore cette vérité, savoir, que ce bonheur ne peut être pour nous qu'un sentiment passager et non continu dans cette vie du temps, dont le grand devoir est le travail, auquel la peine est attachée à la suite de notre déchéance native. Même pour l'homme d'étude, le bonheur dans la vie sociale n'est pas la méditation philosophique, ni la seule contemplation de la vérité; mais il est dans les œuvres de la charité ou l'action, et celle-ci est l'effort qui nous fait mériter celle-là. Nous devons dans un sens, non pas nous agiter, mais nous fatiguer à la poursuite du bonheur, et peiner généreusement pour nous sentir heureux. La patience dans l'affliction, enseigne l'apôtre, produit l'épreuve; et, l'épreuve, l'espérance ou ce désir plein de joie qui élève l'homme à Dieu, espérance qui fait vivre, et qui est le prélude et comme le gage de notre bonheur à venir (1).

Il resterait encore à répondre à la seconde partie de la question proposée, en précisant ce que peut faire pour la

---

(1) Quelques personnes pourraient nous adresser le reproche d'avoir fait trop peu de cas des philosophes, qui ont paru depuis l'ère chrétienne, en les laissant ainsi dans l'oubli. Nos explications les satisferont sans doute. En premier lieu, nous ne donnons pas ici une histoire de la philosophie, mais le résumé en quelques mots des principales doc-

vie heureuse, cette expérience que l'étude des lettres nous donne de la vie affective. Bien que cette dernière ne soit nullement un privilège accordé à l'homme de lettres, mais en général et simplement à tous les hommes de bonne volonté (¹), nous estimons trop les avantages de l'étude et surtout de la méditation, pour ne pas aimer à éclaircir autant que possible ce point de notre sujet. Il faut essayer de le faire sans manquer de justice envers personne.

Assurément l'humanité, privée du secours du langage et des lettres, serait demeurée dans une ignorance profonde

trines en ce qui a trait à notre sujet. Si quelques-uns croient trouver chez ces philosophes des vérités qui nous échappent, ils consulteront des livres où la question est traitée plus longuement. Mais en second lieu, il nous semble que les penseurs qui, depuis l'apparition du christianisme, ont écrit sur cette matière, sont ou bien des hommes irréligieux et antichrétiens déclarés, et dans ce cas ils sont ici hors de cause ; ou bien, ce sont des écrivains qui ont bien mérité de l'humanité. De tels philosophes ont été plus ou moins attachés au christianisme. Ils lui doivent, sans doute, ce qu'ils ont produit de bon. Nous ne pensons pas qu'ils aient apporté de nouvelles révélations, mais ils ont pu répandre quelque lumière dans la philosophie humaine. En cela, les Leibnitz, les Descartes et plusieurs autres ont pu rendre service à quelques-uns, en quoi nous les honorons comme eux. D'un autre côté, bien de ces penseurs, dans leurs nombreux écrits, ayant donné prise à de justes critiques aux yeux de la foi, il est arrivé que les partisans du scepticisme, du rationalisme et autres fausses doctrines, se sont réclamés de leurs noms et de leurs idées pour soutenir la mauvaise cause. Nous devons donc nous en tenir à notre résumé. Sans mépriser personne, nous honorons et remercions tous ceux qui, parmi les modernes, mettent leur savoir à défendre la vérité chrétienne dans le monde des incrédules. Nous évitons même de juger la personne de nos adversaires, sachant que plusieurs parmi les ennemis même de la foi y sont revenus à la fin de leur vie, en regrettant évidemment ce qu'ils avaient écrit contre elle. En cela, ils devraient servir de leçon à tous ceux qui, encore vivant, oublient la fin chrétienne de ces hommes, et abusent de leurs noms pour soutenir leurs propres erreurs.

(1) *In terrâ pax hominibus bonæ voluntatis.*

sur la question du bonheur, de même que le monde serait resté dans le chaos, si la lumière du Verbe n'en était venue éclairer les ténèbres. C'est bien la parole articulée ou écrite qui a dissipé les erreurs, et fait briller la vérité sur le sujet de la vie heureuse, comme dans tout le reste ; nous savons même qu'aujourd'hui elle a retenti jusqu'aux extrémités de la terre (1). Mais il semble aussi que c'est avant tout et après tout une parole vivante qui a produit cet effet-là, une parole divine, plus encore qu'humaine. Ce résultat est principalement l'ouvrage de ce Verbe dont parle St Jean à la première page de son livre. Il convient donc ici de faire une distinction, afin d'apprécier les choses à leur juste valeur et de rendre à chacun ce qui lui est dû.

Ce qu'on appelle littérature, belles-lettres, philosophie même, tout excellentes choses qu'elles puissent être, n'aurait jamais suffi, comme on l'a vu, pour opérer dans le monde cette rénovation que le christianisme a pu accomplir, œuvre de régénération qui ne se maintient d'ailleurs qu'au prix de la continuation du même sacrifice qui l'a pu réaliser. Il ne faut pas trop attribuer à la rhétorique, qui en elle-même n'est nullement une vertu. C'est une force sans doute dont on peut se servir utilement, mais aussi malhonnêtement ; et il est un genre d'éloquence qui sympathise assez avec l'erreur et le mal. Sans médire d'aucun genre d'écrivain, il faut donc avouer qu'on peut écrire d'une façon agréable, intéresser même beaucoup son lecteur, faire enfin jusqu'à des livres dits de philosophie qui aient de la vogue, sans élucider beaucoup l'idée du bonheur, ni travailler à la faire entrer dans la pratique.

Encore une fois, il s'agit ici de cette vie heureuse qui, s'accommodant fort bien avec la condition sociale de chacun et l'usage modéré des biens sensibles, ne borne point pourtant notre horizon à celui de la terre. Vie heureuse qui ne

---

(1) *In omnem terram exivit sonus eorum.*

saurait être imposée à l'homme libre, mais que l'homme raisonnable peut avec sa liberté connaître et apprécier après dix-neuf siècles d'enseignement révélé. Il est une autre idée du bonheur tout opposée, beaucoup plus commode en apparence pour le moment présent; mais elle ne s'accorde pas avec le principe posé en commençant, et c'est ce qui nous dispense d'en faire cas.

Il nous faut donc avoir les lettres en grande estime, et en faire surtout un bon usage, comme du grand moyen de notre éducation, car le livre a des charmes que la parole de l'orateur ne possède pas, en ce qu'il ne s'adresse qu'au plus parfait de nos sens. C'est aussi ce que l'Église a fait; elle a eu ses écrivains, ses savants, ses métaphysiciens, ses poëtes, ses artistes même, et elle en aura toujours sans doute. Tout cela cependant ne lui aurait pas suffi pour réaliser l'œuvre éminemment éducatrice qui était sa mission, et dont on ne lui conteste pas le succès. A vrai dire même, dès son origine elle n'a pas cherché à se parer des apprêts et des grâces du langage, ni à user de toutes les ressources de l'art, ce qui n'a pas empêché cette vierge de subjuguer l'hercule romain et d'autres encore. Il y a une rudesse et parfois une naïveté de style dans certains livres canoniques, formant les parties essentielles des Saintes Lettres, qui ne sont pas faites pour entrer aisément dans tous les esprits. Du moins, nous aurions tort de nous en formaliser, et il ne faut nous en prendre qu'à nous-même, quand on sait que l'éloquence du discours n'est pas nécessairement la marque de la solidité du fond, pas plus que l'éloquence n'est le cachet de la sainteté. C'est pourtant dans ce genre d'écrits que la vérité sur la doctrine du bonheur se trouve dans sa source. Mais nous comprenons du reste avec tout le monde, que tous les cœurs ne soient pas naturellement disposés pour l'y aller apprendre sans discernement, et la faiblesse assez générale de nos esprits nous oblige de convenir qu'il faut encore autre chose, à savoir, des moyens de formation des âmes plus ordinaires, plus humains et pour ainsi dire plus communs.

Il y a donc les commentateurs, il y a les lettres humaines proprement dites, qui doivent être d'excellents intermédiaires en général pour nous instruire utilement et en détail des choses de la vie, et dans lesquelles nous pourrons apprendre, en des termes appropriés à notre âge et à notre état, ce vrai et ce bien dont la connaissance fait aux yeux du philosophe la condition d'une vie heureuse. Les bons livres d'ailleurs ne sont pas rares, sans les confondre pour cela avec ceux qui jouissent de ce qu'on appelle la vogue. Pour ne pas mentir cependant, il faut dire que la littérature en général est un mélange assez informe de bien et de mal, capable enfin de faire goûter celui-ci plus encore que celui-là. Ce serait une erreur grossière de croire que nos affections s'épurent naturellement à l'étude des lettres humaines, et à des lectures quelconques, ou de se figurer seulement que la raison et l'esprit y gagnent, comme le disent ceux qui ne croient pas à l'impression contagieuse du mal, enfermé dans une parole agréable à lire ou à entendre. Il y a des livres recherchés qui n'en sont pas moins la peste de l'âme. Sans être trop sévère, on pourrait aussi trouver pas mal à redire à certain genre qui voudrait aujourd'hui se faire classique, quoiqu'il n'ait pas déjà grand crédit dans le monde. C'est pourquoi et pour conclure, tel qui cherche sincèrement dans les belles-lettres la vérité qui lui donne l'idée du bonheur, et qui veut y puiser ces sentiments nobles et ces affections honnêtes capables de fortifier et de réjouir son âme, celui-là fera bien de choisir ses livres de lecture, et surtout de connaître les maîtres auxquels il s'adresse. Les belles-lettres nous donnent surtout des modèles de l'art de bien dire, beaucoup plus que des exemples pour bien faire. Or, l'art de bien parler qui sert à nous acheminer dans le monde, soit dit sans le mépriser, est un talent commun aux mauvais comme aux bons.

XXIV

Qu'est-ce que le Rationalisme ?

Le rationalisme est le mal d'une âme enflée du sentiment exagéré de sa propre excellence.

Formé de terre comme le ver, rampant sur une motte, jetée dans l'espace avec des millions d'autres, l'homme, ayant senti en lui quelque chose de divin, s'est révolté contre celui qui est le principe de sa grandeur. Tandis qu'autour de lui tous les êtres obéissaient à des lois, que la nature entière reconnaissait un maître et publiait la gloire de son auteur, l'homme a voulu être à lui-même sa propre loi, il a nié son Créateur. Séduit un jour par une fausse idée de son indépendance, il s'est dit : Je ne servirai pas d'autre que moi. Destiné à s'élever jusqu'à Dieu, l'homme s'est dressé, s'est insurgé contre Dieu.

Créature noble entre toutes, mais par ailleurs si infirme qu'un rien peut la briser, et qu'un souffle suffit pour la détruire, l'homme a voulu faire de la vérité une vassale, et s'en ériger lui-même le Seigneur. De là tous les égarements de sa raison. Depuis le déisme jusqu'à l'athéisme, du savant et subtil raisonnement de l'éclectisme jusqu'au blasphème audacieux qui l'a fait s'écrier : ni Dieu ni maître, il y a bien des degrés à descendre, et il faut se garder de mettre sur la même ligne toutes les erreurs de l'esprit humain. Ces formes diverses ont néanmoins quelque chose de commun. Ce n'est pas se tromper que de voir dans toutes un refus d'hommage, une résistance à une Raison souveraine, et en un mot une désobéissance au Créateur.

Cette remarque faite, c'est du rationalisme qui tient école qu'il sera surtout question ici, et c'est avec ses partisans que nous voulons raisonner. La discussion est entre nous et les défenseurs des droits de la raison, droits que nous reconnaissons pleinement, sans les croire pourtant sans limite. Car c'est à tort que les défenseurs de cette philosophie nous accusent parfois d'être les ennemis de ce qui fait une de nos gloires. Bien loin de récuser les jugements de la raison, et de ne pas admettre l'autorité de son témoignage, nous l'estimons encore plus qu'eux. Quelques-uns pourraient se croire fondés à nous dire par manière de reproche sans réplique : « Si la faculté donnée à l'homme pour se conduire, comme vous en convenez sans doute, ne peut lui suffire, comment voulez-vous que l'homme fasse? » L'objection est spécieuse. Toutefois, il nous semble, en effet, que nul en ce monde ne se suffit à lui-même, et que si chacun de nous n'avait, pour atteindre sa haute destinée, que ce pâle flambeau de sa raison personnelle, il risquerait trop de s'égarer. De même que l'œil de l'homme ne peut conduire ses pas qu'à la faveur de la lumière du jour, ainsi sa raison ne le peut guider qu'à la clarté de la vérité. Et si l'esprit humain est une lumière, du moins ne l'est-il qu'à la façon de ces astres qui, obscurs par eux-mêmes, deviennent lumineux parce qu'ils la réfléchissent. Homme si savant que vous soyez, votre esprit ne saurait se prendre pour un soleil des intelligences! Vous savez assez combien il lui en coûte d'efforts et de travail pour arriver à découvrir le vrai.

Au reste, nous ne contesterons pas la bonté, l'excellence même de cette faculté maîtresse de notre âme. Nous la croyons simplement imparfaite, et seulement appelée à la perfection. Elle est à nos yeux un témoin, un héraut de la vérité, mais nous ne saurions en faire le juge souverain, l'auteur de la vérité. Nous irons plus loin pour ôter au rationaliste le bénéfice de l'argument énoncé. La raison suffit pleinement à l'homme pour se conduire, à la seule condition qu'elle consente à garder son rôle, et qu'il veuille la mettre à sa place.

Écartons d'abord, au début, ces penseurs trop libres, qui vont jusqu'à ces excès que le bon sens le plus vulgaire réprouve : les athées déclarés et les anarchistes de profession ne seront pas ici en cause. C'est avec les autres que nous voudrions nous expliquer. Est-ce trop d'insister sur ce qui nous paraît leur erreur ? A tout risquer, nous pouvons la préciser davantage. Ce rationalisme est simplement l'orgueil de la pensée humaine, le défaut de ceux qui ont plus de science que de vrai savoir, entendez de cette science qui ne connaît qu'une des faces de l'homme, celle qui en est le côté noble, et qui est aveugle sur sa misère, ne voyant pas cette chose si évidente, qu'il est un mélange de grandeur et de petitesse, de faiblesse et de puissance. Séduits par une raison qu'ils prennent pour infaillible, ils n'admettent rien qui dépasse sa mesure, aucun être qui ne soit à la portée de leur pénétration ; ils sont tout intellectuels, en un mot, et ne comprennent rien qui ne puisse être enfermé dans le cercle de leur raisonnement. Hommes souvent de grand talent, mais à qui manque la modestie du talent. Chez eux la raison a étouffé le sentiment, ou plutôt cette passion froide d'un esprit plein de lui-même et sûr de son mérite a pris en eux le dessus sur ce sentiment généreux qui fait le fond de la vertu véritable ; leur force n'est qu'une raideur qui ne leur permet pas de s'abaisser. Tenant l'obéissance pour bassesse de cœur, toute religion positive pour faiblesse d'esprit, ils ne croient pas au surnaturel, expliquant tout par cette science humaine qui a nom naturalisme. Ceux d'entre eux qui confessent une Divinité, ne voient pas en elle un Dieu vivant, ils n'ont en fait qu'une déité purement nominale.

Ces penseurs, sages à leurs propres yeux, ont donc le seul tort, en certaine matière au moins, de croire à l'infaillible sûreté de leur jugement, ils ne veulent se rendre qu'à la seule évidence. En cela leur sagesse ressemble trop à un calcul, et leur morale est trop assimilée aux sciences exactes. Il est bien vrai pourtant qu'à chaque ordre de réalité ou de vérité correspond une évidence propre, comme à chaque objet visible, une lumière et une couleur à lui. Mettons donc sous leurs yeux des faits aisés à constater, des réalités manifestes, des choses enfin dont tous conviendront sans doute. Ils reconnaîtront avec nous que cette raison ne saurait être la vérité même : elle dépend bien de certains facteurs, et en premier lieu de ce grand maître qu'on appelle l'âge ou le temps.

Voyez ce jeune homme qui passe, fier de la fleur de ses vingt ans ; arrêtez-le pour le questionner, et écoutez les raisonnements qu'il vous tient. La vie n'a pour lui que des attraits, et hormis les quelques heures que lui prend le travail du jour, le monde est un séjour plein de charme. Ouvert à toutes les idées qui le flattent, l'illusion est l'atmosphère où ce rationaliste en herbe s'agite. Pour lui le temps n'a pas de prix : il ne sent pas que l'existence a un terme qui pourrait bien arriver demain. Voyez le même homme, vingt années plus tard et à la maturité de son âge, comme son langage a changé. Ses soins tendent à résister aux entraînements qui emportaient sa jeunesse. Sa grande préoccupation, son souci principal est le gain, le renom qui le lui attirera, toutes choses enfin qui lui garantiront une condition très aisée, un établissement solide qui le mette à l'abri des coups du sort. Il se dit bien parfois qu'un rien peut renverser sur l'heure toutes ces espérances terrestres, mais sa raison lui fait chasser les sombres pensées et les soins importuns. Devenu vieillard, et spéculant encore, bien qu'il ait de la fortune, cet imprudent d'autrefois est maintenant tout autre; le voilà devenu prudent jusqu'à la défiance, désabusé, mais raisonnant toujours, toutefois d'une façon différente. Il trouve la jeunesse folle, la vie un fardeau qu'il consentirait par moments à quitter, s'il le pouvait sans crainte et sans peine. Le même homme, jadis expansif et crédule, pense que l'erreur est partout autour de lui, que l'égoïsme est un vice dont il ne voit guère de gens exempts. Que ne ferait-il pas s'il pouvait retrouver ses vingt ans ! Qui a dicté à cet homme des jugements si contradictoires ? Qui lui a inspiré des façons de voir si diverses ? La même raison, oui la même, celle dont les variations ont fait dire au critique :

> Le temps, qui change tout, change aussi nos humeurs;
> Chaque âge a ses plaisirs, son esprit et ses mœurs ! (1)

Et ailleurs, rappelant encore cette versatilité d'esprit, et ce penchant qui nous fait changer de manière de voir :

> Voilà l'homme en effet: il va du blanc au noir,
> Il condamne au matin ses sentiments du soir.....
> Il change à tout moment d'esprit comme de mode. (2)

On ne fera pas difficulté d'en convenir, croyons-nous. Si l'âge ou le temps ne dicte pas, absolument parlant, les jugements de l'homme, il pèse toutefois sur sa raison pour en faire varier le langage. Il ne s'agit pas ici de cette faculté qui démontre les théorèmes, mais de cette raison pratique avec laquelle on juge des choses de la vie.

Mais prenons garde, notre rationaliste n'est pas un esprit vulgaire, un homme du monde tel que nous venons de le dépeindre. N'en faisons pas un de ces écervelés qui n'ont

---

(1) Boileau. — Art poét.
(2) Id. Sat. VIII.

pas la vraie notion des choses, ni le sens exact de la vie. Notre adversaire est un penseur qui ne se laisse pas prendre dans le piège des phrases, et nous lui devons ici d'écouter sa répartie. L'imagination, la sensibilité, la passion enfin, nous dira-t-il, influent sur le jugement de cet homme que vous nous proposez en exemple : c'est précisément la faculté maîtresse qui est malade chez de telles gens, et la saine raison qui leur fait défaut. — Nous convenons que ces gens du monde, esprits pratiques toutefois, ne sont pas des maîtres de philosophie, quoique beaucoup de ceux-ci soient des hommes du monde. Mais, pour être docteurs en ceci ou en cela, les hommes en sont-ils moins affranchis de l'influence exercée sur leur raison par leurs facultés sensitives ? l'esprit humain pourrait-il s'y soustraire ? L'insensibilité, la sécheresse d'imagination et de cœur, sont généralement les défauts de celui qui a beaucoup vécu, tandis que les excès opposés sont ordinairement le propre de la jeunesse. L'âge mûr, qui tient à tous les deux, n'échappe aux faiblesses de l'un que pour tomber dans celles de l'autre. Nul homme n'est de pierre, c'est-à-dire sans passion ni vice. S'il est vrai que la raison gouverne le char, ce n'est pas sans subir l'influence naturelle, forcée, légitime dans un sens, des autres puissances. Tout compte fait, l'esprit propre de chacun est une résultante de toutes les facultés que le temps ou l'âge fait varier; à moins que l'homme ne soit fermement attaché à une vérité, à un principe inébranlable, à moins qu'il n'ait un point fixe et immuable, un pôle qui empêche cette raison de laisser trop dévier le char dans sa course. Le fabuliste, qui fait preuve de beaucoup de sens en mainte occasion, fait la même remarque :

> Quel esprit ne bat la campagne !

Peut-être ne verrez-vous là qu'une saillie? Détrompez-vous; sous la forme plaisante du langage, il nous oblige à convenir d'une réalité très générale. Quel esprit n'est-il pas plus ou moins dupe des sens et du cœur ? Quelle raison humaine enfin n'a-t-elle pas sa part de faiblesse et d'aveuglement ?

Comme il serait encore intéressant pour notre instruction, de pouvoir suivre ce fier esprit de l'homme dans tous ses états de vie et de fortune, aux prises avec ce qu'on appelle les caprices du sort, et avec cette alternative d'événements heureux ou malheureux, dont toute existence est composée. Quel est celui dont les idées, l'esprit ne subissent pas l'influence de ce genre de cause? Condition sociale, prospérité ou adversité, éducation première, et même santé bonne ou mauvaise, tout cela n'entre-t-il pas en jeu et ne vient-il pas en ligne de compte, pour former en chacun cet arbitre qui s'appelle le jugement ou la justice propre ? Nous le savons bien. Voici encore un aveu dont on reconnaîtra la sincérité, ainsi que la conformité avec la nature des choses humaines. On ne le trouve pas sans doute dans les livres savants, ni même dans nos traités de philosophie. Il s'entend faire quelquefois dans ces moments où parle en nous le bon sens, et on peut l'avoir surpris échappé à la plume d'un écrivain vulgaire. Il ne s'adresse pas seulement à l'homme quelconque, mais surtout aux gens de marque et le voici : Si l'on dressait la liste de tous les changements d'opinion, de toutes les contradictions et variations du jugement d'un même homme durant tout le cours de sa vie, on aurait grand sujet d'en rire, s'il ne fallait pas plutôt en avoir pitié !

Mais laissons encore la parole au défenseur de la philosophie de la raison. Comme le stoïcien que rien ne peut impressionner, l'homme qui raisonne n'est pas cet inconstant qui change avec la fortune, ni ce caractère faible qui se laisse émouvoir par les vicissitudes du sort. Pour défendre sa cause, il a d'autres arguments que toutes nos considérations. Une fois de plus, nous dira-t-il, l'esprit humain, dont vous nous faites un plaisant portrait, n'est pas cette âme du sage, qui lui a été donnée pour vivre dans ces régions paisibles où il n'est plus influencé par les agitations d'en bas. Il faut se séparer de la foule pour bien vivre ! Est-ce à l'homme du peuple à faire la leçon aux gens éclairés ? Que ne vous adressez-vous plutôt à ces maîtres de la science, qui vivent dans cet asile tranquille et sûr élevé par la philosophie. Voilà le temple où vous devez aller pour entendre la Sagesse prononcer ses oracles. C'est de ce séjour serein que ces hommes à la raison élevée contemplent avec dédain la multitude des mortels, s'agitant sur la mer de ce monde, où l'illusion leur cache la vérité, et ne leur laisse qu'un fantôme de bonheur ! — Mais achève, ô philosophe, réponds encore à une dernière question. Quel est le nom de cet homme dont la raison fut affranchie de l'erreur, et exempte des faiblesses qui affligent la masse commune ? On me dit les noms de plusieurs dans l'histoire, mais ils ne s'accordent guère entre eux, et je ne sais à qui m'adresser. Dans mon embarras, je les questionne les uns après les autres, Pythagore, Zénon, Aristote, Lucrèce, Cicéron, Sénèque. Chose étrange ! chaque maître prétend avoir la vérité pour lui. Sages des temps antiques, je reconnais bien dans leur nombre quelques nobles figures, mais il n'en est point parmi eux qui n'ait défailli, aucun qui n'ait eu ses égarements. L'histoire impartiale m'en avertit, et leurs œuvres sont encore là qui l'attestent. Là dessus il faut se résoudre à croire Diogène l'un d'eux, parcourant les rues d'Athènes, une lanterne à la main, cherchant un homme et n'en trouvant point. Mais peut-être que les anciens se sont trompés, et que nous devons nous adresser aux modernes. S'il faut les en croire, c'est bien là ce que les savants, nos contemporains nous apprennent : « laissez là ces vieilleries ! me crient-ils de tout côté, le monde a changé, venez à nous qui sommes les hommes du progrès ! » J'écoute ces sages du jour et leur doctrine. Déception nouvelle ! Je retrouve sous d'autres noms les idées anciennes. Les écoles se sont multipliées, la confusion est la même, les maîtres ont changé de nom et de langage, les vieilles erreurs sont restées.

Nous n'avons rien exagéré, et nous pensons avoir donné à réfléchir à notre rationaliste, en lui rappelant cette contradiction des écoles, et ces variations de l'esprit humain avec le temps et d'un peuple à un autre. Tout ce qui est signé de l'homme, et qui nous est donné comme une découverte de son talent, est aussi marqué du sceau de sa faiblesse. Les plus beaux génies n'ont pas échappé à cette loi ; le grand mal pour beaucoup est de ne l'avoir pas su reconnaître : *Omnis homo mendax*. Après cela, qui pourra nous donner la raison humaine comme capable à elle seule d'une doctrine qui puisse lui suffire ? Qui voudra trouver dans l'esprit d'un homme cette lumière qui doit répandre dans le monde les rayons de la vérité ?

Toutefois, nous ne serions pas encore fondé, après avoir reconnu cette opposition des philosophes entre eux et ces changements de doctrine, à conclure contre le rationalisme. Aux yeux des penseurs qui le défendent, il semblera qu'une bonne philosophie doit se trouver dans le nombre et que le tout est de savoir la reconnaître. Pourquoi non ? après ce que nous disions en commençant, que la raison est dans un sens suffisante à l'homme. Sans doute, elle peut lui suffire dans ce sens qu'elle lui peut faire voir le chemin qu'il doit prendre ; mais non comme le maître qui lui donnera les règles à suivre, et la doctrine qui pourra servir à le former. Cette impuissance n'est-elle pas le grand défaut de nos philosophies ? N'ont-elles pas ce caractère commun de manquer justement de préceptes, de se borner à tout discuter, et de tenir pour suspect et même pour obstacle tout dogme précis ? Que veulent dire ceux qui ne reconnaissent point de vérités absolues, et n'admettent que des vérités relatives ? ne sentent-ils pas comme un pareil dire ressemble au langage du scepticisme ?

Nous reconnaissons des vérités indiscutables ou affirmations qu'on ne peut contester, et d'autre part des idées fausses ou erreurs, qui en sont le contraire. Entre les deux on peut admettre des opinions qui, en tant qu'idée, ne sont, absolument parlant, ni bonnes ni mauvaises, mais qui ne deviennent telles que par la manière dont elles sont mises en pratique ; c'est, par exemple, le cas des conceptions que nous nous formons sur les divers régimes politiques, autrement dit des opinions. Dans une discussion qui doit avant tout être sincère, nous garderons donc leur vrai sens aux mots ; il n'y a pas de vérités relatives, il y a des opinions qu'on peut regarder, si l'on veut, comme placées entre la vérité et l'erreur, entre l'affirmation d'une proposition certaine et la négation qui lui est opposée. Cette concession faite, s'il n'y avait pas de vérité absolue, il n'y aurait point de vérité, dont le premier caractère est d'être indépendante de l'esprit de l'homme. Ne pas admettre nettement cela, c'est dissimuler ; c'est vouloir confondre le vrai et le faux, le bien et le mal ; c'est brouiller ou mêler tout ensemble, ce qui est, nous le savons tous, le jeu du sophiste.

Il importe de rappeler ce que nous avons dit : il n'y a pas de doctrine vraie, pas d'enseignement possible, sans une vérité absolue prise pour point de départ. Les fausses doctrines ne diffèrent en ceci de la bonne, que parce que leur point de départ est précisément une erreur. Le doute dans lequel voudrait se réfugier le sceptique est, comme on l'a vu précédemment, un milieu impossible entre le oui et le non ; et on y arrive tout droit avec ce rationalime, qui voudrait nous refuser la connaissance de vérités absolues, sans lesquelles il n'y aurait pas même de sciences exactes. Le matérialisme, que nous devons regarder comme la fausse doctrine par essence, a son point de départ dans une erreur, que l'on peut formuler ainsi : la matière est principe de vie. Il nous faut donc savoir quelle est l'erreur première ou capitale du rationalisme, et si on nous accorde qu'elle est commune à toutes les variétés, il suffira de montrer la fausseté du principe et le vice d'origine, pour réfuter la philosophie que nous combattons ici. Or personne ne fera difficulté de nous l'accorder : l'indépendance de la raison personnelle de l'homme, tel est l'axiome ou le principe erroné de la philosophie de ceux qui rejettent le principe d'autorité, ou qui nient le surnaturel. C'est là le dogme de ceux qui n'en veulent pas admettre, le premier article du *Credo* de ceux qui n'acceptent pas le nôtre, l'acte de foi de ceux qui repoussent la foi chrétienne. Loin de s'en défendre, les rationalistes militants semblent même s'en faire un titre de gloire. En montrer la fausseté, ce nous sera chose facile, presque puérile. Nous devons nous y arrêter cependant, puisque cela résume la discussion.

L'homme peut-il s'appeler un être indépendant ? Cette indépendance est-elle un fait ? n'est-elle pas un simple désir ? A cela, le bon sens répond et l'expérience fait voir que l'homme est une pure dépendance, un être qui dépend de bien des choses tant dans son esprit que dans son corps :

> Insensé qui se croit pouvoir passer d'appui,
> Et veut pour subsister ne compter que sur lui :
> De ses proches voisins chacun est tributaire,
> Tel est le sort commun des mortels sur la terre !

Par son côté matériel, notre personne humaine ne vit que d'emprunts faits à la nature ; elle a besoin de toute sorte de choses qu'elle ne trouve pas en soi, d'air, d'eau, de pain, de vêtement. Qu'une de ces choses vienne à nous manquer, nous en mourrons vite : nous dépendons de la nature extérieure dans toute la force du mot. Que l'homme soit émancipé ou encore enfant, sa vie dépend des soins de ceux qui l'entourent, s'ils l'aiment, et parfois de leur haine, s'ils ne l'aiment pas. Il est trop simple d'insister là dessus, en vérité ; mais c'est le seul moyen de guérir l'orgueil de la raison, pour lequel il faut recourir à la médecine des contraires.

L'homme est-il indépendant du côté de son esprit ? Pas davantage. Ses idées ne sont pas les siennes, mais presque toujours celles d'un autre, alors même qu'il ne s'en doute pas. Tel d'entre nous croit même découvrir ou inventer, qui ne fait que se rappeler. C'est ce qui arrive parfois à l'homme de génie lui-même. Inventerait-il, l'homme ne fait qu'associer entre eux des éléments qu'il emprunte ou qu'on lui fournit. Sa raison enfin n'est pas plus indépendante que le reste. Simplement parce qu'elle ne peut penser librement ni bien raisonner, qu'en empruntant les vérités premières ou principes de la logique, d'où dépend la justesse de ses conclusions : elle a pour cela des règles à suivre, dont elle ne peut s'affranchir, et il n'y a pas une méthode de raisonnement que chacun se puisse faire. Après cela, que faut-il penser de cette prétendue indépendance du rationalisme scientifique ou philosophique ? Contestera-t-on encore notre affirmation ? Est-il rien de plus absolument exact que cette proposition : l'homme raisonnable est un être essentiellement dépendant. Mais alors que dire de la formule littéralement opposée ?

Et non seulement il en est ainsi qu'on vient de le voir, mais le contraire serait absurde, et par voie de conséquence immoral en pratique. Si chacun avait sa raison personnelle, n'ayant rien de commun avec celle des autres, la société ne serait pas possible, n'existerait pas ; la confusion serait à sa place. Une société ne subsiste que comme un corps, dont l'âme unit les parties entre elles ; et cette âme sociale est cette vérité qui avant tout réside dans une autorité, empêchant la séparation des parties par le lien des lois. Autorité qui ne détruit pas la liberté, mais doit la protéger et de plus la diriger. Ceux qui gouvernent le savent, à n'en pas douter, bien qu'ils se gardent de se servir trop de ce mot d'autorité, alors même qu'ils abusent de la chose et en font excès. A ce jeu, ils ne réussissent quelque temps qu'en multipliant les apparences de liberté et le mot même, pour tromper les peuples. Voilà comment les choses se passent dans l'ordre social, qui touche à la philosophie pratique. Nul ne peut se dire indépendant, et voudrait-on fuir la société pour aller vivre dans une terre sauvage, qu'on ne serait pas sûr d'y gagner plus d'indépendance. On y trouverait la dépendance sous une autre forme.

A l'encontre de l'homme pratique, qui sent bien la sujétion de sa condition sociale, l'homme de la science, le pur philosophe, s'il est possible d'en trouver, peut-il se dire indépendant? Jugez en par ses actes. Tel qui proclame l'indépendance de la raison humaine semble ne chercher, ne réussir du moins qu'à s'attirer des hommes qui dépendent de lui, en adoptant et suivant ses idées. Ne le chercherait-il pas, qu'il le trouverait quand même, tellement la dépendance est dans la nature même de l'homme. Tout penseur est disciple ou maître. A moins d'être chef d'école, il suit le drapeau d'un autre, homme comme lui, et dépendant comme lui, encore qu'il dise le contraire. Il nous faut donc bien renoncer à ce faux dogme cher à la superbe, et avouer que le principe de l'indépendance de la raison humaine est en contradiction avec la raison même et avec les faits. En réalité, erreur tellement évidente, et de si fâcheuse conséquence, que ses défenseurs font précisément dans la pratique le contraire de ce qu'ils proclament si haut dans leurs livres et leurs discours.

En cela du reste, ils font preuve, bien qu'ils en aient, d'un certain bon sens pratique, tout en se trompant par ailleurs. Ils affirment en fait dans leurs actes ce qu'ils nient dans leur langage, à savoir ce principe d'autorité qui est la loi des convictions et des croyances. Dans leur conduite ils nous disent : je crois à la vérité d'une autorité qui s'impose. Leur erreur manifeste consiste à mettre cette vérité dans l'esprit ou la parole de tel homme, auquel ils s'attachent de préférence, tout comme ils se trompent en la faisant dépendre de leur raison personnelle. Pourquoi cela? Peut-être parce que la vérité leur est servie par ces maîtres, accommodée de façon à flatter leur goût, grâce à l'erreur qui s'y mêle ; souvent et plutôt, parce que ces maîtres qu'ils écoutent ont du talent, ce talent qui donne à l'erreur la couleur de la vérité. Les disciples, qui en sont dupes, ne sont pas tout à fait innocents, ils subissent toutefois l'ascendant du maître, et c'est faiblesse de leur part. Celui-ci est moins innocent encore, et si la vue de son propre talent lui dérobe celle de la vérité, il faut bien croire qu'il y a un peu d'orgueil en lui.

Il reste acquis que l'indépendance de l'esprit humain n'est pas une réalité ; elle n'est qu'un simple désir de notre cœur, désir louable quand il vise à nous détacher de l'erreur et de la bagatelle, de cette forme de fausseté qui s'appelle l'orgueil. C'est dire qu'il faut commencer par une confession généreuse de la vérité, quand on désire, comme c'est le cas de tous, être un homme sinon absolument indépendant, du moins un homme libre, ou jouissant d'un commencement d'indépendance. Il est encore établi que le principe d'autorité demeure assez bien reconnu tacitement en fait, sinon en paroles, par les rationalistes. En cela leur raison ne s'égare pas. Il ne leur resterait qu'une chose à faire, ce serait de se montrer clairvoyants, en discernant entre toutes les autres autorités d'apparat cette vérité ou cette autorité qui gouverne, non par la violence ou par la force, mais par des moyens qui respectent la liberté humaine, principe d'autorité qui s'impose non par les seuls talents de l'esprit, mais par son caractère et ses œuvres, non par des moyens naturels et humains, mais surnaturels et divins, enfin non en se parant d'un nom d'homme, mais au nom seul de ce Dieu devant qui tous les hommes se doivent abaisser, et le peuvent sans s'amoindrir.

Après avoir, autant qu'il nous était possible, dissipé cette fumée d'orgueil de la raison personnelle, qui met dans l'homme lui-même ce principe d'autorité au nom seul duquel il peut commander, on serait fondé à nous accuser d'être un contempteur de cette même raison, si nous nous étions simplement attaché à la convaincre d'impuissance. Nous l'avons précédemment proclamée faculté suffisante pour nous conduire, et nous en avons fait même un de nos plus beaux titres. Ce sera donc un devoir à remplir que de lui rendre son prestige et sa vraie grandeur, en montrant où se trouve, à notre avis du moins, ce principe d'autorité ou cette vérité capable d'emporter nos suffrages. A moins de cela, nous n'aurions fait que démolir, sans reconstruire, une philosophie qui s'égare au profit de ce qu'il y a de noble en nous, l'esprit, mais non du moins, comme le matérialisme, au profit de ce qu'il y a de matériel et de bas. Ce spiritualisme, qui accorde trop à l'intelligence de l'homme, vaut encore mieux que la doctrine qui noie l'esprit dans la chair.

Un livre a paru sous le titre : « Du vrai, du beau et du bien », qui a servi à donner du crédit pendant une partie du siècle dernier à une forme savante du rationalisme, jugée aujourd'hui à sa valeur : ce fut la doctrine de l'éclectisme (1).

---

(1) L'auteur de cette doctrine, estimant que les quelques écoles qui se partagent le domaine de la philosophie, n'avaient chacune pour elle qu'une part de vérité mêlée à des erreurs, eut l'idée de prendre à chacune ce qu'elle possédait de vrai, pour en composer une doctrine d'où l'erreur serait exempte. Procédé ingénieux et séduisant, il faut le dire, mais qui masquait aussi quelque vice. Les doctrines erronées ne sont telles, sans doute, qu'en ce qu'elles ont un faux principe ou une erreur pour origine. Or, le critique qui les juge pour en extraire la part de vrai qu'elles peuvent renfermer, sur quel principe se fonde-t-il ? de quelle vérité part-il de son coté pour s'ériger en arbitre ? C'est ce qu'on ignore et ce qu'il ne nous dit pas. Dès lors, c'est au seul nom de sa propre raison, comme de la vérité même, qu'il fait ce triage. En cela il se met évidemment au-dessus de toutes les philosophies. Sans avoir besoin qu'il en ait fait l'aveu, son point de départ n'est que le dogme de l'indépendance de la raison personnelle. Marque caractéristique de l'orgueil rationaliste, qui fait prendre à l'homme son esprit pour le soleil de la vérité.

Nous reconnaissons dans ces trois termes les trois faces de l'Être principe de tous les autres, et par conséquent les marques de la doctrine qui, capable de nous éclairer et de nous conduire, est digne par suite d'obtenir notre adhésion. Mais ces trois qualités manquant sans doute à toute philosophie rationaliste, entachée de ce défaut capital d'orgueil et d'erreur que nous avons fait ressortir, il nous reste à les chercher ailleurs.

S'il n'est point de philosophie humaine qui soit marquée de ce triple caractère du vrai, du beau et du bien, appartenant à l'Être parfait, il est du moins une doctrine morale, à la fois religion et philosophie, qui les possède, parce qu'elle n'est pas l'œuvre d'un homme, et que son principe est non dans l'esprit humain, mais au-dessus. Ce n'est pas sortir d'un sujet où nous avons traité assez longuement d'un des principaux égarements de la raison, que de lui proposer dans le christianisme une doctrine qui ne tend qu'à perfectionner cette même raison. Ceux qui soutiennent la cause de la philosophie séparée ne sont pas sérieux. Dès le IVe siècle de l'ère chrétienne déjà, on trouve sous la plume d'un des plus grand génies de tous les âges, cette affirmation que philosophie et religion sont, au fond, choses qui ont même objet et même fin ; celle-là toutefois ne pouvait s'appeler que l'auxiliaire de celle-ci, par ce motif que la parole humaine et le raisonnement ont un rôle secondaire là où se trouvent l'inspiration et la Parole de Dieu. A l'esprit de l'homme qui ne veut se rendre qu'à l'évidence, il resterait donc à examiner sans prévention si le vrai, le beau et le bien appartiennent à cette doctrine que l'Église propage dans notre société. Nous laisserons au bon sens et à l'impartialité des lecteurs le soin de conclure, après que nous l'aurons fait pour notre modeste part. En cela, qu'ils se gardent encore d'imiter ceux qui jugent des doctrines par les hommes toujours fragiles qui les défendent et les pratiquent, et qu'ils veuillent bien ne pas attribuer au christianisme les imperfections ou les défauts du chrétien.

Doctrine, culte, œuvres, dans ces trois formes sous lesquelles nous voyons se traduire l'action du christianisme, reconnaît-on avec évidence les caractères du vrai, du beau et du bien capables de ravir l'esprit de l'homme, et d'obtenir le consentement de sa raison ? C'est là ce qu'il importe de voir.

En premier lieu, le caractère du vrai n'est-il pas le signe de son enseignement doctrinal, propre à rassurer et à satisfaire notre intelligence ? Qui pourrait le méconnaître, s'il veut d'abord avouer qu'il est des vérités qui nous intéressent beaucoup, à côté d'autres qui nous importent assez médiocrement. La question de l'origine et de la fin de l'homme paraissent compter pour peu dans nos traités de philosophie ; cet amour que nous avons du bien à côté de notre difficulté à bien faire, ce pénible dualisme dont toute âme est le théâtre, est parmi nos penseurs méconnu par les uns, laissé de côté par les autres. N'y a-t-il pas là autant de questions fondamentales à résoudre, d'où dépend la conduite de la vie, et sur lesquelles les doctrines philosophiques n'ont que de vagues idées à donner comme solution, quand elles daignent s'en occuper et ne pas les regarder comme insolubles ? Sur ces points au contraire, quoi de plus net que le dogme chrétien, et en même temps de plus efficace pour satisfaire le cœur d'un être dont la peine marque le commencement, la durée et le terme de la vie. Hors de cet enseignement, il n'y a que l'inquiétude du doute ou le désespoir et la révolte insensée du pessimisme comme solution : la désolation au lieu de la consolation. Et pour oser dire à l'homme la vérité sur sa misère originelle, l'Évangile manque-t-il d'autre part de l'exalter sur ce qui fait sa grandeur et la gloire à laquelle il est destiné ?

Si le vrai caractérise une philosophie qui pourrait être trouvée trop sévère par quiconque n'en verrait qu'un côté, le beau vient heureusement resplendir sur elle, et c'est dans les manifestations du culte que nous le trouvons. Il faut ici nous arrêter à ce mot, qui ne rend aucun son à l'entendement du rationaliste (1). Preuve que sa déité n'est pas quelque chose de grande valeur. Car si nous appelons Dieu, cet être vivant, supérieur à tout en puissance, science et bonté, comment la créature pourrait-elle lui refuser les marques de son respect ? En cela, nous le savons, la fausse philosophie, s'est jugée elle-même, en reportant sur les êtres créés les hommages refusés au Créateur, en quoi elle nous ravale, au lieu de nous élever. Afin donc d'en venir à ce culte extérieur, résumé des moyens sensibles par lesquels l'homme honore son Seigneur et maître, est-il rien sur la terre de comparable à la beauté du christianisme ? Qui parle mieux aux sens pour grandir l'homme que les voûtes sublimes, les flèches élancées, les vitraux de ses vieilles cathédrales, dont le temps n'a fait que rehausser la valeur artistique ? Qui remue l'âme plus délicieusement que les sons majestueux de ses orgues, ces airs tantôt joyeux, tantôt tristes et graves selon les temps et les circonstances de la vie, comme pour se mettre à l'unisson de nos émotions légitimes et naturelles ? En est-il de plus douces, d'aussi nobles, c'est-à-dire d'aussi véritablement esthétiques, que celles que font naître les hymnes, le plain-chant, le symbolisme de nos cérémonies. Les cloches ne font-elles pas entendre des voix venues d'en haut ? N'est-il pas vrai encore que les sujets fournis par les deux Testaments ont inspiré une foule de chefs-d'œuvre à la poésie, autant qu'aux diverses branches des beaux-arts ? Que

---

(1) Il y aurait un culte public admis par le rationalisme d'après l'auteur « du Vrai, du Beau et du Bien ». Mais si ce culte qui ne peut être laissé au caprice de chacun, consiste dans la prière publique et la participation aux sacrements, le rationaliste qui s'en acquitterait, ne renoncerait-il pas, de ce fait, à sa fausse philosophie ? à moins de renoncer à la logique.

d'hommes de talent, incrédules d'abord, hostiles même à la foi, ont été gagnés, convertis par l'impression de cet ascendant du beau, produite sur eux par le spectacle des fêtes chrétiennes.

Il reste enfin à noter que le bien, dans toute la noblesse du mot, est la marque des œuvres fondées par le christianisme. Sur ce point nous ne voulons mépriser aucune philanthropie. Si la philosophie se désintéresse du bas peuple, la société a trop à compter avec lui, pour ne pas donner quelques satisfactions aux revendications des faibles et des opprimés. Toutefois les soulagements que la bienfaisance officielle leur ménage dans des vues seulement temporelles, n'est pas tout ce Bien dont il est question ici, et les siècles païens ont vu faire des largesses et des distributions au peuple. On sait encore que la paix sociale est à une autre condition, et que ce bien-être restera toujours précaire pour beaucoup. Mais nul ne peut ignorer que l'abnégation, inspirée par l'Évangile aux chrétiens, cette vertu de charité qui fait l'âme des vrais dévouements, est ce qui a formé le personnel de tant d'hospices, asiles, maisons de refuge ou de retraite et œuvres de miséricorde de toute sorte qui font le meilleur de notre civilisation.

XXV

LA NOTION DU TRAVAIL, AU TRIPLE POINT DE VUE PSYCHOLOGIQUE, MORAL ET SOCIAL

L'homme travaille quand il applique son activité à une fin utile. Entendu dans ce sens général, on peut voir dans l'acte du travail : premièrement, l'effort par lequel nous tendons à satisfaire l'instinct que nous avons de vivre ; en second lieu, le principal agent de réhabilitation de notre déchéance native; enfin, le moyen d'améliorer les conditions d'existence de l'humanité. Ces trois aspects sous lesquels nous le considèrerons successivement, fournissent précisément les trois points de vue psychologique, moral et social qui font l'objet de la question proposée.

En premier lieu, si, comme il est vrai, la créature raisonnable ne vit pas seulement de pain, et si elle a un esprit et un corps à nourrir, nous devrions dès à présent distinguer ici un travail qui exerce et forme le corps, et un autre qui fait vivre notre âme. Mais cette distinction ne pourra pas toujours se faire, car les deux éléments de notre personne humaine sont tellement unis que chacun a sa part dans les actes de l'autre, et c'est comme de concert que l'esprit et le corps travaillent. Toutefois ces premières réflexions auront trait principalement à ce travail qui a pour fin d'entretenir notre vie animale, ou à cet effort des bras qui est le lot de la grande majorité. Réduit à sa plus commune expression d'acte mécanique, le travail dit servile peut se définir :

l'application des forces musculaires à la matière, afin de la rendre assimilable quand elle doit servir à l'alimentation, ou d'un usage commode quand nous voulons l'employer pour garantir le corps des injures du temps, et pour d'autres besoins accessoires. De là dérivent les deux formes générales du travail manuel, l'agriculture et l'industrie.

Au point de vue de la psychologie moderne, c'est-à-dire des rapports naturels de l'esprit et du corps et de leur action réciproque, quel sera l'effet que ce mode le plus commun de notre activité exercera sur ces deux éléments de notre être? Et d'abord, quelle impression notre âme reçoit-elle, quelle qualité acquiert-elle dans ce travail du corps? C'est ce qu'il faut examiner ici.

Le meilleur profit que l'homme en retire pour son caractère, c'est de voir ses facultés supérieures affermir leur empire sur les puissances qui tiennent aux sens. Quiconque travaille fait avant tout acte d'être raisonnable, et en cela il soumet la sensibilité à la volonté, et l'une et l'autre à la raison, qui lui découvre dans le travail un moyen de vivre différent de celui qui est le propre de la bête. L'esprit y apprend ainsi à gouverner le corps, et dans la personne humaine, le maître à se faire obéir par le serviteur. La volonté est ce levier destiné à vaincre l'inertie de cette masse d'argile dont nous sommes faits, et qui se nomme le penchant naturel au repos ou la mollesse. C'est ainsi que le travail manuel, librement accepté, fait l'homme courageux, constant, de bonne volonté, condition première et élément essentiel de la santé de l'âme. Le bénéfice le plus clair est d'ailleurs celui qui se traduit dans la force acquise par le corps. Pour le rendre sain et le conserver en bon état, rien ne vaut comme ce mouvement qui active la circulation, et cette lassitude qui, à la suite de l'exercice des organes, aiguise l'appétit et prédispose au sommeil. Ce sont là des avantages que les gens à la vie sédentaire ont souvent lieu de regretter. Loin que ces efforts et cette fatigue du corps épuisent et affaiblissent l'homme et qu'ils abrègent ses jours, l'expérience montre, au contraire, que, les autres conditions restant égales d'ailleurs, l'ouvrier laborieux se forme une constitution plus robuste et une meilleure santé que l'homme inactif ou peu occupé. Ainsi le soc de charrue se polit par le labour, tandis qu'il est consumé par la rouille, s'il est abandonné à lui-même.

Bien qu'il ne convienne pas également à tous les hommes, dont la complexion naturelle n'est pas la même, le travail manuel a donc pour effet de fortifier et d'assainir le corps surtout, et par suite, de commencer à rendre l'âme saine. L'homme y acquiert l'énergie du caractère. Après cela, on est fondé à croire que les diverses formes du travail servile exercent chacune leur influence spéciale sur lui. Sans rien exagérer, ni donner dans le matérialisme, il faut convenir, en effet, que les différents états qu'il est appelé à pratiquer ont aussi un effet particulier dans cette formation de son esprit, au moins, pourrait-on dire, dans ce qui en forme l'accessoire ou le détail. Les impressions sensibles ont pour notre âme des conséquences qu'on ne peut nier. Passer sa journée au fond d'un puits de mine, dans l'enceinte d'une manufacture ou d'une usine, fatiguer sur le rivage et dans la vie aventureuse des gens de mer, travailler dans la campagne sous la voûte du ciel, toutes ces conditions différentes où l'ouvrier peut se trouver placé ne sont pas sans influer sur lui. L'air pur ou vicié de l'atmosphère où il s'agite, ces sons ici stridents et monotones, ailleurs doux et variés, qui frappent son oreille, cette décoration du chantier ou de la scène sur laquelle son activité se déploie, c'est un peu plus que le cadre qui flatte ou dépare le sujet du tableau. En agissant sur les sens, ces causes ont comme une répercussion sur l'esprit, et tout cela enfin a quelque chose du moule, qui lui laisse une marque et une sorte d'empreinte : toutefois sans atteindre le fond intime du travailleur, qui reste libre et maître de son âme et de ses actes.

De telles influences ne sont pas les seules à produire leur effet sur lui. Il y a celles qui tiennent au mode d'emploi plus ou moins régulier qu'il fait de son temps. L'ouvrier embrigadé, commençant et finissant son travail au signal de la cloche, recevant un salaire déterminé en échange d'un labeur toujours le même, ou l'homme de peine au travail irrégulier dont le gain varie avec la tâche, et pour qui des efforts violents succèdent à de longs repos, voilà sans doute des sujets disposés différemment par la nature même de leurs occupations, et dont les pensées, les sentiments, le caractère ont quelque chose de différent.

En résumé, sans voir, avec la science matérialiste, un principe dans les « conditions d'existence », on peut admettre que l'humeur des ouvriers s'en trouvera plus ou moins affectée. Chez les uns se manifesteront le penchant à l'esprit de coalition pour résister à l'oppression des maîtres, un plus grand désir du gain, la recherche du bien-être excitée par le spectacle du luxe et des satisfactions que les centres populeux offrent à l'artisan; chez d'autres, plus d'insouciance et d'abandon, la simplicité des sentiments, une acceptation plus généreuse de la condition faite, un esprit en général plus sain et moins ouvert à l'appel au désordre. Autant de caractères divers chez les différentes classes générales de travailleurs, que les circonstances extérieures de leur vie journalière expliquent en partie, que l'expérience confirme en fait, mais qui, répétons-le, ne sont pas de nature à lui ôter sa liberté, ni à lui commander ses actes. Ouvriers de l'usine, de la campagne, de la mer, gens d'affaires ou d'épée, quiconque peut voir dans chacune de ces catégories autant de types divers, s'il est permis de le dire, doit savoir que tous ces hommes ont les mêmes penchants, dont les uns sont à développer, les autres à combattre. Telle profession qui paraît favoriser une heureuse disposition, met aussi sur la pente du défaut qui en est l'abus. D'un autre côté, celle qui tendrait à rendre l'homme dur, par exemple, peut servir à lui donner la qualité de la patience et à le rendre endurant.

Ces remarques faites, et pour être ici d'accord avec le sentiment général, il faut se résoudre à reconnaître dans l'agriculture le travail manuel par excellence, le premier des arts mécaniques et le plus favorable à la formation de l'homme. C'est là qu'il est, plus qu'ailleurs, mis en présence de la nature, avec ses paysages variés et ses manifestations de la vie dans ses diverses formes. N'y a-t-il pas ici comme un livre ouvert où son intelligence s'exerce? un recueil d'images où s'enrichit sa mémoire? une exposition continuelle, variant sans cesse, d'œuvres qui attestent à son esprit et à son cœur la puissance et la bonté de son Créateur? Voyez quelle diversité d'opérations la culture du sol offre au paysan. L'occupation la plus élémentaire de l'ouvrier agricole n'est-elle pas pour le corps entier un exercice, hygiénique entre tous? Piocher la terre est manifestement engager avec elle une lutte corps à corps où tout l'homme se façonne. C'est l'expression la plus vraie du combat pour la vie et il y lutte contre les quatre éléments. Aussi, là mieux qu'ailleurs, voit-on se former le patriote attaché au sol natal où la propriété lui a fixé une demeure, l'homme paisible et fidèle au foyer domestique, que les exigences et les variations du travail ne font pas courir facilement d'une ville à une autre, comme il arrive à l'artisan dans l'industrie manufacturière. Qui ne sait combien sont grandes en général certaines qualités naturelles d'âme chez les peuples essentiellement agricoles, et comme les armées ennemies réussissent difficilement à les asservir? Que n'ont pas fait les Romains qui ont commencé par là? L'histoire atteste que rien ne résista à leur esprit d'entreprise, tant que le citoyen garda cette force de caractère et de corps, qu'il gagnait en arrosant de sa sueur les campagnes du Latium.

En nous bornant à ces généralités sur l'effet que l'exercice des forces du corps est capable d'exercer sur le caractère, nous n'avons pas dit ce qui fait à nos yeux le prix essentiel du travail. Ce n'est pas tant l'influence du corps sur l'âme qui intéresse notre psychologie, mais plutôt celle de l'esprit sur la matière. Vu sous ce jour, il est une vérité chère aux économistes et qui rehausse bien plus la valeur du travail : c'est celle qui le fait regarder comme la première source de la propriété, et la plus incontestable. Le colon qui fertilise un terrain en le travaillant, y applique une partie de ses forces, de sa vie, de lui-même. En cela il l'a marqué de son effigie, et dès ce moment cette portion du sol est devenue son bien à lui et non à un autre. L'artisan qui façonne le bois, la pierre, le métal, fait quelque chose de semblable et devient maître de l'œuvre réalisée, en échange de laquelle il reçoit le salaire dont il a la disposition absolue. Donner la forme à la matière, c'est lui donner une partie de soi. La matière informe comme le désert inhabité appartient à tous. Cette seule considération devrait ouvrir les yeux aux ennemis de la propriété privée.

Le proverbe est bien vrai, qui dit :

> A l'œuvre on connaît l'artisan.

Les qualités et les défauts de l'homme se reconnaissent dans ce qui est son ouvrage. Ce qu'il met au jour est, en effet, la réalisation sensible et matérielle du plan qu'il en a conçu, et avant tout le fruit du travail de son esprit. Et ceci ne doit pas s'entendre seulement du travail de ceux qui commandent, dirigent, font les plans à la lettre, soit en calculant, dessinant, méditant. On peut aussi l'entendre du travail servile. Il y a dans la bonne exécution d'un ouvrage tracé par un autre, la marque des qualités d'esprit et de l'intelligence de celui qui semble n'y prêter que son bras.

Laissant de côté cet aspect du travail, qui jusqu'ici nous l'a fait regarder comme séparé de l'idée du devoir, examinons-le maintenant sous un point de vue plus noble et plus véritablement humain. Il importe, en effet, d'y voir l'accomplissement d'une loi morale. C'est là le caractère qui, plus qu'aucun autre, distingue notre travail servile de celui des animaux. Quelques-uns de ceux-ci font des ouvrages que notre art est obligé d'admirer. Mais le sentiment de la moralité des actes n'étant nullement dans leur nature, ils ont toujours fait et feront toujours la même chose. En un mot, ils n'ont pas la notion du progrès.

Arrêtons-nous donc à examiner le côté noble du travail et son rôle moral. Nous trouverons, comme il a été dit, dans cet exercice de notre activité, la réhabilitation de notre déchéance originelle, ou le moyen de relever notre nature dégradée. « Tu mangeras ton pain à la sueur de ton front », telle fut la première loi imposée par le Créateur à l'homme après sa chute sur la terre. Comme le cheval est né pour courir, l'oiseau pour voler, est-il écrit encore ailleurs, l'homme est né pour travailler. Il vient au monde ignorant, indigent, asservi ; l'effort, la peine pour s'affranchir de ses misères, tel sera le caractère essentiel de l'acte qui remplit la plus grande partie de ses jours. « *Militia est vita hominis super terram* », nous apprend le patriarche. Oui, la nécessité où nous sommes de travailler fait de la vie un état de milice, une guerre le plus souvent sans effusion de sang, par laquelle nous cherchons à nous procurer la paix. Nos ennemis sont, à la vérité, plus au dedans qu'au dehors de nous. Mais à parler vrai, qui pourrait partager sur ce point l'opinion du poète malheureux, et reconnaître dans notre condition présente le nom qu'il lui donne :

Au banquet de la vie, infortuné convive !

C'est, paraît-il, l'illusion de certaines gens de lettres. Un écrivain plus connu et souvent cité ne nous dit-il pas encore, en parlant du déclin des années :

Je voudrais qu'à cet âge
On sortît de la vie ainsi que d'un banquet.

Si tel est le sentiment des satisfaits et des heureux du siècle, ce n'est pas celui de cette immense majorité qui manie la bêche ou le marteau. La vie un banquet ! idée païenne, digne d'un temps où le travail servile payait chèrement sous le nom d'esclavage les frais de la licence effrénée des grands. S'il n'y a plus, heureusement, d'esclaves en France, la condition naturelle de l'homme n'en est pas moins demeurée ce qu'elle a toujours été. Aussi y a-t-il lieu de s'étonner, au temps où nous vivons, d'entendre des penseurs se scandaliser, en voyant le mot de peine attaché à celui de travail par la morale chrétienne. Ceux qu'une telle doctrine humilie, feront bien de s'adresser au bon sens des hommes qui portent le poids de la chaleur du jour, pour essayer de leur persuader la doctrine du travail attrayant. Elle devait, selon les idées d'un utopiste du dernier siècle, nous donner la meilleure organisation sociale.

Sans insister plus longtemps sur une vérité qui ne révolte que les esprits faibles ou mal faits, il n'était pas hors de propos de la rappeler dans un tel sujet. Elle n'est faite pour décourager personne. Mais surtout, elle n'a pas le défaut de ces déclamations en vogue et de ces exhortations imprudentes par lesquelles on encourage le peuple, au nom de la liberté, à « s'affranchir du travail par la science ». C'est une tendance qui nous est assez naturelle, et une ambition qu'on n'a pas besoin d'exciter, quand on sait de quelle science il s'agit. On devrait plutôt craindre, en tenant un pareil langage, que les bras qui délaissent les outils ne soient disposés à prendre les armes de la révolte. Mais ne nous écartons pas de la question.

La peine inhérente au travail, telle est donc la condition même de ce progrès qui est la loi de toute notre vie ; progrès qui nous réhabilitera en nous faisant recouvrer le bien perdu, et dont la nature nous donne des exemples dans tous les êtres qui nous environnent. Par son côté physique, l'homme participe à cette évolution qui oblige tout ce qui est matière à croître d'abord et décroître ensuite, après avoir atteint son état de perfection relative. Voilà ce qui a lieu pour la vie du corps dont le développement est borné. Sous ce rapport, à part l'usage que nous pouvons faire de nos dix doigts, nous sommes destinés à rester inférieurs à la brute. Il n'en va pas de même de l'âme, dont l'accroissement n'est pas limité comme celui du corps. Elle peut croître en science et mérite presque au-delà de toute mesure. Dans cet ordre d'idées, il y a un état normal qu'il faut commencer par lui conserver en toute condition de vie. Comme la santé physique consiste dans un certain équilibre des humeurs, qui les maintient chacune dans l'importance de leur rôle, il y a pareillement une première santé intellectuelle à obtenir. Elle consiste à garder entre les facultés de l'âme cet équilibre qui respecte leur hiérarchie naturelle ; qui met l'intelligence au dessus de l'imagination et de la sensibilité, en d'autres termes, qui développe en nous les facultés nobles, de manière à les faire régner en maîtresses sur les puissances qui dépendent immédiatement des sens.

Mais quel est l'exercice par lequel l'homme atteindra ce résultat? Nous avons déjà vu le travail mécanique ou manuel envisagé seulement comme moyen de faire vivre le corps; et en dehors de l'idée de devoir, commencer pour ainsi dire à jeter les bases de l'édifice moral. Celui-ci sera surtout l'effet d'un travail de l'esprit, de cette activité que nous mettons à nous instruire. Voilà qui explique déjà que la nature ait fait de l'étude comme le devoir d'état de l'enfance, c'est-à-dire de cet âge où l'homme est encore trop faible pour accomplir un travail profitable à l'aide de ses bras. Toutefois il ne faudrait pas se tromper ici, et se laisser séduire par un préjugé commun. L'homme vit par le cœur plus encore que par l'intelligence. C'est dans celui-là que réside ce courage ou cette volonté qui nous fait agir, comme l'organe de ce nom est celui d'où sort le sang pour donner la vie à tous nos membres. Qu'est-ce à dire? Simplement que c'est l'ensemble des penchants généreux ou le bon vouloir, plus encore que le bel esprit, qu'il faut former dans l'homme. Du moins la formation de l'intelligence ne doit avoir pour fin que celle du cœur. Vérité banale et par là même assez méconnue. L'âme ne vit pas de lumière et de savoir dans ce séjour terrestre, mais bien du fruit de ses œuvres. C'est pourquoi le travail, qui fera grandir l'être raisonnable, sera, au-dessus de tout, celui qui tendra à former ses mœurs et à développer sa raison pratique. Tel sera son rôle au point de vue moral.

Dans cet ordre d'idées, le préjugé consiste à tout réduire à l'instruction, et à la confondre avec l'éducation dont elle n'est que le moyen. L'éducation, mot au sens profond, tendant à tomber en désuétude dans certain milieu enseignant. C'est elle qui forme au devoir par l'intermédiaire du savoir. Les parents et les maîtres la commencent en nous. Mais pour avoir atteint l'âge de la majorité, l'homme n'en est pas moins intéressé à poursuivre en lui cette formation intellectuelle et morale. La seule différence pour celui qui a quitté les bancs de l'école, et qui s'est affranchi de la tutelle des parents, consiste en ce qu'il devient son propre maître, ou pour mieux dire, en ce qu'il le choisit. Pareille remarque n'a rien d'humiliant pour notre dignité, si l'on convient que l'homme fait a des penchants, ainsi que l'enfant, et souvent plus violents que les siens. Mais comme beaucoup sont obligés par suite de leur condition à donner presque toutes les heures du jour aux exigences de la vie matérielle, il fallait que le travail manuel suppléât en grande partie pour eux à ce défaut d'un temps, que les positions élevées et les professions libérales mettent plus largement à la disposition de quelques autres. Le travail servile, en un mot, devait leur être une première école de mœurs. Accompli en esprit d'obéissance à la volonté du premier des maîtres, pratiqué comme un devoir et une loi providentielle, dont l'observation a pour effet de lui rendre les biens perdus par la chute, le travail rend l'homme meilleur. Ce qui ne serait aux yeux de la nature qu'un fardeau gênant, devient par l'intention vers laquelle on le dirige et la fin dernière qu'on lui donne, une philosophie pratique, une excellente école de moralité. C'est ce qu'il nous reste encore à faire voir.

Sans qu'on ait besoin de montrer en détail toutes les bonnes habitudes que le travail est capable de développer, remarquons d'abord comme il est une lutte incessante contre ces ennemis de notre repos qu'on appelle les vices, et en général un remède pour ce genre de faiblesse. Sans doute l'orgueil est des principaux, et l'un de ceux auxquels on n'échappe guère. Or le travail oblige l'homme à rabattre beaucoup de cette opinion exagérée qu'il est porté à se former de sa propre excellence. Il fait sentir assez lourdement sa dépendance et son indigence réelle à cet être qui voudrait se suffire à lui-même, ne devoir rien à aucun maître et se soutenir par ses seules forces. Tel est l'effet que produit mieux qu'aucun autre le travail de l'agriculture, le plus général, le premier en date et le plus nécessaire de tous. A vrai dire, une telle occupation ne nous réduit-t-elle pas à creuser la terre ? à dépouiller la nature pour pouvoir vivre, comme le font les animaux sans intelligence ? Excellente école d'humilité, où l'homme est sans cesse rappelé à ce côté terrestre et grossier de son origine, en même temps qu'au souvenir de sa nature périssable. Entre toutes les professions, n'est-ce pas encore celle de l'agriculture qui favorise le moins l'esprit de lucre, l'*auri sacra fames*, ouvrière de tant de bassesses. L'industrie et le commerce surtout ouvrent une porte plus large à la spéculation. La terre au contraire semble se plaindre, quand une culture trop intensive lui fait produire par des moyens artificiels une abondance excessive de fruits. Cette mère nourrice des hommes contracte alors, semble-t-il, des maladies d'épuisement dont ils ont à souffrir. C'est du moins un fait que la modicité des revenus qu'elle donne généralement, est un frein pour modérer l'avarice, cette deuxième source des crimes de l'homme, et il paraît bien que la culture du sol réalise assez exactement pour l'homme du peuple le précepte qui lui dit de gagner son pain à la sueur de son front.

A un troisième et dernier penchant mauvais peut se rattacher tout ce qui favorise l'amour déréglé du plaisir, comme la paresse et la sensualité. Mais ces deux inclinations trouvent dans le travail un ennemi déclaré. Il fatigue en effet le corps, amortit les passions mauvaises dont celui-ci est la source, et le rend moins rebelle à la voix de la raison. Ainsi que son nom semble l'indiquer, il est comme une entrave à ses révoltes.

Complétons ce caractère moral du travail par quelques traits que chacun pourrait lui-même ajouter. La frugalité, la tempérance sont des qualités plus communes à l'homme sérieusement occupé et véritablement laborieux, pour qui le travail ne se confond pas avec l'art de spéculer par tous les moyens. Gagner sa vie honnêtement et vivre du fruit de son travail, tel est le premier degré de la justice. De celle que chacun se doit à lui-même d'abord, et qui nous oblige à subsister par nos propres ressources, en tant que nous sommes valides, mais aussi de cette justice qui nous défend de prendre ou de convoiter le bien du prochain, chose que l'homme désœuvré tend trop naturellement à faire, pour se procurer de la nourriture et satisfaire à ses besoins. Les repris de justice, les vagabonds, les parasites, ne sont-ils pas des hommes sans amour du travail? Disons enfin, sans risque d'être contredit, que le travail est une école où se forme le courage, qui n'est que la volonté généreusement appliquée au devoir d'état, et en même temps une école d'obéissance ou ce premier précepte de la sagesse qui est la véritable prudence. Nous avons ainsi nommé les quatre principales qualités ou habitudes morales dont le travail est le ressort.

Mal compris de la philosophie païenne, le rôle moralisateur du travail n'a revêtu son vrai caractère qu'avec le christianisme. Objet de la loi sainte que nous avons trouvée au commencement de la Genèse, pratiqué par son divin fondateur, on nous saura gré de rappeler ici les termes dans lesquels il est loué dans les chants du prophète royal : « Heureux vous serez, dit-il, pour avoir été nourri du travail de vos mains » (1). Ailleurs encore : « Ceux qui sèment dans les larmes, tressailleront de joie au jour de la moisson » (2). A ce prix moral, à cette récompense, une condition est mise : l'intention droite que nous rappelions plus haut : « Si le Seigneur ne construit la maison, c'est en vain que travaillent ceux qui la bâtissent » (3). En travaillant pour soi, il faut travailler pour Dieu.

Il nous resterait encore à considérer sous un dernier rapport l'exercice de l'activité humaine. Au point de vue social, comme on l'a vu, le travail peut être regardé comme le moyen d'améliorer les conditions d'existence terrestre des hommes réunis en société. Disons plus simplement qu'il est un moyen de civilisation, et voyons comment il remplit ce but.

Mais d'abord on peut se demander si cette association des forces humaines, ce travail en commun que la société réalise est un fait accidentel, et la conséquence d'un caprice du libre arbitre de l'homme? Non sans doute; car son côté égoïste ne le porterait pas à recourir aux autres, ni son désir d'indépendance, s'il n'était destiné à trouver son bien dans cet échange de services mutuels. Loin d'être un état de vie qui serait le résultat du calcul de quelques-uns, la société est voulue de Dieu, qui a fait mettre ces paroles au commencement de la Genèse ; il n'est pas bon que l'homme soit seul. Avant tout, l'homme est un être sociable, et le besoin qui lui fait rechercher ses semblables est dans le fond de sa nature. Il est surtout heureux en donnant du sien et en se

---

(1) « *Opera manuum tuarum quia manducabis...* ». Ps. 127.
(2) « *Qui seminant in lacrymis, in exultatione metent..* ». Ps. 128.
(3) « *Nisi Dominus ædificaverit domum...* ». Ps. 126.

donnant, à l'exemple de Celui qui l'a fait à son image. Le seul don de la parole qu'il a reçu de Lui, et qui est comme le résumé de ses autres attributs, est encore une preuve péremptoire qu'il est né pour la société : il a pour fin principale de le mettre en relation avec ses semblables. Des animaux même vont jusqu'à lui en donner des exemples dans leur instinct de sociabilité. Abeilles, castors, fourmis, autant de modèles de monarchies ou de républiques, c'est-à-dire de vie en commun. Les hommes n'ont donc pas formé des sociétés ni conclu de contrat social parce que tels ont été leur idée et leur bon plaisir. Mais Dieu est l'auteur et le maître de la société, aussi bien qu'il est l'auteur de la nature. Il ne saurait, en effet, y avoir de société sans autorité, et le principe d'autorité n'est qu'en Lui. Le rôle des hommes consiste dans le concours de leur volonté à l'organisation et l'établissement des formes de cette autorité. Ce point admis et cette remarque faite, disons pour revenir entièrement à notre sujet que le besoin inné d'amélioration, indestructible chez l'homme, est devenu par la volonté de son auteur le mobile qui a amené la formation des sociétés.

Le travail, premier agent de la civilisation pour l'humanité, telle est donc la notion qu'il nous faut développer dans quelques lignes, en montrant quels en sont les avantages, ainsi que les causes qui les produisent chez les peuples, ou réunions d'hommes gouvernés par des lois précises et positives. Tel est, en effet, le caractère de ces groupes sociaux policés, appelés cités ou nations. Voyons dans quelles conditions, en réalité, ces peuples se trouvent placés. Les hommes, en s'y soumettant à une autorité régulière qui leur dicte des lois, consentent à céder comme une part de leur liberté. Ils se font par leur travail dépendants les uns des autres, et trouvent la compensation à ce qu'ils semblent perdre d'un côté, dans les grands avantages et la sécurité que leur procurent de l'autre l'organisation du travail, sa règlementation et sa protection par des lois. Et en effet, après s'être ainsi assujettis à travailler les uns pour les autres, ils en retirent cet avantage, que chacun d'eux arrive à profiter du travail de tous.

Que faut-il pour procurer aux hommes le bien-être, qui est un des buts de la vie en commun? L'abondance des produits nécessaires à la vie, l'amélioration de leurs qualités, la rapidité des communications et la facilité des échanges, qui permettent d'amener sur un point menacé par la disette le superflu qui a pu être amassé en d'autres lieux. C'est là précisément ce que réalise l'état social. L'organisation des hommes en nationalités fait en réalité de chacune d'elles une sorte de corps ou de grande famille, où le principe de la division du travail attribue à chaque membre une occupation particulière, et un métier différent de celui du voisin. De l'application d'un tel principe et de son extension, devenue très grande aujourd'hui, résultent naturellement la perfection de la main d'œuvre, et le plus grand rendement dans les produits du travail. Qui n'en voit clairement la raison? Cette augmentation dans la qualité et dans la quantité de l'ouvrage accompli est la conséquence naturelle de l'habitude que l'homme a du travail. Tel est le cas de l'artisan qui fait plus et qui fait mieux, quand il applique toutes ses facultés à un seul objet et à une occupation toujours la même. L'aisance et le bien-être sont ainsi les suites de l'abondance et de l'amélioration des ressources utiles à la vie. Il reste d'ailleurs à l'ouvrier la liberté de s'adonner à la profession le mieux en rapport avec ses aptitudes particulières. Dans une société ainsi organisée, on voit encore que l'émulation, sous le nom de concurrence, doit s'établir entre gens d'une même profession. Chacun s'attachant, dans son propre intérêt, à faire mieux que son rival, il en résulte un progrès général continu. Bonne école où se forment l'habileté et le talent.

Cette distribution des occupations parmi les hommes, cette répartition des métiers et professions ne saurait être faite sans ordre. Autrement dit, toute société suppose une subordination des fonctions les unes aux autres. De là vient, premièrement, la formation d'une sorte de hiérarchie professionnelle, qui donne à des hommes d'une instruction et d'une capacité plus grandes une position plus élevée, avec la direction du travail exécuté par les autres ; en second lieu, il en résulte encore cette classe de professions dites libérales, destinées à satisfaire des besoins intellectuels et moraux, qui semblent se multiplier avec le progrès industriel. Le groupement de nombreux ouvriers sous les ordres d'un petit nombre de maîtres y développe ce qu'on a nommé la grande industrie, dans laquelle l'association produit un avantage de plus, celui qui résulte de la mise en commun des ressources matérielles. Une puissance nouvelle a pris naissance : le capital, auxiliaire du travail et dont quelques-uns voudraient faire l'ennemi. La richesse qui ne s'emploie pas ou ne sert qu'à entretenir un luxe frivole, fait souvent oublier à ses détenteurs le devoir du travail ; elle est alors la cause de plaintes fondées. Mais il en est autrement de celle qui se dépense en œuvres utiles, et en général à des fondations et entreprises industrielles. Celle-là est au contraire l'aliment du travail, elle le multiplie et le développe. En lui donnant une force nouvelle, elle a permis à l'homme civilisé d'accomplir des ouvrages dont la grandeur l'étonne, et qu'il n'aurait jamais réalisés sans un tel secours.

XXVI

Des Passions
Dans quel cas sont-elles des maladies de l'ame ?

On désigne sous le nom général de passions les mouvements de l'âme, appelés par d'autres sentiments ou émotions. Ces mouvements ne sont que les conséquences de notre sensibilité naturelle, cette faculté que nous avons d'être impressionnés par les choses du dehors, et qui reste inséparable de notre être, tant que dure l'union de l'âme et du corps. Sentir, se rendre compte des sensations est, comme on sait, une condition de la vie de l'homme.

Principe d'activité en même temps que marque de faiblesse, la sensibilité devient pour nous, suivant les cas, une occasion de vertus ou de vices, c'est-à-dire une source de biens et de maux. L'âme impressionnée cède, en effet, à la sensation et suit l'attrait, et alors elle agit, ou bien elle y résiste ou pour mieux dire réagit, ce qui marque simplement une action en sens opposé. Or, tout acte est bon ou mauvais à quelque degré, si l'on veut bien en considérer la fin (1).

---

(1) On peut bien croire qu'il y a des actes moralement indifférents à première vue, mais ils ne sont appelés tels que parce que nous n'en regardons pas la fin : leur moralité nous échappe. Marcher, manger, par exemple, qui tout d'abord paraissent ne pas intéresser la morale, s'y rattachent par le but que vise celui qui les accomplit, c'est-à-dire selon qu'ils ont pour terme le besoin et le devoir, ou au contraire, le plaisir déréglé.

Au fond, toutes nos actions étant bonnes ou mauvaises dans quelque mesure, il s'ensuit que le mouvement de l'âme qui porte à les accomplir, a l'une ou l'autre de ces qualités : nos passions partagent donc ces deux caractères.

On peut soupçonner déjà, après ce qui précède, que l'homme ne saurait, à vrai dire, être absolument sans passions. Mais ces premières explications ne peuvent suffire, et il importe ici de réfuter plus complètement une doctrine célèbre qui a paru soutenir le contraire. Nous avons eu déjà l'occasion d'en parler dans ces études, à cause de la parenté qu'elle offre avec l'erreur du rationalisme moderne. Il nous faut y revenir avant de montrer qu'il est des passions mauvaises et d'autres généreuses. Ce fut donc l'erreur des stoïciens de croire que le sage devait les retrancher toutes, et d'avoir voulu mettre le bonheur de la vertu dans la suppression complète de ces émotions de l'âme, imitant en ce point ces gens dont il est question dans l'apologue du philosophe scythe, et qui

> Otent au cœur le principal ressort,
> Et font cesser de vivre avant que l'on soit mort,

Prétendre que l'homme de chair peut et doit en arriver là, c'est un mensonge ou un blasphème, car c'est vouloir en faire une statue de marbre ou un Dieu. Croire que la sagesse consiste à se rendre absolument impassible, c'est vouloir, en effet, étouffer indifféremment en nous toute sensibilité bonne ou mauvaise. Aussi la philosophie de Zénon menait-elle à cette conséquence étrange, que la douleur n'est pas un mal, et qu'à la condition d'en être bien persuadé, le sage peut être heureux au milieu même des plus grandes afflictions corporelles. Mais un tel langage s'éloigne trop du sens commun. La douleur n'est pas le mal absolu, nous en convenons, mais c'est un mal réel et trop réel. La foi seule nous peut apprendre à tirer le bien de cette triste réalité ; quant au philosophe, nous comprenons que, dans un sens, il puisse trouver son bien en lui, et si l'on veut, nous admettons qu'il soit toujours heureux, malgré la peine dont toute existence est remplie, mais c'est d'une tout autre manière que l'entend le stoïque. Ce bonheur ne se tire pas de son fond, il lui est donné, il descend d'en haut. C'est la foi qui le lui donne, c'est un bien en espérance consistant dans l'exercice de la patience, cette attente résignée et calme qui compte échanger un jour les maux présents en une félicité à venir. A défaut de cela, nul homme raisonnable ne voudrait pas même entendre parler de vertu.

Non, si la sagesse donne à l'homme dans sa vie un contentement réel, un bonheur commencé ou relatif, ce n'est pas celui de l'orgueilleux savant, qui croit avec ses seules forces trouver son bien en lui-même, parce qu'il aura étouffé toute passion en son âme. Un tel sentiment ressemble trop manifestement à l'égoïsme, pour que personne puisse s'y méprendre. Qui ne reconnaît de suite que toute passion disparaissant, et avec elle toute sensibilité, une des principales sources du bien se trouvera desséchée dans notre âme? Quel est, en effet, l'exercice le plus ordinaire de la vertu dans la vie sociale ? Ne consiste-t-il pas dans la pratique de la charité sous ses diverses formes à l'égard du prochain? Mais celle-ci n'est-elle pas après tout une sorte d'art de compatir aux misères de nos semblables, et en particulier des faibles ? sans doute. C'est là ce que nous avons eu lieu de dire en traitant de la pitié (¹). Que chacun y réfléchisse un instant. Comment pourrait-on prendre part aux peines des autres, si l'on n'en était soi-même affecté de quelque façon ? qu'elle apparence de commisération pour autrui chez l'homme qui ne connaîtrait plus lui-même ces émotions de la douleur ?

Voilà pourtant ce que paraît avoir méconnu une école qui, par ailleurs, peut avoir produit des hommes de grand

---

(1) De la pitié. Ch. XVII.

mérite. Son erreur était l'abus d'une raison qui s'attribue trop à elle-même, ce qui n'est rien moins que l'orgueil. Mais ce vice n'est-il pas l'effet d'une passion? Assurément, qu'est-ce autre chose en réalité que celle d'un esprit qui s'aime à l'excès? Aussi Pascal a-t-il dit justement de cette doctrine, qu'elle a connu la grandeur de l'homme, et qu'elle en a ignoré la faiblesse. On a pu renfermer en deux mots les maximes de la morale stoïcienne : *Sustinē, abstine :* supporter les maux inévitables de la vie, s'abstenir des plaisirs nuisibles à l'âme. Belles et sublimes maximes sans doute, que le spiritualisme chrétien est loin de méconnaître, et où il retrouve le caractère de la vérité, mais toutefois morale insuffisante et sagesse incomplète. Insistons sur ce point, puisque quelques modernes attardés feignent de ne pas voir les progrès réalisés après dix-neuf siècles de christianisme.

Au demeurant, avouons-le, il n'était pas facile à la raison humaine de concilier deux choses en apparence aussi opposées que celles-ci : être sensible au maux de nos semblables, et ne l'être pas ou l'être fort peu à nos propres maux. Comme nous l'avons constaté, se montrer compatissant à l'égard du prochain et indulgent pour ses faiblesses dans nos rapports avec lui, sans manquer toutefois d'être sévères pour nous-mêmes et de punir nos propres défaillances, voilà ce qui a pu sembler une contradiction. Mais ce qui n'était pas humainement facile l'est devenu, grâce à l'Évangile, et à une doctrine qui enseigne à unir la miséricorde du prochain avec la justice que chacun se doit à lui-même(1). C'est là, suivant le mot d'un héros du christianisme, avoir un cœur de fer pour soi et en même temps un cœur de chair pour le prochain. Encore un coup, il n'appartient qu'à la foi d'élever ainsi la raison.

Oui, même et surtout chez l'homme qui se refuse bien des satisfactions permises, et qui se montre sévère pour ses

---

(1) *Misericordia et veritas obviaverunt...* Ps. 84.

propres fautes, il y a place pour cette passion louable qui le porte à secourir son semblable dans la détresse, à soulager celui que la peine accable et à relever l'homme abattu. Si le mot de passion éveille une idée le plus souvent fâcheuse, appelons cette œuvre de force et d'une raison éclairée par la foi, le zèle du bien. C'est là sans doute une émotion honorable entre toutes et véritablement méritoire ; à défaut de cela, qu'on y prenne garde, il n'y a pour l'âme vulgaire que la routine des pratiques, ou pour le philosophe que l'indifférence, l'endurcissement, parce qu'il n'y a pas l'amour, qui sait condescendre au prochain malheureux dans la même mesure qu'il sait s'élever à Dieu. C'est donc avec beaucoup de raison qu'on a complété la maxime fameuse en y ajoutant un troisième terme : *Sustinē, abstinē et ama.* A la patience et au renoncement, il faut joindre l'amour.

Qui de nous peut-il l'ignorer d'ailleurs ? L'homme aime toujours quelque chose, précisément parce qu'il souffre toujours de quelque peine, c'est-à-dire d'une satisfaction qui lui manque. Vivre c'est aimer, aussi vrai que vivre c'est souffrir. Celui qui se flatterait de n'avoir plus de passion risquerait donc, disions-nous, d'être tombé dans la plus dangereuse de toutes, parce qu'elle est la plus antisociale, cet amour propre de l'homme qui n'aime que lui. C'est ainsi qu'en dernière analyse la qualité de notre amour donne la mesure de notre vertu. L'amour des biens qui sont au-dessus de nous fait toute la sagesse, tandis que l'amour déréglé ou la préférence accordée aux biens inférieurs et matériels, y compris celle de nos grossiers intérêts personnels, voilà le commencement du vice et la racine de nos maux. Cette considération va nous faire arriver au cœur même de la question.

Et d'abord, n'y aurait-il à reconnaître dans l'âme que cette unique passion de l'amour, comme certains ont pu le faire, il nous sera facile d'en faire dériver les autres.

L'amour ou la recherche passionnée d'un bien n'est que la fuite du mal qui lui est contraire, et ce dernier mouvement est la passion de la haine. Le désir, l'espérance, l'audace ne sont, comme on peut s'en rendre compte, que des formes diverses de l'amour relatif à un bien facile ou difficile à atteindre, proche ou éloigné. La tristesse est la haine d'un mal présent, la crainte celle d'un mal à venir ; le désespoir, la haine d'un mal qu'on ne peut supporter, comme aussi la colère. Nous avons donné dans cette énumération les noms des onze passions principales, que de bons philosophes se sont accordés à reconnaître en nous.

Cela dit, et puisqu'il est permis de regarder comme des formes diverses de l'amour ou de son contraire, ces mouvements de l'âme que désigne le mot de passion, il va nous être aisé de voir quand est-ce qu'une passion sera déréglée et deviendra une maladie de l'âme. Ce sera quand l'amour qui l'inspire, ou qui en est le principe, sera lui-même coupable dans son dernier terme. Disons-le plus nettement. C'est quand il ne se proposera pas comme fin principale ce qui est la dernière destinée de l'homme. Or, quelle est notre fin suprême, sinon le souverain Bien que nous trouverons en Dieu? Ainsi, avoir Dieu en vue dans tout ce que nous recherchons et faisons, voilà l'idéal, voilà certainement ce qui purifiera nos affections et nos passions, et légitimera tous nos sentiments. C'est bien là en effet la chose désirable. Mais, en fait, quel est l'homme assez heureusement doué pour jouir sans cesse de la présence de Dieu et du désir de sa gloire, en tout ce qu'il cherche? La perfection, qui l'ignore? n'est pas de ce monde, où la réalité pèse si fortement sur nous. Combien de fois n'arrive-t-il pas à la plupart de perdre le sentiment de cette présence, et de s'oublier eux-mêmes? Sur ce point, qui n'avouera sa propre infirmité? Et pourtant nous vivons de Lui, sans songer qu'il nous fait vivre ; il nous parle et nous ne l'entendons pas, nous nous mouvons en Lui, il nous environne de son Être, et si peu d'entre nous ont les yeux de l'esprit ouverts pour le voir !

A vrai dire, un tel aveuglement s'explique. Notre nature n'est pas capable de cette présence d'esprit qui serait une attention à Dieu continuelle. C'est là un état propre aux célestes intelligences, qui n'aiment et ne peuvent aimer que Lui. Quant à nous, c'est par les choses sensibles que nous devons arriver à la connaissance et à la possession du bien invisible, et par l'intermédiaire des créatures que nous pouvons parvenir à notre Auteur. Voilà pourquoi il est conforme à l'ordre de poursuivre des fins secondaires, pour atteindre notre destinée, et légitime d'aimer les œuvres et les dons de Dieu, pour arriver à l'aimer lui-même. L'erreur consiste à l'oublier entièrement en nous arrêtant à ceux-là. Il nous faut donc voir comment dans cette poursuite des biens créés que nous aimons légitimement, nous pourrons reconnaître les caractères qui font de notre passion un louable sentiment, ou au contraire un attachement condamnable, en un mot, une maladie.

Tout homme aime sa patrie, sa famille, ses concitoyens, sa santé, ses amis. Autant d'affections noblement naturelles, comme aussi les honneurs et les biens de fortune peuvent être recherchés par lui en vue d'un bon usage. Mais tous ces biens réels étant passagers dans leur emploi, le désordre de la passion consiste à les aimer exclusivement pour eux-mêmes, en les plaçant au-dessus de tout. Le patriotisme, la piété filiale, le dévouement de l'amitié, l'exercice désintéressé d'une fonction publique sont des sentiments généreux, de nobles passions. Elles doivent le céder à l'amour que nous devons à l'humanité. Si l'une ou l'autre nous porte à oublier ce que nous devons à notre âme, si elles nous détournent de cette charité qui est la fin de la loi, c'est alors qu'elles deviennent déréglées, et que nous pouvons appeler maladie la passion qui nous y attache.

C'est pour cela que l'homme, dans l'exercice de sa liberté,

doit s'appliquer à voir les signes qui lui feront distinguer si cette affection pour les biens naturels ne va pas jusqu'à l'excès que la vertu réprouve. A cet effet, se souvenant que sa raison n'est pas la lumière par essence, mais une sorte de participation à la vraie lumière ou Raison divine, il y verra un motif qui l'oblige à être prudent, circonspect en ses démarches, sachant se défier de lui-même, et ne pas trop compter sur lui seul. Pour parler plus simplement, nous avons à réfléchir mûrement avant d'agir, à prévoir les obstacles, faire attention aux dernières conséquences de nos actes, avant d'entreprendre. Et par conséquent les mouvements irréfléchis, précipités, violents, telles seront les marques ordinaires qui accompagnent la passion mauvaise. Ces signes distinctifs n'en seront pas toutefois les caractères essentiels, car il y a la passion froide, qui poursuit lentement une fin criminelle. Pour nous résumer, il faut dire que la passion est un mal quand elle est aveugle et déraisonnable, c'est-à-dire quand cette activité dont elle est la manifestation ne sera pas modérée par une raison éclairée, ou quand la fin secondaire que nous nous proposons d'atteindre, ne sera pas subordonnée à la fin suprême qui domine les autres, et qui est le dernier terme de tout.

Est-il superflu de remarquer ici que c'est dans l'usage et la poursuite des biens matériels, que ces ennemis de notre repos exercent leurs ravages, ainsi que des bêtes furieuses? Mais c'est là ce dont tout homme peut se rendre compte. Que de bassesses ne nous font pas commettre, que de misères n'attirent pas sur nous l'amour excessif de l'argent, et celui du plaisir des sens? De combien de désordres et de déchirements intérieurs ne sont-ils pas la source ? Ce n'est pas qu'il suffise d'avoir renoncé au jeu ou à la spéculation ouverte, et de se livrer à l'étude ou à la méditation philosophique, pour en être affranchi. Pour être éclairé, savant, adonné à une profession libérale, pour exercer même des fonctions publiques, on n'est pas moins sujet à ces maladies morales. En apparence plus subtiles, les passions, dans un tel cas, n'en sont pas moins âpres. Leurs effets se font sentir aux hommes de toutes les conditions. Sommes-nous instruits, nous avons peut-être en moins l'excuse de l'ignorance. Quoi qu'il en soit, les mauvaises passions, à l'état de puissance, ont été définies par la doctrine chrétienne dans dans la liste qu'elle en a dressée pour notre instruction, et où sous le nom de vices capitaux, elle nous dénonce ces diverses formes de l'amour et de la haine coupables. Rappelons-les brièvement pour y trouver une confirmation de notre thèse. Qu'appelle-t-on colère? une haine précipitée et violente de ce qui au premier abord nous choque et nous déplaît, sans que nous ayons pris le temps d'y réfléchir. Qu'est-ce que l'avarice? un amour excessif des biens matériels représentés par l'argent, qui n'est que moyen et dont l'avare fait le dernier but de ses efforts. La volupté? la gourmandise? les passions ou amours coupables de celui qui fait tout pour le plaisir de ses sens, oubliant que les satisfactions données aux besoins du corps doivent servir au bien de l'âme. Qu'est-ce encore que la paresse? simplement la fuite ou l'aversion des devoirs que la justice nous commande. L'envie? le déplaisir ou la haine que nous cause le bonheur d'autrui. L'orgueil enfin? rien moins que l'amour voulant attirer tout à soi, et se faire l'idole à qui s'adresseront tous les hommages.

A quoi bon tout cela, dira peut-être quelqu'un? Simplement à nous éclairer sur le fond même de la question, à savoir, que nos passions, mobiles de nos actes, sont plus souvent en révolte contre la raison qu'elles ne lui sont soumises. La plupart du temps, ce sont des armes dont les hommes font assez mauvais usage, et qu'ils tournent contre eux. La noble fierté, la sainte colère, sont des sentiments peu communs. Les biens de l'âme sont rarement enviés, et les délices spirituelles goûtées d'un assez petit nombre. Au bout du compte, les passions font beaucoup plus de malheureux ou de victimes que de héros ou de saints ; ce sont des ouvrières de crimes plus souvent que des mobiles de dévouement. Voilà pourquoi la lutte contre les passions, non jusqu'à les détruire, mais jusqu'à les assujettir à la raison et à les diriger, est chose recommandée par la saine morale à ceux qui se piquent d'une honnêteté bien entendue. Les soumettre et savoir leur commander, c'est régner sur un monde et sur son âme, comme le rappelle l'auteur lyrique :

<blockquote>Roi de ses passions, il a ce qu'il désire. (1)</blockquote>

Ce que Racan nous dit du bonheur de l'homme des champs n'est pas réservé à la vie champêtre. C'est une royauté à laquelle peut aspirer tout homme de bonne volonté. Par malheur, plusieurs n'en sentent pas le prix.

Notons encore un symptôme de la mauvaise passion, qui pourrait nous aider à la reconnaître, si nous en avons souci, comme le battement du pouls sert au médecin à constater la fièvre. C'est bien là, en effet, le nom que l'on donne quelquefois à cette maladie de l'âme. La remarque est importante, mais la portée en échappera peut-être à quelques-uns, parce que la vue intérieure chez certains est précisément troublée ou obscurcie par quelque secrète passion. Nous voulons parler du trouble que la passion déréglée apporte avec elle, et qui fait du cœur humain une mer agitée par le vent. Dès que l'homme commence à désirer quelque chose désordonnément, aussitôt il devient inquiet en lui-même, nous dit un ancien auteur (2). C'est ainsi que le superbe et l'avare n'ont point de repos, et que l'ambitieux vit dans une agitation continuelle. Malheureusement pour ceux qui sont dans ce cas, lorsque la passion est devenue une habitude, ils sont souvent insensibles à ses effets. Ce n'est plus que par

---

(1) Racan.
(2) *Imitation.* Liv. I, Ch. VI.

moments et dans des accès violents, que nous sentons les déchirements du mal et le feu qui nous consume, et que nous voyons enfin combien la passion déréglée est le grand ennemi de notre repos.

Il peut y avoir profit à se demander, en terminant un tel sujet, d'où vient que le mot Passion ait servi à désigner le dernier acte de la vie de l'homme-Dieu. Voilà une question qui ne saurait trouver indifférent quiconque aime à penser, et d'ailleurs l'objet d'une curiosité assez naturelle, pour celui qui se préoccupe du sens des mots dans un langage où leur formation et leur emploi ne doit pas être l'effet du hasard. Cette souffrance, élevée au plus haut degré, d'un homme mourant du dernier supplice, que ce mot sert à rappeler, a-t-elle quelque chose de commun avec le sens donné au même terme par la philosophie naturelle? Oui certes, car la Passion du Fils de Dieu est l'effet d'un mouvement violent d'amour, qui se manifeste et se satisfait par le sacrifice volontaire de soi. Mais évidemment il s'agit ici d'un amour surnaturel, d'une passion divine, l'amour de tout ce que la nature repousse le plus. Passion étrange aux yeux de la fausse sagesse, mais après tout, passion digne de la plus vive reconnaissance et du plus profond respect, puisqu'elle a eu pour effet de sauver le monde, d'en dissiper les ténèbres, et de guérir l'aveuglement des hommes, en leur faisant discerner les vrais biens d'avec ce qui n'en était que l'ombre.

XXVII

Qu'est-ce que la Pensée
aux points de vue psychologique et moral ?

On a dit de la pensée, qu'elle est une parole intérieure. Cette définition est exacte et peut être retournée, l'attribut de la proposition étant équivalent au sujet. On pourrait seulement la vouloir plus développée, et demander ce qu'on doit entendre par cette parole intérieure.

Il y a une parole vivante ou Verbe de Dieu, dont nous entretient Saint Jean l'Évangéliste ; ce n'est pas sans doute celle dont il s'agit dans notre définition. Mais comme celle-là est produite par la contemplation que la Divinité fait d'elle-même, il y a par analogie une parole intérieure humaine, qui est aussi le fruit de la considération intérieure ou de la réflexion chez l'homme. Or, la parole vivante ou Verbe, nous apprend Saint Jean, est la vraie lumière qui éclaire tout homme venant en ce monde. A son tour, la parole intérieure humaine sera donc aussi une lumière par participation ou réflexion, à la façon d'un objet devenu lumineux, en étant lui-même éclairé. Dès lors, la pensée devient pour nous l'opération ou l'acte de l'esprit faisant la lumière dans les choses. Comme cette considération intérieure s'étend depuis la simple idée jusqu'au discours qu'on peut se tenir à soi-même, tout cela doit, à vrai dire, appartenir au domaine de la pensée.

Dans son acception ordinaire, la parole désigne cet air

battu, ce bruit ou son articulé qui frappe l'oreille, en apportant la pensée de celui qui parle à l'esprit de celui qui écoute. Expression sensible ou extérieure de la pensée de son auteur, elle peut être regardée comme le corps dont la pensée serait l'âme. Elle est susceptible d'ailleurs de revêtir d'autres formes et, au lieu d'être articulée ou sonore, devenir visible, ou se montrer parole écrite. Il y a lieu de se demander ici laquelle est la plus puissante de ces deux formes de la pensée humaine sur l'esprit qui la reçoit? la réponse ne paraît pas douteuse. L'écriture ne renferme la pensée que dans une sorte d'état latent ; le langage articulé a du moins l'avantage d'être accompagné du souffle et du ton de voix de celui qui parle. Quelque accessoires que paraissent ces secours, ils rendent sans contredit l'orateur plus puissant que l'écrivain pour agir à un moment donné sur les hommes, toutefois plus puissant en bien comme en mal. Ne prolongeons pas cette comparaison, que chacun peut d'ailleurs poursuivre, et reprenons la question proposée.

Nous avons à rechercher d'où vient la pensée et quel en est le terme? Ce sera la considérer, ainsi qu'on le demande, au point de vue de la psychologie et de la morale, qui sont respectivement le premier et le dernier chapitre de la philosophie. Nous aurons ainsi examiné la médaille sous ses deux faces, ou plutôt le phénomène dans sa cause et dans son effet.

La pensée naît de l'idée, qui est la simple représentation d'un objet ou d'un être dans l'esprit. Mais d'où viennent les idées? demandera-t-on. Sans vouloir entrer trop avant dans la question de leur origine où nous rencontrons vite le mystère, nous distinguerons l'idée innée de l'idée acquise, comme on l'a déjà vu ; celle-là tenant à la racine de la raison, formant comme le fond de l'esprit humain. Laissant de côté ce principe de toute connaissance dont l'origine est celle de l'âme, il reste les idées acquises. Comment viennent-elles dans l'esprit de l'enfant ? D'une double source, peut-on dire : les objets extérieurs ou sensibles agissant sur nos organes d'une part, et de l'autre, l'enseignement, dont l'instrument ordinaire est le langage. L'homme est un animal enseigné.

La pensée commence donc par l'idée, mais n'est pas absolument la même chose qu'elle, quoique ces deux termes s'emploient souvent l'un pour l'autre dans le discours ordinaire. Premier élément de la connaissance, l'idée simple paraît être à la pensée ce que la ligne est à la figure géométrique. Comme on ne peut concevoir de figure plane à contour rectiligne qui soit formé de moins de trois droites, ou triangle, de même, nous verrons qu'il n'y a pas de pensée complète ou proprement dite sans le concours de trois idées ou termes. D'une façon plus générale, si, comme les savants le disent, la surface est engendrée par le déplacement de la ligne, la pensée se forme, se développe par le mouvement et mieux par l'association des idées. Voyons donc cette genèse de la pensée.

L'association suppose deux choses au moins, ou deux idées qui doivent se convenir entre elles. Il faut de plus un troisième élément qui affirme leur convenance, et qui les unisse. Les idées rapprochées, exprimées par les mots du discours, sont le sujet et l'attribut des grammairiens ; le lien des deux sera le verbe. Cette convenance de l'attribut et du sujet, affirmée par le verbe, donne lieu au jugement ou pensée complète. Celle-ci est donc surtout le résultat de la comparaison faite dans l'esprit, et formulant le rapport saisi, établi entre deux idées, tel que serait celui-ci : la vertu est aimable. C'est donc le verbe qui la produit, qui en est l'agent ; il lui donne sa valeur et sa force, en éclairant le sujet à l'aide de l'attribut. Ainsi l'affirmation en est le caractère essentiel. Les vérités sont des pensées qui affirment. D'où l'on peut conclure contre les sceptiques. Ils peuvent porter des jugements dans leurs discours, mais malgré ces

17

apparences, ils ne sont que de faibles penseurs, dès là qu'ils refusent d'admettre des vérités ou affirmations.

La pensée, telle qu'elle vient d'être définie, sera donc le caractère essentiel de l'être raisonnable. Comme la proposition et le jugement n'expriment qu'une même chose dans la grammaire, ainsi la pensée ou la parole qui l'exprime doit être regardée comme l'indice de l'être. « Je pense, donc je suis », a dit Descartes, et cette proposition, rendue fameuse par ses disciples, est devenue la base de sa philosophie, et le principe d'où il tire les premières de ses croyances : l'existence de Dieu et l'immortalité de l'âme. Telle est donc la pensée, ou opération de l'esprit, en travail de faire la lumière sur les objets, celle qui nous donne la connaissance des choses. N'avoir que des idées, sans lien qui les unisse, serait le cas de l'homme laissant errer son imagination. Un tel état d'esprit est plutôt le rêve incohérent que la pensée. Il faut, d'ailleurs, distinguer une sorte d'imagination passive, qui n'est que le cas d'un cerveau se remplissant des vaines images de ce qui frappe les sens, et une imagination active ou force imaginative de l'intelligence, au service d'un esprit visant un but, poursuivant une fin. L'opération de la pensée n'exclut aucune faculté de l'âme. Pour être l'expression de la vérité, la parole qui nous la communique n'en doit pas moins être une parole humaine, c'est-à-dire être à la portée de l'homme, et se rendre sensible. C'est ainsi que l'emploi de l'image dans l'expression est nécessaire au penseur qui veut convaincre.

Il nous reste à dire, en second lieu, ce qu'est la pensée au point de vue moral, en d'autres termes, quelle en est pour nous la fin pratique, son rôle enfin dans la science des mœurs. En nous appuyant sur les données de la foi, qui doit éclairer notre philosophie, nous regarderons ici la pensée comme le principe dont le terme est l'amour [1].

---

[1] La théologie enseigne, en effet, que la première personne divine, en produisant son Verbe, est aussi, en même temps que celui-ci, le principe de l'Esprit-Saint ou amour, terme à la fois du Père et du Fils.

L'homme qui pense ou réfléchit qu'est-ce autre chose, en effet, que celui qui rentre en lui-même, pour examiner ses actes ou ceux d'autrui? Que nous pensions à nous-même ou à autre chose, la pensée aboutit à un jugement, à une appréciation de l'objet faite par la raison pratique. Est-ce l'homme qui se considère? Est-ce de lui-même qu'il s'agit? Il voit alors ses qualités et ses défauts; il trouve en lui le bien et le mal. La pensée du bien ou devoir accompli le lui fait naturellement approuver, et, par le mouvement de la reconnaissance, le rapporter à celui qui en est la source, remonter à ce premier principe de qui tout bien découle, et c'est là précisément l'amour. L'homme qui pense voit-il, au contraire, l'erreur, la faute commise? Est-ce un défaut, un vice que la réflexion lui découvre? Il en conçoit de l'aversion, et cette haine, qui l'éloigne de tout ce que la raison humaine ne saurait chercher ni vouloir, est encore le mouvement qui le rapproche de cette première vérité, et de ce bien dont il ne s'est détourné que par un égarement de sa raison. De toute façon, la pensée de l'âme raisonnable la conduit à l'amour.

A tout dire, il semble qu'il n'en sera pas toujours ainsi, quand notre pensée s'arrêtera sur un autre objet que nous-même. Quand je songe à un ami, dira-t-on, sans doute un tel souvenir aboutit à l'affection qui me le fait aimer. Mais quand je pense à un ennemi, à un tyran tel que Néron, ou encore aux horreurs de la guerre, par exemple, ne sera-ce pas pour les haïr? — Assurément; mais cette pensée de haine, si elle est légitime et raisonnable, ne peut être qu'une forme de l'amour de la justice. Haïr l'oppression, la tyrannie, la cruauté, n'est-ce pas aimer la liberté, l'humanité, la bonté? Sans doute, seules les haines personnelles ne sont pas conformes à la parfaite justice. Les pensées qui en seraient l'expression, sont des réalités dont nous trouverons l'explication bientôt : elles ne sont pas formées pour entrer, moins encore pour demeurer dans l'âme raisonnable dont il s'agit.

L'amour de ce bien qui seul peut être commun à tous, parce qu'il ne perd rien à se communiquer, et l'amour des biens inférieurs et du prochain pour Dieu, tel est le terme où conduit la pensée obéissant aux lois de la raison, telle est sa fin comme sa valeur morale. Mais il nous semble voir ici le lecteur étonné d'une pareille affirmation, et nous disant par manière d'objection : n'est-ce pas plutôt la pensée qu'il faut regarder comme la conséquence et la fin de l'amour? Si je pense à un objet, n'est-ce pas au fond parce qu'il m'est cher et parce que je l'aime ? — Sans doute, et pourtant vous ne diriez pas que vous l'aimez si vous n'y pensiez d'abord. Vous ne sauriez l'aimer sans le connaître. Telle est donc la nature mystérieuse de la pensée dans l'âme raisonnable : elle précède l'amour et le suit. La pensée attire en nous l'objet aimé, et l'amour nous y porte. Ne soyons pas surpris de l'union étroite de ces deux phénomènes de la vie de l'âme. Nous la retrouvons dans les choses les plus communes : la pensée de chacun est d'ordinaire où est ce qu'il aime. Celle de l'avare n'est-elle pas naturellement à l'argent, objet de ses désirs et de son gain? Celle de l'ambitieux, à l'honneur qu'il convoite ? Où est notre trésor, là est aussi notre cœur. Seulement, le dérèglement de la pensée produit le dérèglement de l'amour, qui n'est plus alors que l'attachement aveugle de la passion et la faculté laissée à notre libre arbitre. La raison de l'homme ne peut lui faire aimer ce qui serait un mal pour lui.

Nous pouvons donc nous en tenir à notre première affirmation ; la pensée soumise à cette Raison souveraine et impersonnelle, qui est sa loi, a pour fin l'amour de ce bien commun à tous, et dans lequel se réalise l'union des cœurs. Dans la réalité, comme nous l'avons remarqué, il n'en est pas toujours et partout ainsi. Cette concorde, cette communauté de sentiment ne saurait, en effet, être le terme de la pensée quelconque, ni du caprice de la pensée. Ceci nous amène à examiner la valeur morale d'une périphrase fort en vogue dans nos temps modernes. Il n'est pas de trop d'étudier dans un tel sujet ce que peut valoir au point de vue doctrinal la libre pensée. Ce ne sera pas calomnier ceux qui s'en font un titre de gloire, que d'y voir d'abord le principe de la morale indépendante. Cette remarque suffirait déjà pour en faire voir l'absurdité, quand on songe que rien au monde ne peut être moins indépendant que la morale. Elle fait pourtant trop de victimes pour qu'on ne s'arrête pas à la discuter.

Rien n'est plus libre, en fait, que la pensée humaine, si l'on entend par liberté la faculté qu'a notre esprit d'échapper à la contrainte. La pensée de l'homme est la chose qui est le plus à lui, et bien plus encore que le Protée de la Fable, qui finit par être enchaîné, elle est absolument insaisissable pour quiconque le veut ainsi. Un homme peut être lié, emprisonné, livré aux bourreaux, sa pensée peut résister à toutes les violences faites à sa personne, et toujours il peut dire : je ne crois pas, je n'y consens pas. Car c'est uniquement dans le domaine des croyances, notons le bien, que cette doctrine tend à s'établir. Une telle liberté de penser a toujours été le propre de l'homme de tous les siècles : celui du XIXe ou du XXe siècle n'en a pas plus joui que celui des âges passés. Quelques-uns du nôtre seulement en ont beaucoup plus abusé. Pourquoi ? Simplement pour ne rien croire du tout. Entendue dans ce sens que chacun est à lui-même sa règle et sa loi, c'est la plus grande contradiction que la créature raisonnable puisse mettre au jour. Est-on libre, en fait de mœurs, d'admettre ce que chacun veut ? Et ne voit-on pas qu'il ne peut sortir que la discorde de cet adage qui nous montre dans une société autant de têtes que d'opinions ? Autant vaudrait dire que la notion de la moralité n'est pas une idée commune à tous les hommes, et que le juste et l'injuste, le bien et le mal ne dépendent que de l'appréciation de chacun. Notre pensée, on le sait, n'est, en effet, que l'inspiratrice de nos paroles et de nos actes.

Si quelque libre penseur trouvait ici que c'est trancher trop brutalement la question, et qu'il voulût atténuer la portée de son principe, en nous donnant simplement la libre pensée comme l'équivalent ou le synonyme de liberté d'examen, nous n'en serions pas étonné. Acceptons pour le moment cette interprétation, et supposons-la venue de la part d'un homme sincère. A ce point de vue, nous devons savoir que le peuple n'examine guère, non que le bon sens et l'intelligence lui manquent, mais parce que les exigences de sa condition ne lui en laissent pas le loisir. La libre pensée risque fort de devenir pour lui la libre passion. Quant aux hommes éclairés qui soutiennent cette cause, ils ont sans doute le droit d'examiner les fondements de leurs croyances et de leurs convictions morales, s'ils en ont de précises. C'est même un devoir pour eux de faire cette sorte d'examen de conscience. Mais le libre examen, pour rester dans les limites de la raison, ne peut être qu'un moyen d'arriver à une conclusion ou à une affirmation. Malheureusement pour beaucoup, il est manifeste que cette liberté n'est que le moyen commode de nier et de rejeter tout précepte divin, et toute autorité ou vérité s'imposant à leur raison. Qu'il y ait des hommes meilleurs en fait que leur doctrine et que ces opinions dont leur orgueil se pare sottement, nous en convenons. Mais il faut bien reconnaître, dans cette liberté de croire, le principe de la discorde et du désordre, et l'asservissement de la raison à la passion, c'est-à-dire l'esclavage de la pensée.

Il y a donc une loi à laquelle doit obéir la pensée de chacun, et qui en est indépendante. S'en affranchir n'est pas la liberté au sens élevé du mot, mais le caprice. Comme d'ailleurs, bon gré mal gré, chacun sert un maître, il importe de savoir lequel, et quel est l'esprit qui nous mène. En réalité, osons le dire, le soin d'examiner les pensées qui nous conduisent, n'est pas l'objet du souci d'un grand nombre d'entre nous. Si l'art de penser, comme le dit le critique, doit être appris par quiconque veut écrire, il faut le croire plus utile encore à l'homme qui veut bien vivre. Il nous importe de nous rendre la réflexion familière et de savoir rentrer fréquemment en nous-même, et à des heures réglées. Mais est-ce là ce que nous faisons ? Peut-être faut-il dire de la plupart de nous que nous avons beaucoup d'idées, de pensées même, mais sans pour cela penser beaucoup, en ce sens que nous ne suivons pas volontiers les conséquences de quelques pensées capitales et essentielles qui nous sollicitent, et dont nous devons faire dépendre les autres. Nous multiplions, nous dispersons nos pensées sur cent objets, quand il y aurait lieu de les rattacher à celles que l'on appelle convictions ou principes, et qui sont seules de nature à éclairer le chemin de la vie. Nos pensées sont presque toutes au présent, le passé s'oublie trop vite, penser à l'avenir est un souci importun. Au fond, cette imprévoyance est la source de la plupart de nos maux.

XXVIII

EXPLIQUER LA PENSÉE DE PLATON : « *La philosophie est la médiatrice de la mort* », ET LA RÉPLIQUE DE SPINOSA : « *La philosophie est l'apprentissage non de la mort, mais de la vie.* »

Celui qui entreprend d'écrire, ne doit pas s'en laisser détourner par la considération de la frivolité de l'esprit humain. Il est à craindre, en effet, qu'à la seule vue de ce titre, le lecteur n'ait l'idée de tourner le feuillet, pour aller chercher ailleurs un sujet plus gai et plus attrayant. Après tout, s'il était de nature à refroidir chez quelques-uns le désir de savoir, il faudrait supposer qu'une vaine curiosité aurait remplacé chez eux l'amour de l'étude, et qu'ils cherchent autre chose que la vérité. Nous en jugerons autrement par respect pour ceux qui nous lisent, et puisque la question a été proposée à des jeunes gens, nous la traiterons, du moins aussi brièvement que possible.

Nous sentons tous assez bien ce que désigne le mot de philosophie. Autre chose serait d'en donner la définition, ce qui du reste importe moins. Comme on le verra, les deux idées que nous en donnent deux hommes fameux à différents titres, et d'écoles fort opposées, ne sont pas toutefois contraires l'une à l'autre. Entrons en matière, pour ne pas tenir plus longtemps en suspens une attention que nous avons besoin de ménager.

Dans ce jugement que Platon a porté sur la philosophie, on voit qu'il laisse de côté les définitions abstraites qu'on a pu en donner, et qu'il est assez éloigné de l'entendre comme le font certains maîtres de notre temps. Quand ils l'appellent « la recherche des causes premières », ou encore « la science des principes », ils semblent la regarder comme une science spéculative. Pythagore, qui passe pour lui avoir donné son nom, voulait modestement faire de ses disciples des amis de la sagesse, plutôt que des hommes appelés sages, ce qui lui semblait prétentieux. Nul ne saurait donc trouver mauvais que nous tenions à lui conserver son sens primitif. Mais qu'est-ce que cette sagesse ? Est-ce une simple science, comme l'ont définie parfois quelques-uns ? C'est une grande science d'abord, et fort différente toutefois de la science humaine ou naturelle. Elle recherche en tout la cause suprême et la raison dernière des choses, pendant que celle-là s'arrête aux causes secondes ou matérielles. Mais elle s'en distingue encore plus par l'avantage d'avoir une fin pratique, et d'apprendre des vérités qui ont des conséquences obligatoires : elle est, en un mot, la science morale au premier chef. Que les maîtres de la philosophie ancienne lui aient attribué un caractère essentiellement pratique, c'est une vérité dont l'histoire fait foi. Les Solon, les Epictète, et les autres sont restés célèbres par les exemples qu'ils ont laissés, plus encore que par leurs livres. A dire vrai, on peut ici être excellent praticien sans faire profession publique d'enseigner ni d'écrire.

Voici donc le disciple de Socrate, l'homme que ses admirateurs ont appelé le divin, et qui, mieux inspiré que jamais sans doute, vient nous dire sincèrement ce que la philosophie doit être au fond, savoir : la conseillère de la vie pratique de chacun. Sous une forme saisissante, quoique un peu sévère, c'est bien là ce qu'il exprime dans cette pensée profonde, pleine de sens et d'enseignement pour tous. Si le sage est l'homme qui cherche en tout la vérité, pour vivre conformément à ses lois, puisque le contraire, c'est-à-dire l'erreur ou le mensonge, est la source générale de nos fautes et de nos misères, déjà l'Écriture sainte, prévenant le savant grec, nous avait enseigné à détourner les maux que nos fautes nous attirent, en nous donnant cette courte sentence : « Pensez à vos fins dernières et vous ne pécherez jamais » (1). La considération de la pensée de Platon va nous y faire découvrir une maxime très juste, et d'accord avec les enseignements de la foi. Quant à la réplique de Spinosa, on verra qu'elle n'y ajoute rien qui n'y soit renfermé déjà d'une façon implicite, et dans l'emploi d'un mot assez heureux ; elle a même le défaut d'en retrancher ce qui en fait la force. Il semble que le philosophe juif se récrie, parce qu'il trouve, comme on dit, le sermon un peu dur (2).

Qu'appelle-t-on un médiateur ? Un agent dont le rôle est de réconcilier deux ennemis, une sorte d'arbitre qui s'interpose, pour accorder deux personnes d'avis contraires et de prétentions opposées, pour mettre enfin la paix entre deux partis en lutte et qui ne peuvent s'entendre. Or, n'est-ce pas le cas de l'homme en face de l'idée de la mort ? Sans doute, nous trouvons ici en présence deux adversaires au premier abord inconciliables. Qui d'entre nous ne le sent ? Nés pour vivre, la nature répugne en nous à la pensée du trépas. La philosophie nous expliquera cette antipathie, et fera cesser une hostilité qui est la suite d'un malentendu. A cet effet, elle nous enseignera d'abord à faire de la nécessité un moyen de vertu, au lieu d'un sujet de stériles alarmes. Elle nous rappellera la fragilité des biens terrestres, la courte durée d'une prospérité temporelle ; elle nous démontrera l'immortalité de l'âme, nous apprendra le prix de la sagesse et la récompense qui l'attend. Venant à nous comme cette mère honorée dont parle l'Écriture : « Hommes qui aimez la vérité, nous dit-elle, ne redoutez pas comme un grand mal un changement d'état, qui n'est que la séparation momentanée des deux parties de votre être, et qui met fin à la lutte

---

(1) *Memorare novissima... Eccli.* VII.
(2) *Durus est hic sermo...* S¹ Jean.

entre votre âme et une chair corruptible, source des misères de la vie du temps ; car vous êtes l'ouvrage d'un Dieu bon. Seule la mortalité du corps fut la suite d'une faute de vos premiers parents, dont le trépas devint l'expiation nécessaire. Craignez-la donc comme le salaire du péché, acceptez-la comme la libératrice de vos misères, qui vous conduira à une existence meilleure, si vous vivez en ce monde comme devant mourir ». C'est ainsi que la philosophie devient la médiatrice appelée à concilier la vie de l'âme avec celle du corps, c'est-à-dire à mettre la paix entre l'esprit et la chair, entre la raison et les sens, en rappelant à chacun de garder son rôle.

Qu'entend-on encore par un médiateur ? Quelque chose de meilleur que celui qui fait cesser une querelle, et met fin à cette lutte que nous révèle la conscience. Ce mot désigne aussi la personne obligeante qui intervient généreusement, afin d'obtenir à une autre de condition inférieure la faveur ou l'amitié d'un plus puissant, auprès de qui celle-là ne saurait par elle-même avoir accès. Mais n'est-ce pas là précisément le cas de l'humanité en face de la Divinité ? Sans doute, car on sent bien qu'avec ses seules ressources et sa faible raison personnelle, l'homme ne pourrait gagner l'amitié divine. Si les amitiés terrestres se forment entre égaux, il n'en est pas ainsi de celle que nous contracterons avec un Dieu, et il y a ici trop d'inégalité, trop de distance entre les deux êtres. Notre fin dernière est au-dessus de nos forces, il nous faut pour l'atteindre un secours plus grand que nature. A cet effet, la deuxième personne de la Trinité divine avait reçu la mission de venir parmi nous remplir ce rôle de médiateur de grâce, charge trop forte pour une créature, et telle qu'aucune philosophie humaine n'avait pu l'assumer. La nouvelle alliance conclue entre Dieu et les hommes fut la réalisation de cet ouvrage, accompli aujourd'hui depuis dix-neuf siècles, après avoir été longtemps attendu et ardemment désiré. Nous avons eu un médiateur et avec lui une médiatrice, à la fois humaine et divine. Cette condition était nécessaire pour que la médiation fût facile, et qu'elle obtînt un plus grand succès. Que si la parole évangélique est devenue pour ceux qui croient la voie et le moyen, la philosophie de l'homme n'a qu'à s'en pénétrer et à la prendre pour sa part, afin d'en recueillir tous les avantages. C'est d'ailleurs ce qu'ont fait tous les penseurs bien avisés dans les temps qui se sont écoulés depuis sa venue, et chez les peuples qui ont eu le bonheur de la connaître. De son côté, le disciple de Socrate, qui n'a pas eu la faveur de recevoir la bonne nouvelle, doit être vivement estimé et admiré, pour l'avoir comme pressentie avant son apparition, et pour en avoir fait entrevoir quelque chose dans la pensée exprimée, par l'emploi d'un mot qui renferme un très beau sens.

Désormais, qui ne consentirait à voir combien Platon reste de beaucoup au-dessus du philosophe juif, regardé comme l'apôtre moderne du panthéisme, et comme le penseur qui voudrait confondre l'auteur du monde avec son œuvre, la vérité éternelle avec la réalité présente et les choses qui passent, la créature enfin avec Dieu, demeure inférieur à cet homme de génie, qui reconnut dans le Verbe divin les raisons éternelles des choses créées ! Ce que nous dit, en effet, Spinosa, dans sa réplique, quand on y regarde de près, ne nous apprend guère plus que la première des deux pensées, et ne fait que l'affaiblir, en lui ôtant de son caractère énergique. La philosophie, dit-il, est l'apprentissage de la vie. Mais l'apprentissage mène vite à l'art, et c'est ici le sens du mot médiatrice, employé pour désigner cette science pratique qui fournit aux hommes les préceptes pour se bien conduire, ce qui ne peut se faire sans prévoir le terme à atteindre. L'art de bien vivre est une science qui se définit par son objet ou sa fin. Malheureusement, il est des gens qui apprennent toute leur vie durant, sans vouloir se résoudre ; précisément parce que cet apprentissage est mal dirigé. C'est bien le cas de cette doctrine qui ne veut pas entendre parler de notre fin dernière ; telle est par exemple, pour les uns la religion naturelle, pour d'autres la morale indépendante et, pour le dire en deux mots, la morale du plaisir. Mais ceux qui voient là des doctrines philosophiques n'osent guère les soutenir en plein jour. Aussi comprend-on que pour des hommes qui, dans leurs livres, en sont de près ou de loin des partisans ou des défenseurs, l'idée de la mort soit insupportable, et qu'à la méditer, ils ne trouvent rien à apprendre qui soit de leur goût.

Au demeurant, que nous importe de discuter avec eux ! ceux pour qui la fin de l'existence présente serait la destruction totale de l'homme, n'auraient que faire de parler de règles de vie, et de chercher des préceptes de sagesse pour en faire l'apprentissage. La justice sociale avec son code ne devrait-elle pas leur suffire?... Malheureusement la vie serait dans ce cas le règne de la force brutale, et les sages ne seraient que les plus malins et les plus puissants. La conception vraie de notre condition ici-bas, éclairée par l'idée de la mort, est destinée au contraire à changer tout cela, en détruisant nos illusions. La vie du temps, comme l'a dit énergiquement un savant docteur, n'est utile que pour celle de l'éternité. Et puisque le terme de celle-là n'est que la séparation des deux parties de notre être, et marque le commencement d'un autre état de vie, il était assez à propos d'évoquer le souvenir du trépas, dans une pensée où l'un des plus grands génies de la Grèce a voulu donner de la philosophie une idée plus sérieuse que celle qu'en avaient sans doute les sophistes et les épicuriens de son temps. Pour être plus éclairés, ceux du siècle présent, comme tous les hommes d'ailleurs, ont besoin de prendre la chose au sérieux.

Malheureux tôt ou tard, en effet, quiconque prend la vie pour une partie de plaisir ! En réalité l'existence de l'homme dans sa condition présente est un état de malaise, inconnu de ceux-là seulement peut-être qui commencent à vivre, et qui s'aggrave souvent pour nous par les mauvais moyens que nous prenons pour le combattre. Sans rappeler ici les maux dont l'existence abonde, la fatigue, la faim, la soif, le froid, le chaud ne sont-ils pas autant de souffrances que nos jours se passent à guérir ou plutôt à calmer, pour les voir recommencer toujours ? En définitive, les hommes travaillent tous avec peine, afin de s'affranchir de la peine, c'est-à-dire qu'ils souffrent pour n'avoir plus à souffrir. A cela faire, ne semble-t-il pas que nous mourons sans cesse d'une certaine façon ? Oui, nous mourons tous les jours, et nous cesserons de mourir quand nous cesserons de vivre de cette existence mortelle. Le trépas n'est que la fin de notre mortalité. Heureux, même en ce monde, quiconque a compris cela! Il importait donc de rappeler aux hommes ce que tant de fausses philosophies nous dissimulent. Le sentiment de crainte inspiré par le mot de Platon n'est pas fait pour paralyser nos forces, mais plutôt pour calmer nos agitations, et en réglant notre activité, nous enseigner enfin l'art de bien vivre.

XXIX

LA CIVILISATION A-T-ELLE ACCRU OU DIMINUÉ L'INÉGALITÉ ENTRE LES HOMMES ?

Il existe en ce monde une inégalité que nous devons regarder comme une loi de l'humanité, et qui durera autant qu'elle. C'est celle qui fait naître les hommes dans une condition ou une autre, avec une santé, une constitution physique différentes, en même temps que leur esprit manifeste en s'éveillant des aptitudes diverses. Celle-là n'est pas un mal proprement dit, puisque nous voyons la même inégalité partout autour de nous, comme au-dessus de nous dans la nature, où sous le nom de variété, elle nous apparaît comme un élément de beauté. Au fond, elle s'accorde avec la composition d'une société où règnent l'ordre et la hiérarchie, et dans laquelle les hommes, semblables aux divers organes d'un même corps, sont appelés à exercer des fonctions différentes, les unes plus nobles et plus relevées, les autres plus basses et plus communes. Mais les hommes, inégaux en tout le reste, sont égaux en un point : ils veulent tous également jouir, sans délai comme aussi sans mesure ; et cette impatience est la principale cause qui fait que pour plusieurs cette inégalité naturelle devient en réalité un véritable mal et un sujet de désordre. C'est l'influence que peut avoir la civilisation sur cet état de choses qu'il importe de rechercher ici. Et en effet, puisque parmi les hommes, les uns sont pauvres, ignorants, délaissés, réduits à travailler péniblement pour vivre, tandis que d'autres, avec moins d'efforts, se trouvent riches, honorés, pourvus de biens en abondance, il semble que si la civilisation devait augmenter cet écart des conditions humaines entre elles, et faire empirer un tel état de choses, il faudrait la proscrire. Or, c'est là certainement ce que ne voudraient pas ceux même qui inclinent à l'accuser de ce tort, tellement elle a d'ailleurs des avantages pour eux. Que si la civilisation était, comme d'autres peuvent le croire, capable au contraire de remédier à cette imperfection de la société, il n'y aurait pas à hésiter: il faudrait tout de suite lui construire des temples et lui dresser partout des autels. Si quelques-uns de ses amis passionnés rêvaient pour elle cette apothéose, de notre côté, malgré le cas que nous en faisons et l'estime sincère que nous avons pour elle, nous sommes loin de partager leur illusion.

Avant tout, il importe de se former une idée aussi nette et complète que possible d'une chose si complexe et si difficile à définir. Dans l'esprit de la plupart des gens, le mot de civilisation semble désigner la réalisation d'un progrès général et apparent vers un terme vague, et dont beaucoup ne se préoccupent guère, progrès qui se traduit au dehors par les symptômes suivants : l'amélioration des conditions de l'existence, l'agrandissement et la prospérité des villes, le développement des lettres, des sciences et des arts, enfin l'adoucissement des mœurs publiques. Un tel état de civilisation est manifeste dans notre pays quand on compare, à la lumière de l'histoire, son état présent à ce qu'il était dans les siècles passés. Il suffira donc d'examiner quelle influence exerce sur l'inégalité sociale chacun des quatre caractères avec lesquels se présente la civilisation moderne, pour trouver une réponse satisfaisante à la question posée; suivons pour cela l'ordre indiqué.

En premier lieu, on convient sans peine que les conditions générales de l'existence sont meilleures et plus faciles aujourd'hui qu'il y a dix siècles, et même cent ans. L'argent, instrument du bien-être, est beaucoup plus répandu : plus le gagné, il est aussi plus vite dépensé. Y a-t-il pour cela parmi nous plus de riches et moins de pauvres qu'autrefois ? C'est ici que la réponse à faire devient très embarrassante. Le nombre des hommes fortunés, millionnaires même, est considérable, si l'on veut. Mais la valeur relative de l'argent ayant beaucoup diminué, un même objet s'achète aujourd'hui avec plus de métal qu'autrefois. Les espèces monnayées, n'ayant au fond d'autre valeur que celle des biens réels qu'elles représentent, il faut admettre que nos aïeux pouvaient en définitive être aussi riches avec moins d'argent. D'ailleurs, l'or n'est pas la seule richesse ; la propriété domaniale en est une et la plus importante. Si les habitants étaient moins nombreux, il y a cent ans qu'aujourd'hui, comme la surface du sol cultivé n'a pas augmenté en proportion de la population, malgré les défrichements, les propriétaires fonciers d'alors pouvaient bien avoir la part plus grosse (nous ne parlons que de la France), et les favoris de la fortune être relativement aussi nombreux.

D'un autre côté, qui pourrait nous dire si le nombre des pauvres a diminué ou augmenté, et si, comme quelques-uns le croient, nous marchons vers la suppression de la misère ? Il semble bien que le nombre des familles vivant au jour le jour forme encore de beaucoup la grande majorité.

Si le commerce amène dans les foires et sur les marchés beaucoup plus de produits alimentaires, et surtout superflus, qu'il n'en apportait jadis, sans doute les gens peuvent s'y procurer, de notre temps, ce qu'ils n'avaient pas les moyens d'acheter autrefois. Mais si ces mêmes hommes ne savent pas modérer leurs dépenses, si, comme cela pourrait être le cas de plusieurs, leurs besoins croissent avec leurs ressources, et leur appétit avec les occasions de dépenses, au bout du compte, la digestion une fois faite, si la bourse est vidée et que l'ouvrier ne soit pas plus économe, il se trouve Gros-Jean comme devant. En résumé, il peut fort bien arriver qu'il y ait autant d'indigents à notre époque que jamais. Sans oser trancher la question, assez obscure encore, les récriminations qu'on entend faire partout contre la répartition des richesses, tendent à faire croire qu'il en est ainsi. Il se pourrait bien, en effet, que l'accroissement du bien-être, en rendant les hommes plus exigeants et plus difficiles à contenter, ait abouti à les laisser aussi peu satisfaits et aussi pauvres, tout en mettant plus d'argent et de plaisirs à leur disposition.

Mais l'amélioration des conditions de l'existence ne se réduit pas à augmenter les satisfactions et les jouissances ; elle consiste encore et surtout à diminuer les peines, à supprimer une partie de nos maux, à nous laisser enfin moins à souffrir. Or, la grande peine de l'humanité, c'est le travail, et surtout le travail corporel, quoi qu'en disent certains lettrés peu réfléchis, et trop intéressés dans la question pour bien juger. De ce côté, quelques-uns, parmi ces derniers surtout, proclament bien haut que les conditions du travail manuel ont bien changé, et sont beaucoup adoucies aujourd'hui. Mais il est aisé de voir que, dans cette affirmation, il y a pas mal à rabattre. Les machines-outils, charrues, voitures et autres appareils à vapeur, ou même à l'électricité, sont aujourd'hui très répandus sans doute, tandis qu'ils n'étaient pas connus il y a cent ans. Toutefois, pour ce qui concerne l'agriculture, la plus commune des professions, la charrue à vapeur ne sert qu'aux vastes propriétés et dans les grandes plaines. Les sols accidentés, les petites propriétés, qu'une civilisation bien entendue favorise, ne s'en accommodent pas. Les anciens moyens de culture restent dans la grande majorité des cas réputés les meilleurs, pour accomplir un bon travail. Après tout, quand le nombre des paysans travaillant de leurs bras aurait un peu diminué ; qu'on songe, d'autre part, à ces nombreux ouvriers, qui doivent, à cette heure, aller sous le sol arracher aux entrailles de la terre et au prix des fatigues les plus pénibles, ce minéral nécessaire à la production de la vapeur, sans lequel la machine ne marcherait pas seule. Car il ne faut pas croire que le pic du mineur soit plus aisé, ou plus agréable à manier dans l'obscurité des fosses que la bêche du paysan au grand air.

Notre civilisation a, sinon produit, du moins beaucoup augmenté le travail de nuit, autrefois très peu en usage. C'est bien là une fatigue qui compte, sans parler des conditions malsaines d'un certain nombre de métiers nés du progrès industriel. Si les chemins de fer ont réduit d'un côté le travail des rouliers, ils donnent lieu néanmoins à des manutentions qui demandent assez d'efforts musculaires, et l'activité commerciale augmentée par nos bateaux à vapeur ne semble pas avoir diminué le nombre des portefaix. L'homme, dit-on encore, tournait autrefois la meule à la main. Sans chercher longtemps, on trouverait que, sous des noms différents, il fait aujourd'hui à peu près la même chose. On le voit encore parfois tirer le chariot. Ainsi, de nos jours, le travail est plus rapide, la production plus grande (et la consommation aussi), la qualité de l'ouvrage en général meilleure dans beaucoup de cas, on doit l'admettre; mais tout bien considéré, la question de la peine pour le travailleur ne paraît pas nettement tranchée en faveur d'une diminution très sensible. L'artisan n'est pas sur ce point aussi facile à convaincre que le voudraient certains savants et hommes d'étude; l'opinion contraire pourrait facilement se soutenir. En fait, les enfants d'Adam, en grande majorité, gagnent toujours la vie à la force de leurs bras et à la sueur de leur front. De ce côté, il n'y a guère de changement appréciable qui permette d'affirmer que, chez les peuples policés, le progrès de la civilisation tend à niveler les conditions du travail, et à imposer à tous des fatigues égales. On pourrait même demander, avec quelque vraisemblance, si l'augmentation de bien-être d'une part ne se trouverait pas en pratique payée par un accroissement de peine d'une autre. Mais évitons de médire du progrès, et ne nous hâtons pas de conclure trop vite une question que nous n'avons pas encore examinée sous toutes ses faces.

La civilisation se manifeste encore, avons-nous dit, par l'agrandissement et la prospérité des villes. A vrai dire, un tel avantage pourrait bien être acquis aux dépens des campagnes. Il faut convenir, en effet, que les cités populeuses sont des centres de plaisirs, d'amusements et de distractions de toute sorte. Nombre d'habitants des champs s'y rendent, paraît-il, en vue d'améliorer leur sort, et s'estimant moins bien partagés que les citadins, peu sensibles à la leçon faite par le rat de la fable, ils vont à la ville pour se procurer une position plus commode ou plus brillante. Il semble que ceux qui réussissent sont les fils des propriétaires aisés, c'est-à-dire précisément ceux qui n'en ont pas besoin, et feraient mieux de rester chez eux. Ne parlons pas de ceux qui vont s'y appauvrir et s'y ruiner, quoiqu'ils ne soient pas rares. Tout homme peut se tromper dans ses calculs, et toute entreprise n'est pas couronnée de succès. Le proverbe « un tiens vaut mieux que deux tu l'auras » est encore assez peu compris.

Quant à l'ouvrier proprement dit, que l'appât du bien-être attire à la grande ville, n'est-ce pas le petit nombre qui s'y assujettit à l'épargne? Ne sont-ils pas nombreux, au contraire, ceux qui se laissent aller aux dépenses superflues auxquelles l'occasion entraîne? C'est ainsi que plusieurs ne quittent le village que pour demeurer aussi pauvres qu'ils l'étaient, avec plus d'ennuis toutefois, quand ils ne deviennent pas plus misérables. Le prix de la santé est une chose qui vaut bien la peine qu'on s'arrête à considérer ici, pour parler d'une sorte d'inégalité ou d'avantage que la fortune est trop souvent impuissante à compenser. Or, qui ne sait que la vie sobre, frugale et paisible des champs, est plus favorable à la santé que la vie agitée des villes. Si les cités offrent aux indigents des moyens d'existence et les ressources de l'art médical, plus rares à la campagne, il peut se faire que l'insalubrité relative des villes, et les occasions plus nombreuses de maladies en soient les causes éloignées mais réelles, et que ces maux soient au fond la raison d'être de ce que nous prenons seulement pour un surcroît de bien. Tout compte fait, la prospérité de la grande ville laisse toujours voir un petit nombre de gens qui s'enrichissent et paraissent satisfaits, mais beaucoup aussi qui restent pauvres. N'oublions pas encore que si les cités populeuses nous étalent les beaux côtés de la civilisation, elles nous en cachent le revers et le dessous dans les sous-sols, les combles et les taudis.

En troisième lieu, le développement des sciences, des lettres et des arts est encore une marque à laquelle se reconnaît la civilisation, et peut-être celle dont les hommes civilisés se montrent le plus fiers. Ce progrès des lumières, comme on l'appelle, incontestablement très grand dans le siècle présent, semblerait destiné à diminuer l'inégalité entre les hommes, en élevant le niveau de ceux qui sont placés en bas, et qu'on regarde trop facilement comme des ignorants. S'il en était ainsi, un grand pas serait déjà fait, car le grand nombre des écrivassiers et des pédants, sinon des gens instruits et éclairés, a certainement beaucoup augmenté. L'instruction, ou pour mieux dire et ne pas confondre deux choses différentes, la science, telle est la grande idole du jour. Et vraiment, si nous pouvions être tous des ouvriers de l'intelligence ou vivre du travail de l'esprit et de la plume, la vie serait devenue généralement commode, et un immense progrès aurait été réalisé pour arriver à l'égalité. Mais à parler sérieusement, un tel état social est contre nature. Quand le travail manuel est méprisé, comme il arrive quand on enseigne à l'enfant que l'homme ne vaut que par ce qu'il sait, quand les occupations des champs et de l'atelier sont dédaignées et délaissées comme peu estimables, c'est alors que l'ouvrier se met à vociférer dans les clubs, et que la porte est ouverte aux discordes civiles.

Trop de pères, d'ailleurs, aveuglés par les fausses idées qui courent le monde, n'ont pour fin dans leur travail que de soustraire leur enfant à la peine, c'est-à-dire à l'obligation de travailler. Loin de s'en cacher, ils s'en font honneur, et en cela, ils ne paraissent pas estimer et honorer beaucoup leur profession. Quel égarement! et aussi quelle leçon pour cette fausse prudence du siècle, lorsque les parents se voient plus tard méconnus et délaissés par ceux dont ils n'ont nourri que l'orgueil, quand il importait surtout de leur former le cœur, et d'empêcher au moins que la science ne s'acquît au dépens de leur conscience!

Et en effet, dans l'opinion de quelques hommes civilisés, le progrès ne serait que l'affranchissement du travail. Aussi que de malheureux dans la multitude de ces brevetés ou diplômés, demeurant sans occupation sérieuse, parce qu'ils ne savent pas se plier à un métier modeste, et pour qui l'atelier est trop sale et la terre trop basse! Dire de telles choses, serait-ce s'élever contre l'instruction? A Dieu ne plaise, nous l'estimons trop pour cela. Mais il y faudrait mettre un peu plus de cette commune et vraie philosophie, simple affaire de bon sens, qui apprend à l'homme qu'un ouvrier fidèle à ses devoirs d'état, est plus méritant et plus noble que ces amateurs à moitié désœuvrés de places de faveur, à l'aide desquelles les hommes au pouvoir se ménagent des amis dans les administrations publiques. Quant aux vulgarisateurs en vogue de la science physique ou astronomique, il semble bien que leur popularité sert beaucoup plus aux intérêts de leur fortune personnelle qu'au profit de leurs clients. Tout bien examiné, ce caractère de notre civilisation qui nous la montre comme propageant les connaissances scientifiques et littéraires, pour le plus grand bien social, n'aboutit guère à niveler les conditions humaines, ni à remédier à l'inégalité des intelligences. Il se pourrait même que par leur maladresse, les docteurs du faux savoir ne réussissent qu'à faire empirer le mal, en augmentant les inconvénients d'un tel état de choses. Quoi qu'on en pense, avec de très grands savants, notre civilisation nous laisse toujours beaucoup de faibles d'esprit et d'ignorants. Ceux-ci, d'ailleurs, ne sont pas la même chose que ce qu'on appelle le peuple, et il y a un genre de progrès qui entretient dans certaines régions élevées une forme d'ignorance et de faiblesse d'esprit, qui n'est peut-être la moins malheureuse de toutes.

En dernier lieu, la civilisation se manifeste dans un pays par un adoucissement général des mœurs, et sans doute que c'est ici son meilleur côté. N'est-ce pas aussi de là que son nom lui vient? Les peuples civilisés sont, en effet, les peuples aux mœurs polies, telles qu'on les trouve chez les habitants des villes, plus encore que chez ceux de la campagne, aux manières moins étudiées et plus simples, et de mœurs plus rudes mais non plus mauvaises. Entre gens civilisés, les relations sont en réalité empreintes de beaucoup plus de douceur, surtout en apparence. Ils ont plus d'égards les uns pour les autres, ils comptent plus sur la raison et la persuasion que sur les moyens violents pour se faire écouter et obéir. Et de fait, à notre époque, les punitions corporelles sont peu en usage, tandis que les peines afflictives et les coups étaient communément employés dans les temps passés, surtout pour faire sentir aux petits la puissance et l'autorité des grands. C'est ici que se présente dans l'amélioration des rapports entre les membres d'une société, et dans cet adoucissement des traitements que les hommes exercent les uns à l'égard des autres, le moyen de réaliser entre eux un heureux rapprochement, et de remédier à cette désunion qui est la suite fâcheuse de leurs conditions différentes.

Nous devons à notre époque un bienfait grand entre tous, la disparition de l'esclavage, au moins en Europe, où il fut jadis si répandu. Rien ne rendait plus pénibles les inégalités sociales que cette coutume, qui a permis pendant longtemps de regarder un homme comme un objet pouvant être la propriété ou le bien d'un autre. Les civilisations antiques, grecque, romaine ou autres disparues comme elles, ont pu briller par leurs cités opulentes tombées aujourd'hui, et par les grands génies dont les œuvres nous restent : la dure servitude dans laquelle le bas peuple y a été tenu est demeurée pour elles une flétrissure. Si notre société moderne a vu disparaître l'esclavage, il n'en coûtera guère aux lecteurs d'en reconnaître la cause. Elle est dans cette morale élevée enseignant aux hommes qu'ils sont frères, ayant un même père à honorer, et qui leur a découvert la grandeur qu'on peut trouver à servir. La science, les arts, soit dit sans les rabaisser, ont eu un rôle très secondaire ici, et cette civilisation qui relève les petits et les faibles aux yeux des riches et des puissants, demeure l'effet d'un progrès tout moral. C'est là une de ces vérités qui ne se démontrent pas. Il suffit de comparer les peuples qui ont reçu le christianisme avec ceux qui ne l'ont pas encore admis dans leurs mœurs.

Il reste à résumer les considérations qui précèdent, afin d'arriver à une conclusion. Nous regardons comme de grands avantages acquis par la civilisation moderne, l'émancipation presque générale des esclaves, l'augmentation du bien-être et l'instruction plus répandue dans notre société. Partant de là, quelques esprits superficiels n'hésiteront pas à lui attribuer tous les mérites et toutes les vertus, proclamant qu'elle a diminué l'inégalité des conditions, et qu'elle tend de plus en plus à faire régner l'égalité parmi les hommes. Nous en avons pour preuve la trilogie fameuse inscrite sur la façade des monuments publics. Mais les mots ne suffisent pas pour faire croire au règne de l'égalité et de la fraternité humaines. Il y faudrait encore les faits. Nous jouissons d'une certaine égalité devant les tribunaux de cette justice qui connaît des crimes. Mais ce qu'on appelle pompeusement l'égalité devant la loi en général, n'est-elle pas plus précaire que réelle, quand on sait la puissance de l'argent et du crédit dans une société dont la prospérité se fonde surtout par la richesse. Nous n'avons pas besoin du témoignage de ce roi de Macédoine, qui avouait ne pas connaître de ville imprenable à l'aide d'un mulet chargé d'or. Tous savent bien comme l'argent ouvre de portes, allège de charges, dispense de corvées, et même peut exempter les hommes d'obligations légales. Est-ce indiscret de lever ici le voile, et de montrer ce dessous peu honorable de notre état social ? Est-il de nature à faire disparaître les suites de l'inégalité des conditions ? Les hommes sincères pourront répondre, et dire si l'égalité et la fraternité sont bien « les précieuses conquêtes des temps modernes. »

Après cela, il ne faudrait pas voir dans notre dire une condamnation de cette civilisation européenne qui, sans pouvoir changer le fond d'égoïsme qui est le propre de l'homme, nous donne par ailleurs des avantages signalés. Tels sont ceux qu'on appelle à bon droit les merveilles de la science et de l'industrie. Témoignages incontestables de la puissance de l'esprit humain, ils ne doivent pourtant pas nous aveugler sur tout le reste, et les biens tout matériels dont ils nous gratifient, ont des sources qu'il y a intérêt à bien connaître pour la clarté de la question à traiter. Si ces avantages sont dus, en théorie, au développement des connaissances scientifiques et naturelles de notre génération, dans la pratique, ils sont pour beaucoup le résultat de cette division du travail très grande aujourd'hui, comme nous en avons déjà fait la remarque. Or, qui ne voit qu'un tel principe, source de ce bien-être, qui est aux yeux de certains presque toute la civilisation, entretient, augmente, à mesure qu'il se développe, la diversité des fonctions et par suite l'inégalité des conditions qui en dépend ? Dans les pays sauvages ou chez les peuples barbares, il y a certainement une sorte d'égalité plus grande dans les conditions, mais une égalité dans la misère ou la barbarie, dont nous ne voudrions pas, et dont les défauts ne sont pas sentis par ceux qui en ont l'habitude, parce qu'ils n'ont pas lieu de comparer leur condition à une autre beaucoup meilleure. Mais les peuples se civilisent en faisant régner chez eux l'ordre, qui introduit la hiérarchie dans les fonctions, et une subordination dans les professions d'autant plus longue que le travail se simplifie et se divise davantage. Dès lors, c'est la civilisation elle-même qui amène cette inégalité dans les conditions, désignée par cette métaphore assez juste d'échelle sociale, qui nous montre une grande différence entre ses degrés extrêmes. En haut d'immenses fortunes, en bas l'extrême misère, que rien ne saurait supprimer. Quoi qu'il en coûte, nous devons le dire : à la base de l'édifice social, il y aura toujours et partout les opprimés. Là où les victimes de l'autorité despotique, comme les esclaves, ont fini par disparaître, il pourrait bien en être venu d'autres, celles de la liberté sans frein : le vagabond et le couche-vêtu. A vrai dire, leur nombre est moindre que ne l'était celui des victimes de l'oppression dans les temps païens. On en sait la cause.

Nous sommes d'ailleurs d'accord avec tous pour constater l'existence d'une nombreuse classe moyenne dans le peuple, jouissant d'une médiocre aisance et d'une liberté, qui seront toujours le fruit du travail plus que de toute autre cause. C'est par le travail que l'esclave s'émancipait autrefois ; c'est par le même moyen que parvint à s'affranchir le serf du moyen âge, qui représentait une condition intermédiaire entre la société antique et celle des temps présents. A défaut du travail, l'homme du peuple de nos jours tombe dans la servitude de la misère, qui ne vaut pas mieux que celle de l'homme, et il ne peut vivre que de la charité privée ou de la bienfaisance publique. Aussi, tout en convenant que les assises inférieures de notre société moderne sont dans des conditions meilleures que celles des âges passés, n'exagérons rien, et n'accordons pas trop à certains avantages apparents d'une civilisation qui ne laisse pas de donner lieu à de justes plaintes, et qui coûte beaucoup à ceux qui en bénéficient le moins.

C'en est assez pour que chacun se forme une manière de voir sur la question proposée. Quant à nous, en décidant trop catégoriquement dans la querelle entre ceux qui proscrivent d'une part la civilisation, et ceux qui d'une autre en font leur idole, nous ferions calomnier par les uns un état de choses auquel nous devons de grands biens, ou nous nous aveuglerions avec les autres sur son mauvais côté, et les vices dont elle peut être la source pour nous. La civilisation, répétons-le, a besoin de cette inégalité des conditions sociales. Mais pour ne pas augmenter les inconvénients qu'une telle nécessité entraîne, il faut que les civilisés n'en oublient pas l'élément moral, et le rôle qu'il est appelé à remplir. C'est là ce principe conservateur, ce sel de la terre dont parle le divin Maître, qui peut seul empêcher la corruption de gagner la nôtre, et à défaut duquel les civilisations assyrienne, romaine, arabe et autres ont péri. Ce n'est pas que la morale chrétienne diminue, en fait, l'inégalité des conditions sociales ; car l'Évangile, à l'encontre de ceux qui rêvent l'extinction du paupérisme, nous affirme : « qu'il y aura toujours des pauvres parmi nous ». Mais sa doctrine a cet avantage de servir à en atténuer les inconvénients, et d'adoucir les conséquences qui sont les suites de ces inégalités, en nous les faisant moins ressentir. Et en effet, elle enseigne aux grands et aux riches à condescendre aux petits et aux pauvres, et à s'abaisser jusqu'à eux ; elle apaise encore chez ceux-ci les convoitises que le progrès matériel fait naître, en conseillant à chacun de vivre content de sa condition, ou du moins à ne chercher que dans le travail le moyen de l'améliorer. Les membres d'une société policée ne doivent pas compter sur d'autres ressources pour échapper aux inconvénients d'un état de choses, qui est, comme nous le remarquions en commençant, une loi des peuples civilisés.

Les devoirs des hommes, les uns à l'égard des autres, les services qu'ils se rendent mutuellement, naissent la plupart du temps de cette circonstance qui fait que les uns se trouvent inférieurs aux autres, inégaux sous le rapport des moyens matériels dont ils disposent et des facultés de leur esprit. Les vertus sociales ne trouvent sujet de s'exercer, qu'à la condition que les uns sont dans l'abondance et d'autres dans le besoin. Une civilisation qui diminuerait les inégalités sociales, tendrait à les faire peu à peu disparaître. Sans doute plusieurs ne se soucient pas d'avoir des vertus à pratiquer ; mais comme les hommes même les plus civilisés ont des vices, et que ceux-ci contribuent pour une bonne part à produire et à entretenir ces inégalités, on voit que, par une sorte de force des choses, elles ne tarderaient pas à reparaître.

XXX

Expliquer cette pensée de Royer-Collard :
Notre science n'est complète que quand elle a été puiser l'ignorance à sa source la plus élevée.

Pour expliquer une pensée au premier abord assez étonnante, bien que très juste dans le fond, nous commencerons par dire quel est le prix de la science, et en quoi elle peut être incomplète, comme c'est, en effet, le cas chez plusieurs. Nous aurons ensuite à voir les différentes sources où l'homme la puise, et quelle en est la plus haute et la plus noble. En dernier lieu, nous verrons ce qu'il faut entendre par cette ignorance singulière, que nous pouvons puiser à cette source élevée au-dessus des autres, et qui est appelée à former le complément de notre savoir.

Considérons, en premier lieu, que l'homme a été créé avant tout pour connaître, et que le premier besoin de notre intelligence est celui de savoir. La curiosité, ou mieux le désir de s'instruire, tel est le signe précurseur de la raison et la manifestation première de l'intelligence humaine. A peine l'enfant commence-t-il à bégayer qu'il s'informe à sa manière, et à cet effet interroge ceux qui l'entourent, pour apprendre d'eux les noms des objets qui frappent ses sens, montrant par là que cette connaissance est un besoin de son âme, comme la nourriture en est un pour la vie de son corps.

Quels que soient pourtant le prix de la science et l'importance qu'on y attache, l'homme manquerait néanmoins à sa destinée s'il voulait s'en tenir là, et qu'il se contentât de connaître. « Savoir, disent les philosophes, c'est pouvoir », et nous avons reconnu l'exactitude de cet adage. Mais il est aussi vrai que ce n'est pas là le dernier terme proposé à la créature raisonnable. Sa perfection est dans l'acte et non dans la puissance. Que vaudrait en réalité un pouvoir qui ne se manifesterait pas au dehors ? Méconnaître ce point de doctrine serait déjà pour l'esprit de l'homme montrer un défaut d'intelligence, et faire preuve d'un réel aveuglement. Le monde créé est l'ouvrage de l'amour, sans lequel le Tout-Puissant ne nous serait pas connu. Né pour connaître la vérité, l'homme est fait encore plus pour s'y attacher et la servir. Stérile et funeste serait donc pour lui une connaissance qui ne serait pas suivie d'amour. Et en effet, ne point aimer la vérité connue, n'est-ce pas cette faiblesse de raison qui s'appelle folie ? L'aimer sans la vouloir servir, ne serait-ce pas orgueil ou lâcheté ? Quoi qu'on en pense, la science en elle-même et dans le bon usage qu'on en peut faire, est chose de si grand prix, qu'elle a dû être mise par la théologie au rang des vertus intellectuelles. Elle est un don fait à l'homme par la Divinité.

Cependant, de ce qu'il n'est personne au monde qui n'ait en fait quelque science et ne sache quelque chose, il ne s'ensuit pas que nous devions tous être loués pour l'usage que nous faisons de cette noble faculté de connaître. Il convient de réserver notre estime pour cette science dont parle l'auteur de la pensée proposée, et c'est pourquoi nous devons d'abord préciser ici ce qu'on peut appeler une science complète.

Serait-ce l'ensemble de toutes les connaissances humaines ou la perfection dans l'une de quelque genre d'entre elles ? Evidemment non, car la capacité de l'esprit étant comme infinie, on peut toujours ajouter à ce que l'on sait, et sous ce rapport, l'instruction d'un homme est toujours imparfaite. Encore plus est-il vrai de dire que sa science est bornée par les limites imposées à sa vie. La nature même de l'esprit de l'homme, la briéveté de ses jours seront donc toujours ici-bas un obstacle à la perfection complète de son savoir. Que voulait donc dire le penseur en se servant de l'expression indiquée? Sans doute il a voulu parler d'une science suffisante, achevée en ce sens qu'il ne manque rien à l'être qui la possède pour atteindre sa fin, remplir sa mission, en un mot accomplir sa destinée. A ce compte il est évident que la science d'un homme resterait inachevée, si dans la durée incertaine de temps qui lui est répartie, il mettait au premier rang ce qui doit rester au second, et s'il sacrifiait ce qu'il lui importe le plus de savoir à ce qui n'est pour lui que connaissance accessoire. Mais à ce point de vue, chacun peut se dire plus à même que tout autre de juger des connaissances qui sont les plus conformes à ses vrais intérêts. Il faut donc recourir à d'autres considérations. Une comparaison tirée de l'ordre des choses sensibles peut nous aider à nous fixer sur ce point de la question. De même que dans la nature un corps solide n'est pas complet, et n'existe même pas dans la réalité, s'il n'a ses trois dimensions nécessaires de largeur, longueur et profondeur ou hauteur, ainsi par analogie, dans l'ordre des choses de l'esprit peut-on dire de la science de l'homme qu'elle est incomplète, si elle manque d'une de ces qualités, ou de quelques-uns de ces caractères signalés par les dimensions indiquées, et qu'il faut regarder comme lui étant indispensables pour la rendre solide, parfaite et vraie. Apprenons à connaître ces défauts afin de les éviter, si nous avons la noble et louable ambition d'acquérir, au lieu d'un faux savoir, une science complète.

Quel est, en premier lieu, ce savoir qui manquera de largeur? C'est celui, semble-t-il, de quelques hommes à l'esprit exclusif, étroit, qui peuvent passer quelquefois pour instruits et même savants, mais qui ne le sont que dans un sens seulement. Très versés, noyés presque dans quelque genre de connaissance particulière, ils en sont devenus engoués au point que tout le reste ne compte plus pour eux. Dans un sens, leur savoir peut donc être fort étendu, démesuré même ; dans les autres, il est très borné ou presque nul. C'est ainsi qu'ils en arrivent parfois à ignorer ce qui les touche de près, et que, faute de connaître ce qu'ils ont un intérêt journalier à savoir, ils en viennent jusqu'à s'oublier eux-mêmes. Les distractions plaisantes et dans certains cas funestes, survenues à quelques personnalités savantes, et connues par l'histoire, attestent l'exactitude de ce que nous disons ici. L'idée fixe peut faire perdre ce qu'on nomme la présence d'esprit et plus encore, car on a vu la raison s'égarer chez certains dans cet abus d'un savoir trop particulier. Ce que nous disons là n'empêche pas d'avoir des convictions profondes et des principes moraux très arrêtés sur la conduite de la vie. Au nombre de ces derniers est, en effet, la nécessité de la vertu de modestie, qui préserve de l'orgueil auquel la science expose l'homme dans l'autre cas. Il est aussi heureux pour la société qu'il y ait des spécialistes en toute profession. Les diverses branches des connaissances humaines n'auraient jamais atteint sans eux le développement que nous leur voyons aujourd'hui. Mais tout en admettant que chacun ait ses préférences et ses goûts particuliers, comme tout homme son métier, le savoir en lui gagne beaucoup à montrer cet esprit large qui sait apprécier tous les mérites. Nous avons intérêt à connaître dans leurs notions élémentaires les choses qui font l'objet du savoir des autres, pour rabattre l'enflure que peut nous donner l'abus que nous sommes portés à faire du nôtre. Les arts comme les sciences se tiennent, et les progrès des uns profitent aux autres. C'est manquer de largeur d'esprit que de vouloir ignorer ou contester cela.

En second lieu, quel sera le caractère que doit avoir la science de l'homme, pour répondre à cette condition nécessaire à l'existence réelle d'un corps qui consiste dans la longueur? On peut la mettre dans cette qualité ou cette manière de savoir qui fait que nos connaissances sont durables, et se prolongent pour ainsi dire dans le domaine du temps. Il faut bien nous l'avouer ici. Sous ce rapport, plusieurs de nous sont de ceux qui n'apprennent que pour oublier, et n'étudient que pour ne rien retenir. A vrai dire, le mal serait petit pour le grand nombre de ceux qui ne lisent que des choses futiles, et n'ont d'attrait que pour les nouvelles ou pour les bagatelles savantes. L'oubli serait parfois même un bien pour ceux-là. Mais le besoin de s'instruire de connaissances utiles et solides quitte-t-il jamais un homme ? Le malheur est qu'on renvoie en d'autres temps l'exécution des bons désirs et l'accomplissement des bons propos. Il faut donc plaindre ceux qui se contentent d'une science de très courte durée. Nous voulons dire ceux qui manquent de ces principes durables et toujours vrais, parce qu'ils sont de tous les pays. Chez ces hommes, tout s'efface à mesure sous couleur de progrès, et le savoir d'aujourd'hui fait oublier celui d'hier, comme il arrive de ces informations de journal qui se démentent l'une par l'autre. Ils n'estiment que la science du jour. Dans le domaine des sciences philosophiques et sociales en particulier, combien d'idées données comme nouvelles, et qui ne sont que des idées anciennes rajeunies par le langage à la mode du temps !

Arrivons enfin à la troisième condition requise pour rendre une science solide, à savoir, la profondeur. Celle-ci est peut-être la plus rare de toutes. Quel est donc l'homme dont le savoir méritera d'être appelé profond? Sans aucun doute, celui qui, dans la connaissance qu'il tâche d'acquérir des événements dont il est le témoin, encore plus que des phénomènes dont il lui arrive d'être spectateur, ne manque pas de se préoccuper de leur cause première comme de leurs conséquences dernières et générales. Tel est le cas de celui qui met au premier rang dans son estime ces vérités profondes comparables à ce roc solide que va chercher le con-

19

structeur, préoccupé d'asseoir sur une base ferme l'édifice qu'il veut bâtir. Peu lui importe que les connaissances de cette nature ne soient pas de celles qui paraissent au dehors, et qu'elles ne lui attirent ni la fortune ni la vogue. C'est une faiblesse d'esprit que ce préjugé qui fait mettre à quelques-uns toute leur science dans l'opinion que le public en a. L'auteur satyrique nous raille de ce travers quand il dit :

> N'est-ce donc rien que le savoir
> Qu'autant qu'il est connu des hommes ! (1)

Il n'est pas bon de mépriser l'estime de nos semblables, mais l'homme ne doit pas se prévaloir de la bonne opinion que les autres peuvent avoir de son talent. A défaut de principes moraux sérieux et de convictions profondes, l'édifice de notre savoir risque de n'être qu'un échafaudage exposé à crouler sous le souffle du vent. C'est une construction qui repose sur un sol mouvant.

Après ces premières considérations sur les qualités que notre savoir doit présenter, nous devons, suivant l'ordre indiqué, nous demander quelles sont les sources où puise l'homme avide de s'instruire. On peut en reconnaître trois : la nature, l'âme humaine et Dieu. Tels sont, s'il est permis de s'exprimer ainsi, les livres d'étude renfermant toutes les connaissances que notre esprit peut acquérir. De ces trois sortes de réservoirs, la nature est celui qui est le plus à la portée de nos sens, et auquel nous avons recours le plus communément. Mais à vrai dire, c'est la source la plus basse de toutes, bien que nous ne puissions jamais nous en passer. Ceci soit dit sans vouloir diminuer son prix, ni rabaisser ce qu'on appelle science ou connaissances naturelles. Mais tous conviendront que l'observation des choses extérieures par les sens est insuffisante, et n'est qu'un

---

(1) Perse. Sat. I.

moyen de servir à la connaissance de celles de l'âme, dont le prix est évidemment supérieur. L'art de penser enseignant les méthodes de raisonnement employées par ceux qui s'attachent à une étude quelconque, il est hors de doute que la science des principes directeurs de la connaissance demande à être estimée plus haut que les autres. Il n'est au-dessus d'elle que notre troisième source, avec laquelle d'ailleurs doit se tenir étroitement en relations la psychologie et la logique, ou en un mot, la philosophie. C'est, en effet, grâce au secours de cette source de lumière, que nous apprendrons à connaître ce qui nous importe le plus, à savoir, la raison suprême et dernière des choses, la conduite providentielle des sociétés et des individus, enfin leurs rapports nécessaires avec le premier des êtres. Telle est la science des choses divines et la connaissance de cette vérité, à la fois principe et terme de tout. De son vrai nom, elle s'appelle la sagesse. Sans aucun doute, c'est ici cette source la plus élevée que l'auteur de la pensée proposée n'a pas osé nommer, mais qui est bien celle où notre science est appelée à trouver son indispensable complément.

Il ne reste plus qu'à expliquer maintenant quelle est cette ignorance que l'homme doit aller puiser dans une pareille étude, et sans laquelle, paraît-il, sa science resterait toujours inachevée. Mais ce n'est pas là une chose facile à faire entendre, et nous touchons à une vérité qu'il n'est pas aisé de persuader. On a quelque peine, en effet, à se figurer que l'ignorance puisse être le complément de la science, quand on remarque précisément que le savoir est, au contraire, ce qui sert à combler ce vide de l'esprit qu'on nomme l'ignorance. Il en est pourtant ainsi. Et en effet, il est évident que l'ignorance dont il est parlé ici n'est pas celle qui est comparée aux ténèbres, et qui fait l'obscurité ou la nuit dans l'âme. Tant s'en faut qu'elle soit de cette nature, que c'est au contraire une lumière dont l'auteur veut nous parler. C'est une ignorance savante et, à vrai dire, une forme de connaissance d'autant plus précieuse, qu'elle est plus rare et possédée d'un assez petit nombre d'esprits.

Elle se réduit, en réalité, à connaître combien l'homme est peu de chose devant Dieu, et à confesser que tout son savoir n'est au fond qu'ignorance, au regard de celui de l'Être à qui rien n'est inconnu dans le passé, le présent et l'avenir. Auprès de ce qu'il sait, le savoir cumulé de tous les hommes de génie d'un grand nombre de siècles compte presque pour rien.

La science de Dieu ! quel est celui d'entre nous qui pourrait en avoir seulement une idée approchée? L'admiration est le seul sentiment qui nous soit possible Car si, comme on l'a vu, la puissance d'un être est en raison de sa science, jugeons de ce qu'il sait d'après ce qu'il a fait. Arrêtons nos yeux sur cet Univers dont le Créateur a conçu le plan, afin de nous en rendre compte, s'il se peut. Mais, comme le Psalmiste, nous ne pourrons jamais faire autre chose que déclarer cette science admirable et entièrement inaccessible à notre entendement (1). La connaissance que Dieu a des choses offre trois caractères, opposés aux défauts de la science humaine bornée, successive et changeante. Elle est, en effet, infinie, intuitive, immuable. L'éloignement, l'opacité de la matière, les ténèbres de la nuit dérobent les choses à la vue de l'homme. Pour l'Intelligence céleste il n'y a rien d'éloigné, nul objet n'est impénétrable à son regard, l'obscurité de la nuit ne lui ôte la vue d'aucun (2). La science humaine pénètre à quelques centaines de mètres de profondeur sous le sol ; ce n'est pas la millième partie de l'épaisseur terrestre que l'homme connaît et très grossièrement encore, le reste n'est pour lui que conjectures. Les télescopes constatent l'existence de globes énormes, qu'il ne voit que comme des points. L'Esprit de Dieu qui remplit

---

(1) *Mirabilis facta est*.... Ps. 138.
(2) *Tenebræ non obscurabuntur a te*. Ps. 138.

tout, sait aussi tout dans ses moindres détails (¹), et tout est transparent pour Lui. Au-delà de ces globes immenses, il y est encore : pas un des atomes qui les constituent ne lui échappe, pas un instant de la durée de leur mouvement n'est oublié de Lui. Sa connaissance épuise du même regard l'universalité des êtres. Sa science, l'alpha et l'oméga de la nôtre, est encore le fond immuable sur lequel se déroulent les variations de toutes les théories changeantes de nos sciences humaines, passées, présentes, à venir. Être sujette au progrès, serait pour elle un défaut, puisqu'elle ne peut rien perdre ni rien acquérir.

Dans le domaine des choses de l'âme, il n'en va pas autrement que dans celui du monde visible à nos yeux. L'homme ignore souvent ce qui se passe en lui, et certainement on a raison de dire que Dieu nous est plus présent que nous ne le sommes à nous-même. Nous ignorons la pensée de ceux qui sont à notre côté. Dieu connaît les plus secrètes pensées de tous les hommes qui vivent, qui ont vécu. En Lui sont les raisons d'être de tout ce qui a été et qui sera à jamais. A vrai dire, notre science humaine entière est, auprès de la sienne, beaucoup moins que l'étincelle en présence du soleil, moins que la goutte d'eau dans l'Océan. Et maintenant, soyons seulement bien persuadés de cela, et nous ne serons plus sages à nos propres yeux. Demeurons convaincus de notre petite valeur personnelle, et non-seulement cela nous gardera de l'enflure et de l'aveuglement du faux savoir ; mais encore notre science, loin d'y avoir perdu, n'aura fait que grandir et s'élever, elle se sera complétée. Nous n'en serons que plus clairvoyants pour résoudre les questions qui intéressent le plus notre vie, parce que nous connaîtrons notre force et notre faiblesse. Privé de cette sagesse, au contraire, tout ce que l'homme peut accumuler d'ailleurs de connaissances naturelles est peu de chose et

---

(1) *Spiritus Domini replevit orbem terrarum.*

ne lui suffirait pas. Et quelque bruit momentané qu'il fît dans le monde, en ignorant ce qu'il lui importe le plus de connaître, son savoir serait resté incomplet.

On apprend dans l'histoire que le père de la philosophie grecque, se défendant devant ses juges contre les accusations des ennemis que lui avait attirés son zèle à combattre les sophistes de son temps, s'attachait à leur expliquer d'où lui venait son renom de sagesse. Étonné lui-même de cette réputation que l'oracle lui avait faite, et à laquelle il ne pouvait croire, il s'était adressé, leur disait-il, aux politiques, aux écrivains, aux artisans de son pays afin d'en apprendre ce qu'ils pensaient d'eux-mêmes. Il avait donc constaté que les uns comme les autres, pour posséder quelque connaissance de leur art, en étaient venus à se croire fort habiles dans les choses les plus élevées. Une telle présomption, ajoutait-il, lui avait paru détruire tout leur mérite. Quant à lui, il reconnaissait que toute sa science consistait simplement à avouer son ignorance. Le jugement de l'oracle à son sujet ne voulait pas dire autre chose, sinon que Dieu seul était sage, et que la science d'un homme n'étant rien auprès de la science divine, le plus sensé des hommes était celui qui, à son exemple, avouait franchement son ignorance.

Il nous a paru à propos de constater cet accord entre ce qu'a produit de meilleur, semble-t-il, la philosophie humaine, chez un peuple qui n'a pas connu comme nous le vrai Dieu, et la doctrine qui a conquis le monde en remplaçant le paganisme ancien. Le christianisme, en mettant la vérité en son plein jour pour tous, dans l'Évangile et les autres écrits du nouveau Testament, n'a fait que donner sa perfection à l'ancienne loi. Grâce à lui, on a connu et vu resplendir partout les sentences de la vérité, couchées dans les livres inspirés de la Sagesse et autres livres canoniques qui composent la Bible. Sans nous y arrêter plus longtemps, il n'était pas inutile de le remarquer.

XXXI

COMMENTER LE PREMIER PRÉCEPTE DU DISCOURS DE LA MÉTHODE : « *N'admettre pour vrai que ce qui est évident* ».

Savant et philosophe célèbre de son siècle, voyageant pour s'instruire, à la manière des sages du temps passé, l'auteur du Discours de la Méthode a gardé l'avantage de se voir réclamé par beaucoup de maîtres de notre époque, et d'idées assez différentes. C'est qu'en effet, le précepte dans lequel on a voulu résumer la première des règles de sa doctrine est de nature à flatter l'esprit de l'homme. Faire de la raison de chacun l'arbitre du vrai et du faux, cela caresse singulièrement l'amour-propre et ce jugement dont certains sont parfois trop fiers. Aussi le regardent-ils comme le père de la philosophie moderne. Il a marqué pour eux une réaction contre les idées du moyen âge, qui fut un temps où l'amour du vrai s'inspirait chez beaucoup d'hommes à de meilleures sources qu'aujourd'hui. Son système a donc été regardé comme une sorte de renaissance philosophique. Elle pourrait bien, à la manière de celle qui se produisit un siècle auparavant dans les lettres et dans les arts, avoir pour plusieurs dépassé la mesure, et ramené chez eux les idées morales des anciens. Ce n'est point certes Descartes qui en est responsable, mais ceux qui, à couvert de son nom, se servent de la proposition indiquée pour combattre les enseignements de la foi. Loin de pouvoir unir les esprits, les faits montrent bien qu'en matière de doctrine un tel précepte les divise.

Dès à présent nous ne craindrons pas de résumer le commentaire que nous allons en faire, en disant qu'on doit l'admettre comme une règle à suivre dans les sciences proprement dites ; elle y est même un élément de progrès. Il en est tout autrement dans le cas actuel, où elle paraît nous être présentée comme un précepte. En fait de science morale, un tel précepte est, au contraire, un obstacle au progrès, ce qui ne doit surprendre personne, quand on sait que celle-là, tout en parlant à la raison, s'adresse aussi au cœur de l'homme et intéresse sa liberté, ce qui n'est pas le cas des sciences exactes ou physiques.

En premier lieu, si l'évidence désigne le caractère de la vérité, ainsi que l'enseigne Malebranche, et comme nous aimons à le croire, la question devient très simple, et le précepte est d'une telle généralité qu'on ne peut y faire aucune objection. Malheureusement, ce qui est évident pour les uns ne l'est pas toujours pour tous ; et, d'autre part, un écrivain plein de bon sens nous fait cette remarque :

> Le vrai peut quelquefois n'être pas vraisemblable (1).

Il faut donc dépouiller la règle proposée de sa forme banale et savoir ce qu'elle veut dire. Elle nous fait une loi de tenir seulement pour vrai ce dont on voit clairement la raison d'être, et dont on peut donner une démonstration. Ainsi entendue, disons-le de suite, c'est là une forme d'évidence trop étroite, toute personnelle, celle de l'homme comptant pour rien l'expérience des choses et le témoignage d'autrui. Tel est l'homme aimant à s'obstiner dans son propre sens et, pourrait-on dire, affligé d'individualisme dans l'ordre intellectuel. On conviendra que la vérité, au contraire, est,

---

(1) Boileau. Art. poét.

par elle-même de nature à rallier tous les esprits, comme la charité, dans l'ordre moral, tend à unir les cœurs.

Pour entrer plus avant dans le sujet, nous dirons qu'il y a en réalité une évidence des choses abstraites et une évidence des choses pratiques, se présentant à nous avec des caractères distincts. La première est la conséquence logique de notre raisonnement, elle n'a pas besoin de se vérifier dans les faits. La seconde s'impose avant tout, est établie par l'expérience et peut étonner quelquefois la raison, échapper même à la clairvoyance de quelques-uns, comme l'autre du reste. Celle-là est le propre des sciences exactes, celle-ci caractérise la science morale. La première, il faut le reconnaître, donne une certitude qui laisse l'esprit rassuré et dans une sorte de repos. Nous en avons déjà fait comprendre un peu la cause : elle ne va pas à ce fond intime de nous-même, qui est le cœur. Mais confirmons plutôt par des exemples la distinction que nous venons de faire.

Le soleil existe, telle est une de ces vérités très claires, à l'égard de laquelle la raison n'a rien à faire pour en montrer l'évidence. L'homme est mortel, en voilà une autre dont le raisonnement n'a pas à établir l'inébranlable certitude, et devant laquelle l'esprit le plus difficile à convaincre n'a qu'à s'incliner. Descartes, qui a pu se croire fondé à révoquer en doute l'existence des corps, parce qu'il lui semblait en voir dans ses rêves, n'a pu douter un seul instant de cette vérité. Elle est plus féconde encore en conséquences philosophiques que la proposition célèbre sur laquelle il a édifié son système. Passant maintenant à un autre ordre d'idées, la mécanique, par exemple, établit par le raisonnement cette vérité, à savoir que tous les corps tombent avec une même vitesse qui croît proportionnellement au temps. Mais ceci n'a lieu que dans le vide, qui n'existe pas. Dans la réalité, les faits ne vérifient pas cette loi, tout exacte qu'elle soit en elle-même. Et il en est ainsi de tant d'autres lois établies par la logique des sciences abstraites.

Nous sommes donc fondés à distinguer une évidence rigoureuse et parfaite, et une certitude de même caractère qui ne sont pas, dirons-nous, des choses de ce bas monde, mais du domaine des abstractions. Nous n'en méconnaissons pas la valeur. Mais il faut convenir qu'elle est toute relative. On pourrait dire d'une évidence de cette nature qu'elle est confinée dans la sphère des spéculations scientifiques, où l'immense majorité des hommes n'a guère accès. Le milieu social n'est pas son lieu, ni la société humaine son élément. Les hommes, pour la plupart, en sont réduits à se contenter d'une évidence et d'une certitude ordinaires, qui n'ont rien de contraire à la raison, mais qui ressortent surtout des faits et s'attachent essentiellement à tout ce qui se rapporte à l'ordre moral. Nous avons d'ailleurs à faire ici une remarque propre à dissiper l'illusion qui nous porterait à trop attribuer à l'évidence rationnelle, et à faire trop grand cas de la démonstration. Chose frappante et de nature à donner à réfléchir. Elles reposent l'une et l'autre sur des vérités que le raisonnement ne peut établir, elles dépendent de principes s'imposant à la raison, sans être parfois évidents pour elle, et néanmoins tenus à bon droit pour vrais.

Quand la géométrie nous a dit, à sa première page, le nom de la ligne droite, par lequel elle désigne le plus court chemin d'un point à un autre, et le nom de normale ou de perpendiculaire qu'elle donne à la droite également inclinée sur une autre qu'elle rencontre, elle nous affirme que par un point on ne peut mener qu'une seule droite parallèle à une direction donnée. Tels sont les fondements de tous les théorèmes qui suivent. Le postulatum d'Euclide a-t-il jamais pu être démontré? Quelqu'un a-t-il pu nous expliquer la raison d'être de la proposition de ce nom? Jamais encore. Elle n'est donc pas évidente, et néanmoins il nous la faut tenir fermement pour un principe vrai, sans lequel il n'existerait même pas de science géométrique.

Le principe de l'inertie de la matière est un fait, (que le

matérialisme savant paraît nier sans voir la contradiction qu'il montre en cela), le principe de l'égalité entre l'action et la réaction est encore un point admis (¹). Ne sont-ils pas tenus pour vrais sans démonstration, pour servir de base même aux démonstrations? et par conséquent pour établir tous les théorèmes de la mécanique pure? L'indivisibilité de l'atome admise à l'origine de la physique est-elle évidente ? Il s'en faut bien, et la raison même tendrait à faire croire le contraire. Concluons à bon droit que des affirmations dont la certitude n'est nullement établie par la logique, sont au fond de cette évidence rationnelle et de ces démonstrations lumineuses dont les sciences font si heureusement leur profit.

Si les exemples qui précèdent font soupçonner à l'homme que le principe de l'évidence rationnelle peut bien être une vérité indépendante de sa raison, un principe qui est en dehors de son esprit avant d'être au dedans, serait-il fondé à demander aux vérités morales, c'est-à dire à celles de la science pratique de la vie une évidence qui ne repose pas à son tour sur un principe indépendant de la raison, et s'imposant sans démonstration ? Ce ne serait pas raisonnable. Au fond la logique n'en demande qu'un seul : Dieu ou l'Être nécessaire, la Vérité ou le Bien absolus. Qu'on l'accepte, non pas comme le mot vide de signification du déisme ou du naturalisme, mais comme le nom du principe dispensateur de tous les biens et la source de toutes les perfections; non comme une abstraction sans réalité pratique, mais comme l'Être vivant par lui même, l'acte pur du théologien, et aussitôt toutes les vérités pratiques, les préceptes de la morale chrétienne même auront une sorte d'évidence *sui generis*. Laquelle ? Celle qui fait sentir à l'homme que toute intelligence lui vient d'en haut, comme pour la terre toute lumière descend du ciel.

(1) Le solide idéal ou parfait est encore une hypothèse gratuite.

Nous essayerons d'ailleurs d'en préciser un peu les caractères ou plutôt les effets, en commençant par avouer d'abord qu'elle a quelque chose qui nous dépasse. Cette évidence est une lumière qui enveloppe l'homme tout entier, et qui éclaire son âme avec toutes ses puissances; elle l'émeut et l'échauffe en excitant en elle deux sentiments, la crainte et l'amour, les premiers mobiles de tous ses actes, et par là lui inspire le respect de cette vérité totale qu'elle lui découvre, avec le prix et la grandeur morale de l'obéissance qu'elle lui voue. Cette évidence est une certitude qui donne à l'esprit un repos ou une assurance autre que celle qui dérive de la seule évidence rationnelle, car elle l'attire au bien, l'excite à l'action, et ne lui permet pas ce repos dans l'orgueil d'une vérité qu'il regarderait comme son œuvre. Et dans tout cela, son action sur lui n'est pas telle que l'esprit humain lui cède nécessairement. Il peut la nier et la méconnaître, car son Auteur a fait l'âme libre. Telle est cette évidence qui s'attache aux préceptes qui sont l'objet de nos croyances, et auxquelles notre libre arbitre nous permet de résister. Elle est raisonnable, sans être rationnelle, parce que la vérité qu'elle lui découvre est un bien à conquérir, et qui demande l'effort. Mais à vrai dire et pour ne rien cacher, nous devons avouer que les conséquences de la certitude dont nous parlons effrayent le courage de quelques hommes, et c'est alors qu'ils voudraient pour elle le plein jour d'une clarté que l'esprit humain ne serait pas en état de supporter, pas plus que le hibou n'est capable de fixer le soleil. La vérité morale dans toute sa clarté ne saurait être envisagée par l'homme. Comme l'astre du jour, elle ne peut-être observée qu'à travers des verres sombres. Ainsi que l'enseigne un pieux auteur « Nous ne voyons rien, en cette vie, qu'à travers une certaine obscurité » (1).

(1) Imitation. Liv. I. Ch. III.

Rappelons encore ce que nous avons déjà remarqué précédemment. Nous y apprendrons à ne pas faire trop de fond sur ce qu'on nomme parfois les droits de la raison. Outre ces axiomes de la science, et ces notions premières de logique ou de morale que l'esprit de l'homme perçoit par un simple regard et une sorte d'intuition, nous savons encore que bien des lois et des vérités scientifiques ont été découvertes par leurs auteurs d'une façon immédiate. Elles ont été le résultat d'une illumination soudaine, produite dans l'esprit de ceux qui les ont formulées les premiers. La démonstration paraît être venue ensuite. Dans l'ordre simplement intellectuel, l'inspiration n'est pas seulement donnée aux poètes, mais à l'homme de génie, ainsi qu'on l'appelle. En fait, c'est donc la vérité qui se donne à lui. Et quant à la raison humaine qui la cherche, elle a dans son fonctionnement quelque chose des défauts et qualités que nous avons constatés dans la faculté de sensibilité. Elle fait la force de l'homme, mais elle dénote aussi sa faiblesse, par la nécessité où elle le met de faire de longs raisonnements et comme des détours pour arriver au vrai. Et par là même, elle peut devenir aussi le chemin de l'erreur pour celui qui prend comme point de départ un faux principe. Les doctrines anarchistes, antisociales, immorales même ont été soutenues par des arguments en forme, et qui ne manquent pas de logique et même de rhétorique. L'erreur est seulement au point initial et le poison à la source. Il faut même croire que, la passion aidant, cette erreur a échappé à plusieurs.

Si l'évidence rationnelle ou la simple certitude qui résulte de la logique était celle qui convient à la morale, et si nous devions l'exiger pour nos croyances, elle ne serait pas, comme il arrive, un obstacle au progrès moral, ainsi que nous l'avons avancé plus haut. Or c'est là une vérité qu'il nous sera aisé d'établir. Arrêtons-nous un instant au précepte général de la morale ordinaire et courante : « Ne fais pas à autrui ce que tu ne voudrais pas qu'on te fît ». Voilà sans doute qui est vrai, et bien évident à l'esprit humain. Mais avec cela on ne va pas loin : un tel précepte est d'une valeur négative. Cela posé, quelle est la raison naturelle qui dit aux hommes : « Fais à autrui ce que tu voudrais qu'on te fît à toi-même »? Voici qui commence à ne plus être évident pour beaucoup. Les faits ne montrent que trop que la raison même dit à la plupart : « Fais-toi tout le bien que tu peux te faire à toi-même ». « Chacun pour soi et Dieu pour tous ». Est-il évident aux yeux de la raison naturelle que l'homme doit pardonner l'injure reçue? Ne lui fait-elle pas plutôt voir comme évident qu'il faut laver la tache et venger l'honneur? N'est-il pas encore assez évident pour la même raison qu'il faut que l'homme thésaurise? et ne lui dit-elle pas comme au personnage de la parabole évangélique, d'agrandir son grenier, de se reposer et de faire bonne chère? Encore une fois, voilà qui est humainement assez évident. S'élever au-dessus c'est la charité, c'est-à-dire le surnaturel, précisément ce qui est réputé hors du domaine de l'évidence rationnelle. Mais sans ce surnaturel, devant lequel la raison des faux philosophes se récrie, où en serions nous? On sait de reste, par la comparaison de la société antique avec la société chrétienne, ce que nous avons gagné à éclairer par la lumière de la foi celle de la raison.

Cette victoire pacifique de la foi, ce triomphe d'une doctrine, qui a contre elle tous les vices chers au côté dégradé de notre nature, ont quelque chose de manifestement surhumain, bien fait pour satisfaire les plus difficiles des chercheurs du criterium de la certitude. Tel est le nom donné par les penseurs à ce signe qui donne la preuve du vrai, qui en est la marque incontestable ou le caractère authentique. C'est précisément ce que la question proposée soumet à notre discussion. Or, là-dessus comme dans tout le reste, la division règne parmi les écoles. Les uns placent ce criterium dans l'autorité des anciens, les autres dans le consentement universel, ceux-ci dans l'expérience, ceux-là enfin dans l'évidence. Il serait étrange que l'Église, parce qu'elle est avant tout d'institution divine, fût privée dans sa doctrine de ces caractères humains auxquels la raison de quelques-uns a cru reconnaître les signes manifestes de la vérité. Bien que son fondateur soit un Homme-Dieu, et que de telles marques ne lui soient pas indispensables, nous pensons qu'il ne faut qu'un peu de bonne volonté pour les découvrir dans ce qui fait l'objet de nos croyances.

En premier lieu, cette autorité, que selon quelques-uns la vérité tire de l'ancienneté, appartient plus qu'à toutes les autres aux croyances propagées par l'Église, puisqu'elles remontent avec la Bible et le peuple Juif jusqu'à l'origine du monde. Nous n'avons pas fait scrupule de constater ailleurs que ce qu'il y avait de raisonnable chez les idées des anciens païens était, par son accord avec les vérités de la foi, un témoignage de plus en sa faveur. Pour ceux qui voudraient voir ce criterium de la certitude dans « le consentement universel », ils voient bien qu'il n'est pas de doctrine plus universellement répandue que celle qui est partout connue sous le nom de catholique. Quant à ceux qui le placent dans l'expérience des faits, peuvent-ils nier le fait du succès prodigieux d'une doctrine qui a soumis à ses préceptes les princes et les peuples, les doctes et les ignorants? Et si le succès ne prouvait rien, et qu'il fallût des faits d'une autre nature, les actes des martyrs n'ont-ils pas leur valeur? Restent ceux qui, avec beaucoup de modernes, mettent ce signe infaillible de vérité dans l'évidence. Ceux-là l'ont mis dans un mot assez commode et dont nous avons essayé de donner l'explication. Il y a une évidence de vérités qui se démontrent, et une autre des vérités qui se montrent. Nous estimons que la première appartient aux calculateurs, aux géomètres et en général aux savants. Nous regardons la seconde comme beaucoup plus accessible aux hommes, l'idée que nous nous faisons de Dieu ne nous permettant pas de croire que le vrai soit le monopole ou le privilège des savants. Que si les vérités morales, qui sont essentiellement du ressort de la seconde, n'ont pas le don de subjuguer la raison de tous, nous le savions d'avance. La vérité a toujours eu des ennemis et en aura toujours tant que le monde durera.

Une dernière fois, essayons de mettre toute chose à sa place. La démonstration, chose excellente, nécessaire à l'avancement des connaissances naturelles ou des sciences abstraites, ne l'est plus de la même manière quand on passe dans le domaine de la réalité, où le bon sens, c'est-à-dire la raison pratique, supplée au raisonnement. Ce n'est pas que la logique ne soit une science très noble, mais l'art de s'en servir est un talent dont on peut abuser. L'histoire a gardé le souvenir d'hommes célèbres qui, à diverses époques, ont su persuader aux foules le pour et le contre, témoins ces Grecs qui, à l'époque de la conquête romaine, vinrent enseigner dans Rome. C'étaient les descendants dégénérés de ces illustres maîtres qui avaient marqué l'apogée de la gloire de la philosophie dans la Grèce. A les entendre, il n'était rien de certain. Faire de l'évidence, c'est-à-dire de la raison de chacun, le juge du vrai, a pour effet de mettre dans les doctrines philosophiques une confusion qui fait qu'on ne sait ce qu'il faut croire.

Ne prenons pas cela pour mépris ou dédain de la raison. Nous tenons cette faculté pour chose presque divine; et nous comprenons que quelques-uns aient cru pouvoir la regarder comme un commencement de révélation. Le monde créé est l'œuvre d'une raison souveraine; c'est ce que l'Écriture Sainte nous apprend quand elle nous dit que tout a été fait avec nombre et mesure. Mais l'esprit humain étant créé a par cela même sa loi, sa mesure et sa règle non en lui, mais dans cette Raison suprême. La raison de l'homme est faillible, obscurcie par des nuages. Plus cet œil de son âme est pur, c'est-à-dire dégagé des passions, plus il est clairvoyant dans les vérités d'ordre moral. Il a besoin d'être éclairé en même temps que d'être guéri. Il a besoin à la fois de lumière et de force, c'est-à-dire de vertu. Et ce qui les lui donne c'est « cet Esprit de vérité qui souffle où il veut », et qui nous arrive par des voies différentes, parfois même d'une manière imprévue et au moment où on s'y attend le moins. Ce n'est pas qu'il faille l'attendre les bras croisés, et que chacun ne doive le chercher par tous les moyens en son pouvoir. Mais un de ces moyens est la faculté d'aimer. Cette vérité, qui se fait sentir à l'âme en même temps quelle brille à l'esprit, est en définitive un bien qui récompense la bonne volonté, encore plus qu'une conquête de la science de l'homme.

TABLE DES MATIÈRES

Ch. I. — L'art n'a-t-il pour but que la reproduction exacte de la nature ?

L'art étant la manifestation du beau ne saurait être la copie de la réalité, qui est un mélange de beau et de laid. Idée de choix exprimée dans le mot *art*. — Qu'est-ce que le beau ? Caractères du beau selon quelques-uns. — Le beau est ce qui plaît à la vue seule ; tout est-il beau dans la nature ? — La nature créée de Dieu est belle en tout. — La liberté déréglée de l'homme a introduit dans la nature le mal ou la laideur morale. Le réalisme en reproduisant le laid, exploite le mauvais côté de la réalité au profit du sensualisme et des mauvaises passions. — L'art, qui met l'âme humaine en rapport avec le beau, a pour mission l'élévation morale de l'homme 1

Ch. II. — De la conscience morale.

La conscience est une faculté particulière à l'être raisonnable. Son caractère essentiel est d'être morale, c'est-à-dire de juger de la valeur de nos actes, comme la lumière fait voir la couleur des corps qu'elle éclaire. — L'âme humaine théâtre d'une lutte entre le bien et le mal. — Aveuglement de la philosophie sur les mauvais penchants de notre nature. — La conscience révèle la loi du devoir et la sanction qui la suit. A des vertus surhumaines répond une sanction surnaturelle. — Par quels moyens se développe en nous le sens moral. — La prétendue morale scientifique. — La pratique doit accompagner la théorie pour perfectionner en nous le sentiment de la moralité............... 12

Ch. III. — La charité est une justice réparative.

La justice vulgaire défend à l'homme de faire à autrui ce qu'il ne voudrait pas qu'on lui fît à lui-même. — Il y a des vertus conformes à la raison naturelle, et des vertus surnaturelles. — La justice de l'homme qui ne voit que la satisfaction de ses droits est très imparfaite.

Summum jus, summa injuria. — Partialité de la raison humaine dans ses jugements. — La charité apprend à l'homme à retrancher de ses droits pour le bien du prochain. — Elle enseigne à faire à autrui ce que nous voudrions qu'on nous fît à nous-même. — Son caractère est le sacrifice. A son plus haut degré elle guérit le mal en rendant le bien pour le mal. — Elle est la perfection de la loi morale et la vertu enseignée par l'Homme-Dieu 22

Ch. IV. — La science est-elle, comme on l'a dit, contraire a la poésie ?

La science étant la recherche du vrai par la raison, et la poésie celle du beau dans l'art d'écrire, elles ne sauraient être contraires l'une à l'autre. — Le savant et le poëte ont une même fin. — Les trois classes de sciences au point de vue du beau. — Les grandes lois scientifiques ont leur beauté. — La science des devoirs source des plus nobles sentiments. — Les applications de la science naturelle à la recherche du bien-être peuvent par l'abus que l'on en fait éteindre le sentiment du beau et du bien et en cela nuire à la poésie. — Dans cet ordre d'idées, la science matérialiste est contraire non seulement à l'art du poëte qui s'inspire du désintéressement, mais encore contraire à tout ce qui élève l'homme.. 29

Ch. V. — Qu'est-ce que comprendre ?

Comprendre c'est pénétrer les choses du regard de l'esprit et en saisir les rapports. — Un tel acte suppose la croyance à une vérité première. — L'homme qui croit en s'appuyant sur des témoignages solides peut dire qu'il sait. — Il faut néanmoins désirer d'arriver à l'intelligence de ce qu'on croit sans le comprendre encore. — Nécessité d'apprendre et de croire pour arriver à comprendre, attestée par des exemples tirés de l'ordre scientifique. — Deux méthodes de raisonnement : la déduction qui descend du général au particulier, l'induction qui passe des faits particuliers à la loi générale. — Comprendre, c'est encore rattacher les choses à l'unité et à un type idéal. — L'homme n'a qu'une intelligence imparfaite des choses. — Un mot de Pascal.. 37

Ch. VI. — Commenter cette pensée de Descartes :
Le bon sens est la chose du monde la mieux partagée.

Il y a un bon sens vulgaire qui ne s'élève pas au dévouement de la vertu. — Le bon sens est le mobile des actes de beaucoup d'hommes, en ce qui concerne la satisfaction de leurs intérêts temporels ou du moment présent. Quant à ce qui regarde les intérêts supérieurs, il est écrit que le nombre des insensés est immense. — Les choses de ce monde sont-elles bien partagées ? — Après tout, le bon sens peut être dit la chose la mieux partagée, en ce sens qu'on ne peut le posséder injustement ni en user contre la justice, sans manquer de cette sagesse commune que ce mot désigne. — Il ne s'ensuit pas que chacun doive être fier de son esprit 47

Cн. VII. — Est-il vrai, comme on l'a dit souvent, que le matérialisme explique le supérieur par l'inférieur ?

Le matérialisme n'est que la négation de l'âme et de tout ce qui distingue l'homme de la brute. — La génération spontanée réfutée par la science. — Le matérialisme philosophique réfuté par l'immoralité de ses conséquences. — En n'admettant que des causes secondes ou matérielles, la science ne donne qu'un commencement d'explication des phénomènes. — Pour celui qui réduit tout à la matière, il n'y a ni supérieur, ni inférieur. — Le matérialisme ne peut prétendre expliquer le supérieur qu'il méconnait. — La nature inférieure publie Dieu à sa manière. — L'homme doit confesser Dieu par la parole, qui l'élève au-dessus du reste des créatures........................... 54

Cн. VIII. — Expliquer cette pensée de Kant : « *Le respect ne s'adresse pas aux choses, mais seulement aux personnes.* ».

Le respect est ce sentiment que nous inspire la présence d'un être supérieur. — Trois sortes de supériorité peuvent produire en nous ce sentiment : la puissance, la science, la bonté. — Toute âme humaine exige quelque sorte de respect. — Ceux qui prodiguent leur respect aux choses pour elles-mêmes, se déshonorent par une idolâtrie dont on trouve toujours des exemples. — Tout autres sont les marques du respect données aux choses pour les idées qu'elles représentent. En ce sens, les choses sont les intermédiaires naturels par lesquels se témoigne notre respect. — Culte extérieur, à la fois manifestation de nos sentiments et moyens de les exciter par l'édification........ 62

Cн. IX. — Qu'est-ce que la vie ? Quel est pour le philosophe le caractère spécifique des phénomènes vitaux ?

Sens très étendu de ce mot. — La vie a été définie le mouvement spontané. — La science humaine ne nous apprend rien de plus. — La source ou le principe de la vie lui échappe ; c'est un mystère pour elle. — Il importe à l'esprit humain d'admirer ce qui le dépasse et qu'il ne peut comprendre. — La germination de la plante, le déve-

loppement de l'oiseau dans l'œuf, autant de miracles incompréhensibles.
— La vie de l'homme n'est pas toute dans le manger et le boire. —
La vie de l'âme telle est celle qui nous distingue du reste des créatures.
— Ordonner nos actes à une fin supérieure, en les orientant vers le
bien, tel est le caractère spécifique des phénomènes vitaux. — La vie
de l'homme doit être un mouvement mûrement réfléchi.... 70

Ch. X. — De la sincérité. Importance de cette vertu.

La sincérité est la conformité de notre langage avec nos sentiments,
en tant qu'ils sont selon la raison et la justice. — Vices qui peuvent
être dits défauts de sincérité, et vices qui en sont des abus ou des
excès. — Elle est un des principaux liens de la paix et de la concorde
sociales. — Caractères que doit revêtir la sincérité pour être vraie. 78

Ch. XI. — Commenter cette opinion de La Bruyère : *Vivre
avec nos ennemis comme s'ils devaient être un jour nos
amis, et avec nos amis, comme s'ils devaient être un jour
nos ennemis* », n'est ni selon la nature de la haine,
ni selon les règles de l'amitié.

Chacun a ses amis; mais la véritable amitié est chose rare. — Règle
donnée par St Augustin. — Qu'est-ce qu'une haine légitime ? — L'ami
vrai se reconnaît dans le malheur; il aime en tout temps ; le compagnon de plaisir n'est pas l'ami. — Une pensée d'Ovide. — Il faut être
prudent, même avec ses amis, l'amitié n'autorise pas tout. — Mot
d'Aristote. — L'amitié mal entendue peut dégénérer en haine irréconciliable. — Nous devons haïr les vices, et non la personne de nos
ennemis : cela est difficile mais méritoire. — Les amitiés restées célèbres dans l'histoire sont marquées par le dévouement mutuel. —
Paroles de l'empereur Marcien........................... 84

Ch. XII. — Du principe de la cause finale. Est-il vrai
qu'on ne puisse faire aucun usage de ce principe dans
la science ?

L'homme ne crée rien; il découvre. — Tout a une fin : un tel principe n'est nullement un obstacle au progrès des sciences. C'est un des
aspects du principe de la raison d'être qui est le fond de l'esprit
humain. — Les êtres organisés ayant des fonctions qui tendent manifestement à une fin, il est absurde de croire que les êtres inorganiques
n'existent pas pour une fin. — L'univers ne saurait être l'ouvrage d'un
être inconscient, ni du hasard. — La loi scientifique est la fin visible ou

prochaine vers laquelle tendent les phénomènes naturels. — Le raisonnement dit du principe de la cause finale facilite la découverte : exemple de la planète Neptune. — Loi naturelle vérifiée dans tous les êtres ; tout retourne à son principe. — Ceux qui rejettent la cause finale sont plus absurdes et plus à craindre que ceux qui en abusent... 93

Ch. XIII. — Pourquoi le mensonge est-il immoral ?

Le mensonge, considéré par rapport à l'homme trompé, viole la loi naturelle qui défend de faire à autrui ce que nous ne voudrions pas qu'on nous fît. — Mensonge pernicieux, officieux, joyeux. — Le mensonge est le marchepied du vice ; exemples. — Mensonge considéré par rapport à celui qui le commet. — La vérité étant la conformité de l'intelligence avec son objet, le mensonge qui viole la vérité, la déshonore dans l'homme qui est fait à l'image de Dieu. — La conscience de l'homme elle-même lui fait sentir la dégradation que lui imprime le mensonge. Nul ne veut être trompé............................. 103

Ch. XIV. — Expliquer au point de vue psychologique cette pensée : *Si peu que l'homme se recherche lui-même, il s'éloigne de Dieu »*.

Comment l'homme fait à l'image de Dieu peut-il s'en éloigner en se recherchant lui-même ? Tout dans l'homme n'est pas l'ouvrage de Dieu ; il y a des penchants mauvais venant d'ailleurs. — Il s'éloigne de son original quand il cherche à les satisfaire. — L'homme ne trouve pas en lui-même son souverain bien. — Faire des biens inférieurs ou créés le dernier terme de ses désirs, telle est la recherche de soi qui éloigne l'homme de Dieu.. 111

Ch. XV. — La puissance de l'homme est en raison de sa science. On ne commande a la nature qu'en lui obéissant.

La supériorité de l'homme sur les animaux n'est pas dans les facultés corporelles, mais dans son âme qui le fait dominer sur le reste des êtres créés. — La science des choses dans l'ordre physique et dans l'ordre moral lui en donne le pouvoir. — A côté de cette puissance se cache cependant une réelle faiblesse ; les moindres causes suffisent pour ruiner l'œuvre de longs efforts. — Il y a pour l'homme un bien de l'âme supérieur à la science. — Il est faux de dire « tant sait l'homme, tant il vaut ». — Comment il faut entendre que l'homme commande à la nature en lui obéissant ; exemples. — L'homme obéit à une loi pre-

mière, qui n'est pas la nature mais le Créateur. — Il est supérieur
à la nature matérielle et doit l'assujettir.......................... 117

Ch. XVI. — Qu'est-ce que le remords ? En quoi diffère-t-il
de la Pénitence ? Suffit-il comme sanction morale ?

Le remords est le tourment intérieur qui accompagne le mal commis.
— La pénitence est ce repentir qui s'applique à effacer la tache faite
par la faute. Elle suppose l'humble aveu et la réparation du dommage
causé par le mal. — Il y a un remords pénible à l'homme qui n'a pour
effet que d'endurcir le coupable. — La libre acceptation de la peine
fait entrer dans la voie de la pénitence. — Le remords ne saurait être
à lui seul une sanction, parce qu'il ne change pas la volonté mauvaise,
principe du mal. — Ceux qui croient pouvoir fonder la morale sur le
sentiment de la dignité humaine, ne connaissent pas l'homme... 126

Ch. XVII. — Analyse du sentiment de Pitié. Quelle est
sa valeur morale ?

La pitié ne se réduit pas à une impression ; il faut y joindre la disposition bienveillante. — Définition inexacte du mal donnée par un
savant moderne. — La pitié est faite de sensibilité et de raison. —
Une grande sensibilité ne suffit pas pour nous rendre miséricordieux.
Il y a une sensibilité qui est faiblesse : il faut la régler. — A son tour
la raison mal employée peut paralyser la pitié et endurcir l'homme.
L'apathie stoïque peut être le fruit de l'orgueil égoïste. — Influence de
la volonté. — Des résolutions généreuses doivent suivre l'impression de
la pitié qui se manifeste. — Des œuvres de miséricorde. Même dans le
cas de maux incurables il y a place pour la pitié. — La miséricorde est
bienfaisante même pour qui la pratique. La misère morale source de
la plupart des autres.. 133

Ch. XVIII. — La crainte de faire des ingrats doit-elle
nous empêcher de faire le bien ?

Définition de la reconnaissance. Une loi naturelle nous en donne l'idée.
— L'ingratitude n'en est pas moins le défaut de plusieurs ; ses causes.
— Un bienfait mal placé n'est pas celui qui ne rapporte rien. — Un
vrai bienfait n'est jamais perdu. — Une tentation subtile nous fait vouloir
parfois trouver dans le bienfait une satisfaction déréglée. Le caractère
du bienfait est le désintéressement. — Loi du bienfait. — Un mot de
Fénelon. — Le bienfait est mal placé quand il est visiblement un moyen
pour mal faire dans les mains de celui qui le reçoit. — On ne doit pas
se borner à obliger les amis. — La reconnaissance peut se produire

d'une façon tardive. Elle n'est qu'un secours pour notre faiblesse. — Quand le bienfaiteur n'est pas payé de retour le mérite n'en est que plus grand... 144

Ch. XIX. — Qu'est-ce que le scepticisme ?
C'est le doute systématique de celui qui ne veut pas se résoudre à croire. — Le scepticisme dans l'ordre physique ou pyrrhonisme ; absurdité de ceux qui ne croient pas au témoignage des sens. — Le scepticisme dans l'ordre intellectuel, ou refus de croire au témoignage de la raison, revient à abdiquer ce qui est le caractère essentiel de l'homme. — Le scepticisme dans l'ordre moral qui rejette toute croyance est inexplicable. — On ne rejette la vérité que pour s'attacher à l'erreur. — La racine du scepticisme est plus dans le cœur que dans l'esprit. 153

Ch. XX. — Du rôle du sentiment dans la conduite des hommes et du besoin indispensable qu'il a d'être éclairé par la réflexion.
Le sentiment chez l'homme raisonnable, comparable à la faculté de l'instinct dans l'animal. — Il est aveugle et néanmoins devient le mobile de la plupart des actes de l'homme ; exemples. — Il y a des intérêts grossiers et des intérêts élevés ; la raison nous éclaire sur leur valeur. — L'art de la considération intérieure, peu pratiqué. — Le cœur doit être ému pour se porter au bien. — La méditation éveille et excite toutes les facultés de l'âme. — Le sentimentalisme. — Rôle et grandeur du symbolisme. — Le mysticisme, incompris des penseurs rationalistes. — Quels sont les faux illuminés. — L'inspiration, source de vérité. — L'union du sentiment et de la raison,............ 160

Ch. XXI. — La science moderne s'efforce de substituer le principe des conditions d'existence au principe de finalité. En quoi consiste cette méthode ?
Importance du principe dit de la cause finale. — Tout a une fin ; celle de l'homme n'est pas la terre. — Il y a des conditions d'existence, c'est-à-dire un milieu où se trouve placé tout être vivant. — Le transformisme qui veut y voir la cause première des phénomènes de la vie animale, et la science qui voudrait y trouver la forme d'un principe de philosophie, tombent dans le matérialisme. — Dans l'ordre social, c'est le renversement des idées morales. — Il faut tenir compte des conditions du milieu où nous vivons. Mais comme il est un mélange de bien et de mal, l'homme libre et raisonnable ne peut en subir aveuglément

l'influence. — Le principe de la cause finale ne nuit en rien à la science de l'homme. Il est un obstacle aux abus de la liberté.......... 173

Ch. XXII. — Une conciliation est-elle possible entre le Déterminisme et la Liberté ?

Étrange idée de ceux qui nient la liberté de l'homme. — En repoussant le secours de la foi, l'homme ne prouve que trop son libre arbitre. — Qu'est-ce que la liberté ? — Parce qu'on obéit à un motif, on n'en est pas moins libre ; agir sans motif, c'est manquer de raison. — Le motif qui fait agir dépend de la volonté bonne ou mauvaise. — Immoralité du déterminisme : il revient à nier la responsabilité humaine, et en niant la liberté il arrive à autoriser la licence............ 183

Ch. XXIII. — Quelle idée vous faites-vous du Bonheur, d'après la connaissance que la psychologie et l'expérience de l'étude des lettres vous ont donnée de la vie affective.

Le désir du bonheur inné à l'homme. — Le bonheur est dans la possession du vrai bien. — Un postulat nécessaire. — La légende d'Hercule commençant à éclairer la question chez les anciens païens. — Examen des opinions philosophiques sur le bonheur — Il importe de ne pas le confondre avec le bien-être. — Épicure. — Zénon et le stoïcisme. — Les Platoniciens ; leur décadence. — Le christianisme propage une doctrine surnaturelle dans toutes les classes de la société, par l'Église de fondation divine. — Le culte du vrai Dieu et l'espérance, seul bonheur de l'homme en ce monde. — Rôle des lettres dans la vie de l'homme à la recherche du bonheur. — Les Saintes-Lettres donnent la doctrine qui conduit à la vie heureuse. — Les belles-lettres peuvent y concourir d'une façon accessoire. Mélange du bon et du mauvais, elles enseignent plutôt l'art de bien dire que celui de bien faire.. 194

Ch. XXIV. — Qu'est-ce que le rationalisme ?

Mal d'un esprit enflé de sa propre excellence. — La raison suffit à l'homme pourvu qu'elle reste à sa place. — Quelques marques du rationalisme. — Les variations de l'esprit humain manifestes : il change avec le temps. — La contradiction en est une caractéristique. — Les philosophes les plus célèbres n'ont pu s'entendre ; tous ont erré. — Aujourd'hui, autant que jamais, la discorde règne dans les écoles. — Examen du principe erroné du rationalisme : l'indépendance de la raison personnelle. — L'homme est un être essentiellement dépendant, tant du côté de la vie physique que de la vie de l'esprit. — L'éclectisme ou philosophie dite du vrai, du beau et du bien est un rationalisme perfectionné. — Les trois caractères précédents appartiennent manifestement à l'enseignement, au culte et aux œuvres du Christianisme... 209

Ch. XXV. — La notion du Travail au triple point de vue psychologique, moral et social.

Travailler, c'est appliquer son activité à une fin utile. — Le travail servile. — Au point de vue psychologique, il affermit l'empire de la volonté sur la sensibilité; il est un élément de santé. — Les diverses professions ont une influence naturelle, mais accessoire sur le caractère des hommes. — Excellence de l'agriculture. Le travail, première source de la propriété. — Au point de vue moral, il relève l'homme de sa déchéance native. — La vie n'est pas le banquet du poète, mais le combat contre le mal. — C'est ce que peut réaliser le travail intellectuel par l'éducation. — Le travail, en général, école de formation des vertus et de destruction du vice. — Le christianisme est venu l'ennoblir. — L'homme est né pour la société. — L'organisation du travail, qui admet une hiérarchie des professions et attribue à chacun la sienne, source de l'aisance et du bien-être des peuples policés.. 228

Ch. XXVI. — Des Passions. Dans quels cas sont-elles des maladies de l'âme ?

L'homme ne saurait être sans passions. — Erreur du stoïcisme qui veut que le sage les supprime. — Étouffer la sensibilité, c'est éteindre la miséricorde. — Maxime de la morale stoïcienne. — L'homme sévère pour lui-même sait compatir aux maux du prochain. — Les diverses passions se ramènent à l'amour et à la haine. — La passion est maladive quand l'amour qui inspire nos actes est déréglé. — Symptômes de la passion mauvaise. — Les vices capitaux. — L'homme raisonnable doit régner sur son âme. — La Passion de l'Homme-Dieu effet de son amour.. 244

Ch. XXVII. — Qu'est-ce que la pensée au point de vue psychologique et moral ?

La pensée est une parole intérieure. — L'origine des idées premières tient à l'origine de l'âme. — Les idées acquises par l'enseignement et l'expérience. — La pensée proprement dite ou le jugement est l'union des idées faite par le verbe et le caractère de l'être raisonnable. —

Mot de Descartes. — Chez l'homme raisonnable la pensée a pour fin l'amour. — Qu'est-ce que la libre pensée? — Un non sens ou la liberté qu'on se donne de se faire une morale à sa guise et de rejeter toute autorité... 255

Ch. XXVIII. — Expliquer la pensée de Platon : « *la philosophie est la médiatrice de la mort* » et la réplique de Spinosa: « *la philosophie est l'apprentissage non de la mort, mais de la vie* ».

Définition de la philosophie. — Elle est une science essentiellement pratique. — Elle concilie le désir de vivre avec la nécessité de mourir, idées en apparence incompatibles. — Avec la doctrine évangélique, elle est le moyen d'atteindre une destinée surnaturelle. — Mérite du mot de Platon, incompris par les partisans du panthéisme. — Le souvenir de la mort, pensée salutaire. — Le trépas n'est que la fin de notre mortalité.. 264

Ch. XXIX. — La civilisation a-t-elle accru ou diminué l'inégalité entre les hommes ?

Il y a une inégalité qui est une loi de l'humanité, et qui tient à l'organisation sociale. — Quatre symptômes peuvent être regardés comme les marques de ce qu'on nomme civilisation. — L'amélioration des conditions d'existence n'empêche pas le grand nombre de pauvres et de ceux qui vivent de leur travail journalier. — La prospérité des villes ne fait pas celle des campagnes : la condition de l'homme ne devient pas meilleure, pour passer des champs à la cité ; le progrès industriel n'ôte pas au travail son côté pénible. — Il y a un abus du progrès des lettres et des sciences ; c'est le mépris du travail manuel, qui reste toujours le lot de la grande majorité. — Cet adoucissement des mœurs qui a fait disparaître l'esclavage est dû à l'influence chrétienne. — L'égalité et la fraternité ne sont nullement les conquêtes de l'esprit moderne. — La civilisation, produit de l'organisation et de la division du travail, entretient l'inégalité entre les hommes. — La morale chrétienne seule en atténue les inconvénients.......... 271

Ch. XXX. — Expliquer cette pensée de Royer-Collard : « *Notre science n'est complète que quand elle a été puiser l'ignorance à sa source la plus élevée* ».

L'homme est né pour connaître la vérité, l'aimer et la servir. — Sa science peut s'appeler complète quand il sait ce qui lui est principalement nécessaire pour atteindre sa fin. — Avoir une science large, c'est ne pas se renfermer si étroitement dans un ordre d'idées qu'on oublie les choses d'une utilité journalière. — Faire cas du savoir des autres. — Il faut apprendre des vérités durables, sans se borner à ces connaissances qui cessent d'être vraies d'un jour à l'autre. — Notre science doit savoir remonter à la cause première et voir la fin dernière des choses: elle doit être fondée sur des convictions inébranlables. — La sagesse est cette source où notre science trouvera son complément. — La science de Dieu incompréhensible, et seulement admirable. — Connaître notre ignorance..................................... 285

Ch. XXXI. — Commenter le premier précepte du Discours de la méthode: « *n'admettre pour vrai que ce qui est évident* ».

On peut voir dans cette pensée une règle à suivre dans les sciences, mais nullement un précepte pour nos croyances. — Il y a une évidence des choses abstraites, produite par la démonstration, et il y a des vérités très évidentes où la démonstration n'a rien à faire. — L'évidence et la certitude rationnelle, fondées sur des vérités qui échappent à l'esprit et dont il ne voit pas la raison d'être. — L'évidence d'ordre moral agissant sur notre liberté, l'homme se soustrait à son influence en demandant une évidence dont il ne peut soutenir le plein jour dans la vie présente. — Introduit dans la morale, le précepte proposé est un obstacle au progrès. — On trouve dans les croyances de la foi les marques demandées par quelques-uns pour la vérité........... 295

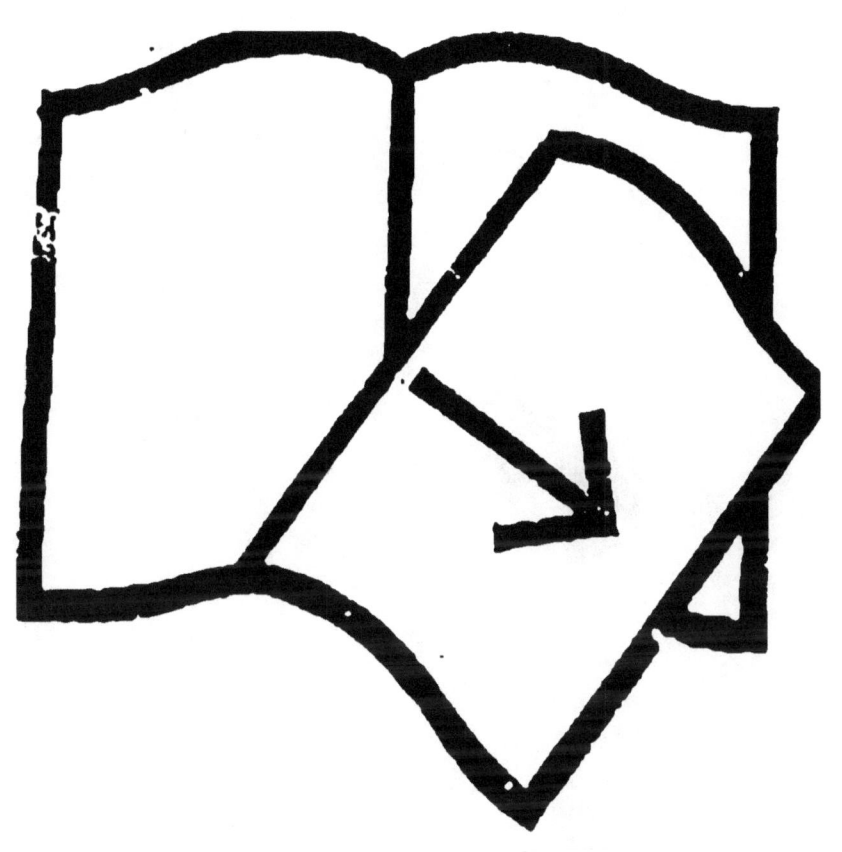

Documents manquants (pages, cahiers...)
NF Z 43-120-13

www.ingramcontent.com/pod-product-compliance
Lightning Source LLC
Chambersburg PA
CBHW060640170426
43199CB00012B/1616